Zu diesem Buch

Die Seidenstraße, jene große transasiatische Handelsroute, die schon das römische Kaiserreich mit China verband, erlebte ihren blühenden Höhepunkt in der Tang-Dynastie (618–907). Örtlichen Sagen zufolge sollten unter dem Sand der Wüste Taklamakan Hunderte von Städten begraben liegen, um die sich phantastische Geschichten über unvorstellbare, von Dämonen bewachte Schätze rankten.

Als Sven Hedin im Jahre 1896 tatsächlich eine dieser einst so reichen Städte fand, begann die internationale Jagd auf die Kulturschätze der Seidenstraße.

In seiner Darstellung dieses wenig bekannten Kapitels der chinesischen Geschichte erzählt der Autor von den Männern, die diese ausgedehnten archäologischen Beutezüge unter Einsatz ihres Lebens unternommen haben und spürt dem Schicksal der verschleppten Kunstschätze nach.

Peter Hopkirk, seit über dreißig Jahren Reporter und Auslandskorrespondent – davon fünf Jahre als Chefreporter der »Times« –, ist heute Asien-Spezialist. Er hat u. a. wiederholt China (in jüngster Zeit auch Chinesisch-Zentralasien, den Schauplatz dieses Buches), Afghanistan, den indischen Teil des Himalaya sowie die Mongolei und die asiatischen Gebiete der Sowjetunion bereist. Hopkirk ist Autor weiterer Bücher über Zentralasien.

PETER HOPKIRK

DIE SEIDENSTRASSE

Auf der Suche
nach verlorenen Schätzen in
Chinesisch-Zentralasien

Aus dem Englischen von
Hans Jürgen Baron von Koskull

ROWOHLT

Die Originalausgabe erschien 1980 unter dem Titel
»Foreign Devils on the Silk Road. The Search for the Lost Cities
and Treasures of Chinese Central Asia«
bei Verlag John Murray Ltd., London

Veröffentlicht im Rowohlt Taschenbuch Verlag GmbH,
Reinbek bei Hamburg, September 1990
Copyright © 1980 by John Murray Ltd., London
Copyright © der deutschen Ausgabe 1986 by
Paul List Verlag, München
Umschlaggestaltung BÜRO HAMBURG
(Foto: Süddeutscher Verlag Bilderdienst)
Karten Seiten 294–297 Wilfried Wendler, Eichenau
Gesamtherstellung Clausen & Bosse, Leck
Printed in Germany
1280-ISBN 3 499 18564 4

INHALT

Für die Schreibung chinesischer Namen und Begriffe mit lateinischen Buchstaben wurde von wenigen Ausnahmen abgesehen die Pinyin-Umschrift verwendet, da diese sich international immer mehr durchsetzt.

Namen und geographische Bezeichnungen anderer Sprachen wurden der zahlreichen unterschiedlichen Transskriptionssysteme wegen behutsam eingedeutscht, wo dies um der leichteren Lesbarkeit willen sinnvoll schien.

DANK DES VERFASSERS

Bei der Darstellung dieser wenig bekannten Episode in der Geschichte Zentralasiens habe ich zahlreiche geschriebene und ungeschriebene, veröffentlichte und unveröffentlichte Quellen verwendet. Alle schriftlichen Quellen mit Ausnahme einiger weniger zeitgenössischer Zeitungsberichte und Nachrufe sind im Literaturverzeichnis aufgeführt. Am meisten jedoch verdanke ich vier Männern, die heute alle nicht mehr am Leben sind. Ohne sie – und die von ihnen hinterlassenen ausführlichen Berichte über ihre Taten – gäbe es dieses Buch nicht. Diese vier Männer sind Sven Hedin, Sir Aurel Stein, Albert von Le Coq und Professor Langdon Warner. Jeder von ihnen spielt in meiner Geschichte eine wichtige Rolle. Sie alle haben ihre Erlebnisse lebendig und unterhaltsam geschildert, aber ihre Bücher werden schon lange nicht mehr gedruckt und sind nur schwer erhältlich – und teuer. Diese längst vergessenen Werke werden unter Nennung der Verlage, in denen sie erschienen sind, im Literaturverzeichnis gesondert aufgeführt. Mein besonderer Dank gilt den Verwaltern des Nachlasses von Sir Aurel Stein für die Erlaubnis, ausführlich aus dessen Schriften zu zitieren.

Eine äußerst wertvolle Quelle war für mich auch Jeannette Mirskys kürzlich erschienene Biographie von Stein, das Ergebnis jahrelanger Arbeit, und darin besonders seine vorher noch nicht veröffentlichte Korrespondenz.

Bei der Abfassung des Buches habe ich auch meiner Frau Kath viel zu verdanken, denn sie hat einen Großteil der anfänglichen Forschungsarbeit geleistet, mir bei meinen Nachforschungen in Peking, Tokyo und Delhi geholfen, das Pelliot betreffende Material übersetzt, an der Gestaltung des Textes mitgewirkt und mich in jeder Hinsicht unterstützt. Zu großem Dank verpflichtet bin ich auch den folgenden hervorragenden Gelehrten, die mir mit

Sachinformationen geholfen haben, aber in keiner Weise Verantwortung dafür tragen, wie ich davon Gebrauch gemacht habe. Die hier vertretenen Auffassungen sind uneingeschränkt meine eigenen. In Peking ist es Professor Xia Nai, der Direktor des Archäologischen Instituts; in Westberlin Professor Dr. Herbert Härtel, der Direktor des Museums für Indische Kunst; in Leningrad Frau Natalia Diakonowa von der Eremitage; in Tokyo Dr. Jiro Sugiyama, Kurator für orientalische Kunst am Nationalmuseum, und in Delhi Dr. P. Bannerjee, Kurator des Indischen Nationalmuseums.

Mein Dank gebührt auch den folgenden Persönlichkeiten: William St Clair, der mich davon überzeugt hat, daß es Zeit sei, etwas Dauerhafteres zu schreiben als Zeitungsartikel; meinem Verleger John R. Murray, dessen Familie auf eine lange und bemerkenswerte Tradition bei der Herausgabe klassischer Werke über Zentralasien zurückblicken kann und ohne dessen persönliche Anteilnahme an dem Thema und unermüdliche Ermunterung dieses Buch nur eine Idee geblieben wäre.

Ebenso schulde ich den Buchhändlern David Loman und Christer von der Burg, die sich auf Werke über den Orient spezialisiert haben, Dank für die Beschaffung seltenen und wenig bekannten Quellenmaterials. Meinem Kollegen bei der *Times,* Simon Scott Plummer, danke ich, daß er für mich in Seoul die Otani-Wandmalereien aufgespürt und die Antworten auf zwei ungelöste Fragen gefunden hat. Ferner hätte ich ohne die Hilfe von Frances Wood und Howard Nelson von der British Library niemals herausgefunden, was aus den längst vergessenen Fälschungen von Islam Achun geworden ist.

Die folgenden Persönlichkeiten haben mich bei zahlreichen China und Japan betreffenden Fragen unterstützt: Verity Wilson, heute am Victoria and Albert Museum; Annette Lord (zur Zeit Peking); Kate Owen (früher am Contemporary China Institute) und Michiyo Sawada (Kyoto). Ebenso danke ich Heidi St Clair für ihre Hilfe bei Übersetzungen aus dem Deutschen; Diana Balfour, die den gesamten Text dieses Buches auf der Maschine geschrieben hat, sowie Libby Perkins und Tessa Hughes, die das Typoskript korrekturgelesen haben. Schließlich danke ich allen Mitarbeitern jener beiden Institutionen, die über ein so umfangreiches Material zu allen erdenklichen den Orient betreffenden Fragen verfügen: Der India Office Library und der Library of the School of Oriental and African Studies.

Peter Hopkirk

»Die Chinesen beklagen sich darüber, und der Ausländer kann es nicht gut bestreiten, daß ganze Karawanenladungen unbezahlbarer Schätze aus den Tempeln, Gräbern und Ruinen von Chinesisch-Turkestan in ausländische Museen verschleppt wurden und für China auf immer verloren sind.« Dies schreibt Sir Eric Teichman in *Journey to Turkistan,* einem Bericht über seine 1935 im Auftrag des britischen Außenministeriums unternommene Reise entlang der alten Seidenstraße. Die Chinesen hätten, wie er hinzufügt, »vor Empörung gekocht, als sie in den Büchern ausländischer Forschungsreisender lasen, wie diese ganze Bibliotheken alter Manuskripte, Fresken und Zeugen der frühen buddhistischen Kultur in Turkestan weggeschleppt hatten«.

In diesem Buch will ich versuchen, die Geschichte dieser umfangreichen archäologischen Raubzüge zu schildern, die ausländische Forscher im ersten Viertel dieses Jahrhunderts in diesem entlegenen Winkel Zentralasiens unternommen haben. Es handelt sich dabei in erster Linie um sechs Männer – den Schweden Sven Hedin, den Briten Sir Aurel Stein, den Deutschen Albert von Le Coq, den Franzosen Paul Pelliot, den Amerikaner Langdon Warner und den ein wenig mysteriösen japanischen Grafen Otani.

Bis die Chinesen diesen Unternehmungen schließlich ein Ende setzten, schleppten sie buchstäblich tonnenweise Wandgemälde, Handschriften, Skulpturen und andere Schätze aus den untergegangenen Städten an der Seidenstraße fort. Zum großen Kummer der Chinesen und zum Ärger der Gelehrten sind diese großartigen zentralasiatischen Kulturzeugnisse heute über Museen und andere Institutionen von wenigstens dreizehn verschiedenen Ländern verstreut. Unachtsamkeit und Geldmangel führen dazu, daß ein Teil dieser Dinge allmählich zugrundegeht. Vieles ist auch verschwunden oder zerstört. Um alles zu sehen, was heute noch erhalten ist, muß man bereit sein, nach Indien, Japan, Rußland, Amerika, Taiwan, Südkorea, Schweden, Finnland, Ost- und Westdeutschland, Großbritannien, Frankreich und in die Volksrepublik China zu reisen und mehr als 30 Institutionen aufzusuchen.

Die Männer, die all diese Kulturschätze fortgeschafft haben, hatten sich über die Rechtmäßigkeit ihres Tuns wenig Gedanken gemacht. Auch die Regierungen oder die Institutionen (einschließlich des Britischen Museums), in deren Auftrag sie handelten, haben, wie man zugeben muß, dies nicht getan. Zu ihrer Zeit sind sie für ihre bedeutsamen Entdeckungen und unbestreitbaren Beiträge zur Erforschung Zentralasiens und Chinas sogar gefeiert und ausgezeichnet worden. Stein und Hedin, die beide keine gebürtigen Briten waren, wurden von der englischen Krone sogar geadelt. Die Chinesen allerdings sehen ihre archäologischen Aktivitäten in einem ganz anderen Licht, wenngleich sie zu jener Zeit nichts unternommen hatten, um sie an ihrem Tun zu hindern. Für die Chinesen waren »sogenannte Gelehrte« wie Stein, Pelliot und Le Coq nichts anderes als ruchlose Abenteurer, die sie um ihre Geschichte gebracht haben. Dies ist übrigens eine Streitfrage, in der die Chinesen im Westen nicht ganz ohne Verbündete sind.

Im Jahr 1956 – 21 Jahre nach Teichman – kam ein weiterer ungewöhnlicher britischer Reisender in der gleichen Gegend die alte Seidenstraße entlang nach Bezeklik, wo man ihm die kahlen Wände zeigte, die einst prächtige Wandgemälde geschmückt hatten. In *Turkestan Alive* berichtet Basil Davidson, wie ihm der Beamte, der ihn durch die in die Steilwände gehauenen Heiligtümer führte, jede einzelne der leeren Stellen zeigte und dabei immer nur das eine Wort hervorstieß: »Gestohlen!« Und Davidson, der uns nicht im Zweifel darüber läßt, wo seine eigenen Sympathien liegen, fährt fort: »Er sagte es, wo immer wir an einer großen, schmerzlich kahlen Stelle vorüberkamen, und er sagte es oft.« Er hörte dieses Wort immer wieder, zuerst von dem jungen Mädchen von der Behörde für Altertumsforschung, das sie begleitete, und dann vom Chauffeur. »Sie fühlten sich gekränkt, und sie hatten recht«, fügt Davidson hinzu.

Er selbst war bedrückt, als er später in London sah, wie die Sammlung von Sir Aurel Stein im Britischen Museum ausgestellt war – »verborgen ohne ausreichenden Platz, ihre Bedeutung zu erklären oder ihren einzigartigen Wert sichtbar werden zu lassen.« Selbst heute gibt es – vielleicht aus Achtung vor den Empfindungen der Chinesen – noch keinen Hinweis darauf, daß nahezu alles in der kleinen zentralasiatischen Abteilung durch die großartigen, wenn auch (für manche) fragwürdigen Leistungen eines einzigen Mannes erworben worden war. Vielleicht deuten die Chinesen aus ähnlicher Rücksicht auf unsere Gefühle in Bezeklik und anderswo heute nicht mehr anklagend auf die Lücken, die Le Coq und seine Rivalen hinterlassen haben.

Begonnen zu haben, was er den »internationalen Wettlauf um den Erwerb von Altertümern aus Chinesisch-Turkestan« nennt, dafür macht Davidson Hedin und Stein verantwortlich, die ersten, die erkannt hatten, welche Möglichkeiten diese Region der archäologischen Forschung bot. Und er fährt fort: »Die Deutschen schickten zwischen 1902 und 1914 vier Expeditionen aus. Auch die Franzosen, Russen und Japaner organisierten eigene Expeditionen. Diese beherzten Gelehrten steckten ›Einflußsphären‹ und ›Forschungsgebiete‹ ab und gerieten über das eine oder andere in heftigen Streit miteinander.« Er schließt seine Betrachtungen mit den Worten: »Es stimmt einen traurig und verdrießlich, wenn man heute die Fresken in den Felsentempeln sieht, wo diese skrupellosen alten Sammler sich ihrer Messer bedient haben. Viele dieser Wandgemälde hatten sich bis dahin über mehr als tausend Jahre erhalten. Hätten sie auch nur ein halbes Jahrhundert länger überdauert, könnte man sie noch bis auf den heutigen Tag dort finden.«

Aber nicht jeder wird dieser kühnen Behauptung Davidsons zustimmen. So stellt sich zunächst die Frage, ob die Schäden an den Fresken immer von jenen »skrupellosen alten Sammlern« verursacht worden sind. Das ist offenbar nicht der Fall, wenn man den Berichten früherer Augenzeugen Glauben schenken darf. Der britische Oberst Reginald Schomberg, der das Gebiet im Jahr 1928 bereist hat, berichtete zwar, daß die meisten Fresken an einer Stelle durch Le Coq entfernt worden seien, fügte aber hinzu:

»Das war ein Glück, denn die Gesichter auf fast allen an Ort und Stelle verbliebenen Wandgemälden sind von den einheimischen Mohammedanern schändlich zerkratzt und unkenntlich gemacht worden.« Und er fährt fort: »Man kann gar nicht oft genug betonen, daß es allein den europäischen Archäologen zu verdanken ist, wenn die buddhistischen Schätze Turkestans vor dem Fanatismus und dem Vandalismus der Turktartaren gerettet worden sind.« Über eine andere Stätte schreibt er: »Der den Bildern zugefügte Schaden ist schmerzlich, denn die Buddhagesichter waren zerkratzt und verstümmelt, und die wenigen noch vorhandenen Statuen waren fast völlig zerstört.« Wer das Privileg hatte, den großartigen Klosterbezirk von Bezeklik bei Turfan zu besuchen, wird bezeugen, welche Zerstörungen religiöse Vandalen (und vielleicht auch Rotgardisten) angerichtet hatten, bevor die chinesischen Behörden – viel zu spät – Maßnahmen zum Schutz der wenigen noch erhaltenen Fresken ergriffen haben.

Bilderstürmerei war jedoch nicht die einzige Bedrohung für den Bestand dieser Kulturdenkmäler. In ihrem Buch *The Gobi Desert*, das vor fast vierzig Jahren erschienen ist, beschreiben die bedeutenden Missionarinnen Mildred Cable und Francesca French die sinnlose Beschädigung der alten ummauerten Stadt Karakhoja, deren Zeuginnen sie waren: »Die Zerstörung der Gebäude war schon lange im Gang, und wir sahen, wie Bauern die alten Ruinen mit Spitzhacken niederrissen und dabei wahrscheinlich zahlreiche Zeugen der Vergangenheit vernichteten.« Die Bauern fanden den alten Lehm nützlich für die Düngung ihrer Felder. Darüber hinaus pflügten sie den Boden innerhalb der Stadtmauern und säten Getreide in unmittelbarer Nähe der alten Denkmäler. Weiter berichten Cable und French: »Die für den Getreideanbau notwendige Bewässerung ist leider verhängnisvoll für aus Lehm errichtete Gebäude, für Wandgemälde und alle anderen Überreste, die ihre Erhaltung der Trockenheit des Wüstenklimas zu verdanken haben.«

Professor Le Coq, der an dieser Stätte selbst umfangreiche Grabungen vorgenommen hatte, berichtete, daß in der Zeit zwischen der ersten und der zweiten deutschen Expedition, das heißt innerhalb von etwa 18 Monaten, die Einheimischen durch ihr ständiges Graben einen sehr großen Teil zerstört hätten. In seinem Buch *Auf Hellas Spuren in Ost-Turkistan* schreibt er, die einheimischen Bauern hätten die leuchtenden Farbschichten von den Fresken gekratzt, weil sie diese für ein besonders wirksames Düngemittel hielten. Zudem wurden alte Balken aus den verfallenen Tempeln, die durch das extrem trockene Klima über Jahrhunderte erhalten geblieben waren, in einer Gegend, in der es nur wenig Holz gab, sowohl als Brennstoff als auch als Baumaterial besonders geschätzt. Von den Wandgemälden berichtet Le Coq, daß sie »dem Muslim an und für sich ein Greuel sind und daher überall, wo er sie antrifft, wenigstens am Gesicht, beschädigt werden.« Die chinesischen Beamten, behauptete er, hätten, da sie als Konfuzianer den Buddhismus verachteten, keinen Versuch unternommen, sie daran zu hindern.

Ein Dorfbewohner, wurde ihnen erzählt, hatte beim Niederreißen einer Mauer ganze Wagenladungen von Handschriften freigelegt, von denen viele mit Farbe – einschließlich Gold – ausgeschmückt gewesen seien. Als Muslim habe er nicht gewagt, sie zu behalten, weil er fürchtete, daß der Mullah ihn wegen des Besitzes von Büchern Ungläubiger bestrafen würde, und daher habe er sie allesamt in den Fluß geworfen. Le Coq berichtete, er selbst sei auf eine weitere alte Bibliothek gestoßen, die zusammen mit einst äußerst feinen Fresken und großen Mengen von Textilien durch Berieselungswasser restlos vernichtet worden war.

Weitere Gefahren drohten durch Erdbeben und einheimische Schatzsucher. Professor von Le Coq hatte festgestellt, daß viele Tempel, aus denen er noch 1913 Fresken entfernt hatte, drei Jahre später durch Erdbeben zerstört worden waren. Wie Stein zu seinem Kummer entdeckte, waren diese einheimischen Schatzgräber vor allem entlang der südlichen Route der Seidenstraße aktiv gewesen. Dies war einer der Gründe, welche die Deutschen veranlaßt hatten, sich auf die an der nördlichen Route gelegenen Fundstellen bei Turfan und Kutscha zu konzentrieren. Das besondere Interesse westlicher Forschungsreisender am Kauf alter Handschriften und anderer Altertümer gegen Ende des 19. Jahrhunderts hat diese Schatzsucher zweifellos ermuntert, bedeutende Stätten auszuplündern, die andernfalls unversehrt geblieben wären. Zugleich regte dies den Unternehmungsgeist der Einheimischen an, denen es mit ihren geschickten Fälschungen sogar gelang, erfahrene Orientalisten zu täuschen.

Aber die Chinesen sind schnell bei der Hand, wenn es gilt darauf hinzuweisen, daß diese Zeugen der Vergangenheit nicht nur an Ort und Stelle gefährdet waren. In sieben furchtbaren Bombennächten des Zweiten Weltkrieges sind in Berlin mehr wertvolle zentralasiatische Kunstwerke vernichtet worden, als Grabräuber, Bauern, Bewässerungssysteme oder Erdbeben im Lauf vieler Jahre hätten zerstören können. Auf diese Kunstschätze, die für immer verlorengingen, als das alte Völkerkundemuseum in Berlin durch einen Bombenangriff der Alliierten zerstört wurde, verweisen die Chinesen regelmäßig, wenn man versucht, Männer wie Stein und Le Coq zu rechtfertigen und zu behaupten, sie hätten für die Nachwelt erhalten, was andernfalls vernichtet worden wäre. Die Fresken in Berlin waren im übrigen nicht die einzigen zentralasiatischen Kunstschätze, denen es unter Umständen besser ergangen wäre, wenn man sie an Ort und Stelle belassen hätte. Ein großer Teil der Sammlung buddhistischer Kunstwerke, die Graf Otani im Verlauf von drei Expeditionen aus Chinesisch-Turkestan hatte nach Japan bringen lassen, ist seit dem Zweiten Weltkrieg verschwunden, und japanische Gelehrte haben sich bis heute vergeblich darum bemüht, sie wieder aufzufinden.

Das ganze Problem der Kunstschätze aus Chinesisch-Turkestan im allgemeinen und der Tausende von Handschriften aus Dunhuang im besonderen, die sich heute teils in London und teils in Paris befinden, ist stark emotional belastet. Es beschäftigt die Chinesen noch immer außerordentlich, wie ich in Peking feststellen konnte, als ich mit dem Direktor des Chinesischen Instituts für Archäologie, Dr. Xia Nai, der selbst als leitender Wissenschaftler an den Ausgrabungen an der Seidenstraße teilgenommen hat, eingehend darüber sprach. Der Brite Sir Aurel Stein steht auf der schwarzen Liste ausländischer Archäologen fraglos an erster Stelle, dicht gefolgt von dem französischen Professor Pelliot. Daß die beiden Gelehrten die sogenannte »geheime« Bibliothek aus den »Höhlen der tausend Buddhas« bei Dunhuang fortgeschafft

16

haben, werden ihnen die Chinesen nie verzeihen können. An dritter Stelle auf der schwarzen Liste der Chinesen steht der Schwede Sven Hedin, der höchst bedeutsame historische Dokumente im unter Wüstensand begrabenen Loulan ans Tageslicht gebracht hat. Es ist, wie man daran sehen kann, der Verlust der schriftlichen Zeugnisse ihrer Geschichte, der, wie Sir Eric Teichman gesagt hat, die Chinesen »vor Empörung kochen« läßt – mehr sogar als die Fortnahme der großartigen Wandgemälde und anderer Kunstwerke.

Wie viele dieser Fresken, Skulpturen und Handschriften erhalten geblieben wären, wenn man sie an Ort und Stelle belassen hätte und sie nicht, wie Davidson es nennt, »archäologischem Diebstahl« zum Opfer gefallen wären, muß der Leser selbst entscheiden. Er muß auch selbst beurteilen, ob es moralisch zu vertreten ist, ein Volk auf die Dauer seines Erbes zu berauben, so viel damals auch für dessen »Rettung« gesprochen haben mag. Man muß aber auch fragen, warum die Chinesen überhaupt die Fortnahme dieser Kunstschätze zugelassen haben. Doch das ist nicht Gegenstand dieses Buches. Meine Absicht ist es, zum ersten Mal die Geschichte dieser Expeditionen darzustellen und zu zeigen, was so grundverschiedene Menschen veranlaßt hat, unter großen Gefahren für ihre Gesundheit und oft auch für ihr Leben diesen abgelegenen und äußerst unwirtlichen Teil Chinas aufzusuchen.

Während ich diese Zeilen schreibe, ist der größte Teil von Chinesisch-Zentralasien außer (für einige Glückliche) Dunhuang, Urumqi und das Turfan-Gebiet für ausländische Besucher gesperrt. Aber wenn das gegenwärtige Tauwetter anhält und sich die chinesisch-sowjetischen Beziehungen nicht verschlechtern, wird der Leser vielleicht schon bald den Spuren von Stein und Hedin, Le Coq und Pelliot, Langdon Warner und der Japaner folgen und viele der Oasen und historischen Stätten entlang der Seidenstraße mit eigenen Augen sehen können. Bis dahin muß er sich jedoch mit Karten und Fotos begnügen. Wenden wir uns daher einer Karte des modernen Chinas zu und betrachten die beiden Nachbarprovinzen von Xinjiang und Gansu. Denn dort liegen die Schauplätze unserer Geschichte.

1. Kapitel

AUFSTIEG UND NIEDERGANG DER SEIDENSTRASSE

Im entlegensten Teil Zentralasiens, wo China seine Kernwaffen erprobt und mit wachsamen Augen seine russischen Nachbarn beobachtet, liegt ein unermeßlicher Ozean aus Sand, in dem, wie man weiß, schon ganze Karawanen spurlos verschwunden sind. Seit mehr als tausend Jahren hat die Wüste Taklamakan aus gutem Grund bei Reisenden einen schlechten Ruf. Mit Ausnahme der wenigen Männer, welche ihre trügerischen Dünen überquert haben, die manchmal eine Höhe von hundert Metern erreichen, haben die Karawanen dieses Gebiet seit jeher umgangen und sind einem Weg gefolgt, der an ihrem äußeren Rand entlang führt und eine Reihe isoliert gelegener Oasen miteinander verbindet. Aber die schlecht markierten Pisten werden oft vom Sand überweht, und im Lauf der Jahrhunderte sind ungezählte Kaufleute, Pilger, Soldaten und andere Reisende zwischen den Oasen vom Wege abgekommen und haben ihre Gebeine in der Wüste zurückgelassen.

Die Taklamakan ist auf drei Seiten von einigen der höchsten Gebirgszüge der Welt umgeben und grenzt mit der vierten an die Wüste Gobi. So ist der Reisende selbst auf den Anmarschwegen allen möglichen Gefahren ausgesetzt. Viele sind auf den vereisten Gebirgspässen, die von Tibet, Kaschmir, Afghanistan und Rußland in die Taklamakan hinunterführen, erfroren oder gestrauchelt und in tiefe Schluchten gestürzt. Im Winter 1839 wurde bei einer Katastrophe eine ganze Karawane mit vierzig Mann von einer Lawine begraben, und sogar heute noch ist dort jedes Jahr der Verlust von Menschen und Tieren zu beklagen.

Kein Reisender verliert ein gutes Wort über die Taklamakan. Sven Hedin, einer der wenigen Europäer, die sie durchquert haben, nannte sie »die schlimmste und gefährlichste Wüste der Welt«. Stein, der sie noch gründlicher kennengelernt hat, meinte, die arabischen Wüsten seien vergleichsweise »zahm«. Der Geograph und ehemalige britische Generalkonsul in Kaschgar, Sir Percy Sykes, nannte sie »ein Land des Todes«, und seine Schwester Ella, selbst eine erfahrene Wüstenreisende, bezeichnete sie als »den Inbegriff der Trostlosigkeit und Verlassenheit«.

Doch außer der Gefahr, sich zu verirren und zu verdursten, birgt die Taklamakan für jene, die in sie eindringen, noch ganz besondere Schrecken.

In seinem Buch *Auf Hellas Spuren in Ost-Turkistan* schildert Le Coq, was es heißt, von jenem Schrecken aller Karawanen, dem *kara-buran*, überrascht zu werden, dem schwarzen Wirbelsturm:

Ganz plötzlich verfinstert sich der Himmel ... und im nächsten Augenblick bricht der Sturm mit grauenhafter Heftigkeit auf die Karawane los. Ungeheure Sandmassen, vermischt mit Kieseln, werden mit Gewalt in die Höhe gerissen, umhergewirbelt und auf Menschen und Tiere geschleudert. Die Dunkelheit nimmt zu, in das Brausen und Heulen des Sturms mischen sich seltsame klirrende Laute ... Alles ist wie dämonisch durchtobt ... Wer von solchem Sturm überfallen wird, muß sich trotz der Hitze ganz in Filze hüllen, um durch die mit rasender Gewalt herumgeschleuderten Steine nicht verletzt zu werden, die mit solch wahnsinniger Wucht durch die Luft sausen. Mann und Pferd müssen sich niederlegen und den Sturm, der oft stundenlang wütet, über sich herbrausen lassen.

Mehrere andere europäische Reisende – unter ihnen auch Hedin – die solche Stürme erlebten, haben ähnliche Schilderungen hinterlassen. Dabei kam es vor allem darauf an, einen klaren Kopf zu bewahren. Eine aus 60 Reitern bestehende Karawane, die im Jahre 1905 einen Transport von Silberbarren zur Oase Turfan eskortierte, kam um, als sie von einem *buran* überrascht wurde, der so stark war, daß er die schwerbeladenen Karren umwarf. Die »60 chinesischen Reiter«, berichtet Le Coq, »galoppierten in die Wüste, wo man später einige von ihnen, Mann und Pferd, als mumifizierte Leichen wiederfand, die anderen blieben spurlos verschwunden, denn der Sandsturm liebt es, seine Opfer zu begraben.« Offenbar war unter den Pferden, wenn nicht auch unter den Reitern, eine Panik ausgebrochen. Chinesischer Auffassung zufolge wurden solche Katastrophen von Dämonen herbeigeführt, die, wie sie glaubten, die Wüste bevölkerten und die Menschen in den Tod durch Verdursten lockten.

Der bedeutende chinesische Reisende Xuanzang, der im 7. Jahrhundert auf dem Wege nach Indien die Taklamakan durchquerte, beschrieb diese Dämonen: »Wenn sich diese Winde erheben, werden Menschen und Tiere verwirrt und unachtsam und geraten in den Zustand völliger Hilflosigkeit. Mitunter sind traurige, klagende Laute und mitleiderregende Schreie zu hören, so daß die Menschen durch das, was sie in der Wüste sehen und hören, verwirrt werden und nicht mehr wissen, wohin sie gehen. Deshalb kommen so viele unterwegs um. Doch das alles ist das Werk von Dämonen und bösen Geistern.«

In seinem Buch *Chinese Central Asia* gibt Sir Clarmont Skrine, der in den zwanziger Jahren britischer Generalkonsul in Kaschgar war, eine lebendige Schilderung des Eindrucks, den die Wüste vermittelt: »An einem klaren Morgen ist die Aussicht nach Norden unbeschreiblich furchterregend und unheimlich. Die gelben Dünen der Taklamakan erstrecken sich wie die riesigen Wellen eines erstarrten Ozeans bis zum fernen Horizont, wobei da und dort ein besonders hoher Sandberg gleichsam als Königsdüne alle anderen überragt. Es ist, als verlangten jene Dünen schweigend danach, Reisende zu begraben und ganze Karawanen zu verschlingen, wie sie schon so viele verschlungen haben.«

Skrine, der diesen sensiblen Horchposten, wo die drei Weltreiche China, Rußland und Großbritannien aufeinandertrafen, zweieinhalb Jahre innehatte, erinnerte sich an ein Gespräch mit einem alten chinesischen Reisenden, der aus dem chinesischen Kernland kommend in Kaschgar eintraf, nachdem er die Wüsten Gobi und Taklamakan durchquert hatte. Wie er Skrine erzählte, war er auf einer einzigen einsamen Wegstrecke 50 Tage marschiert, ohne einer Menschenseele zu begegnen.

Ein anderer Reisender, der die 5600 Kilometer von Peking nach Kaschgar fast 40 Jahre früher zurückgelegt hatte, war Oberst Mark Bell, V.C., der Leiter des militärischen Nachrichtendienstes der indischen Armee. Der geheime Zweck seiner Reise war es festzustellen, ob die Chinesen in der Lage sein würden, einen russischen Vorstoß durch Zentralasien in Richtung auf Indien abzuwehren. Er und ein anderer junger Offizier, Leutnant (später Sir Francis) Younghusband, jagten auf verschiedenen Routen von Peking nach Indien um die Wette, wobei Bell mit einem Vorsprung von fünf Wochen gewann.

Über die Wüste Gobi schrieb Bell später etwas geringschätzig: »Wasser läßt sich leicht beschaffen und findet sich oft dicht unter der Oberfläche. Reisende bezeichnen die Durchquerung der Gobi gern als besondere Leistung, aber sie bringt keine großen Strapazen mit sich, und bevor wir Kaschgarien verließen, hatten wir gute Gründe, die Tage in der Gobi im Gegensatz zu denen in den Bergen und Ebenen der kaschgarischen Wüste als angenehm zu bezeichnen ...« Mit der kaschgarischen Wüste meinte er natürlich die Randgebiete der Taklamakan, die er, wie die meisten anderen Reisenden, wohlweislich umgangen hatte.

Im Lauf der Jahre ist diese wenig bekannte Region Chinas auf den zeitgenössischen Karten und in den Aufzeichnungen der Reisenden mit den verschiedensten Namen belegt worden. So hieß sie zeitweilig Chinesische Tartarei, Hohe Tartarei, Chinesisch-Turkestan (manchmal auch Turkistan geschrieben), Ostturkestan, Chinesisch-Zentralasien, Kaschgarien, Serindien und Sinkiang (Xinjiang). Je älter der Name, desto unbestimmter wurde er gebraucht, wenngleich die Taklamakan immer dazugehörte. Einige viktorianische Reisende bezeichneten dieses Gebiet als Hochasien, obwohl dies offenbar Tibet einschloß, das Sven Hedin einmal als »die gewaltigste Erhebung auf der Oberfläche unseres Planeten« beschrieben hat.

Alte Berichte aus der Han-Zeit zeigen, daß die Chinesen die Taklamakan vor zweitausend Jahren *Liusha* oder »wandernden Sand« genannt haben, denn ihre gelben Sanddünen sind ständig in Bewegung, getrieben von den unbarmherzigen Winden, die über die Wüste dahinjagen. Heutige Hydrographen und Klimatologen sprechen von ihr nüchterner als von dem Tarim-Becken nach dem von Gletscherwasser gespeisten Fluß, der sie in östlicher Richtung zum seichten Lop Nor-See hin durchfließt, dessen geheimnisvolles offensichtliches »Wandern« schließlich von Sven Hedin erklärt werden sollte. Auf der Karte des modernen China finden wir die Taklamakan (dieses turktartarische Wort bedeutet »gehe hinein, und du wirst nicht wieder herauskommen«) als eine große, eiförmige, leere Fläche im Herzen dessen, was heute offiziell Uighurische Autonome Region Xinjiang heißt.

Die Wüste Taklamakan und ihre Oasen werden von allen vier Seiten vor jeglichen Eindringlingen geschützt – mit Ausnahme der entschlossensten. Im Norden erhebt sich das majestätische Gebirge des Tianshan. Im Westen liegt der Pamir – »das Dach der Welt«. Im Süden erstrecken sich die Gebirgszüge des Karakorum und des Kunlun. Nur am Ostrand gibt es keine Berge. Aber die Natur hat dem Reisenden dort zwei weitere Hindernisse in den Weg gelegt: die Wüsten Lop und Gobi. Die meisten britischen Forschungsreisenden (mit Ausnahme von Bell und Younghusband) sind von Indien aus über die Pässe des Karakorum, die manchmal eine Höhe von 6000 Metern erreichen, nach Chinesisch-Zentralasien vorgestoßen. Sven Hedin nannte diesen nur unter großen Strapazen zu bewältigenden Weg eine »via dolorosa«, weil er so vielen Menschen und Tieren das Leben gekostet hat. Noch im Jahr 1950 sollte ein Reisender berichten: »Bevor wir die Ebenen erreichten, gab es keine Stelle, von der aus nicht Skelette zu sehen waren. Die ununterbrochene Kette aus Knochen und Leichen diente uns als grausiges Wegzeichen, wann immer wir uns nicht ganz sicher über die Richtung waren.« In ihrem Buch *The Lion River,* einer Geschichte der Erforschung des Indus, schreibt Jean Fairley: »Nichts wächst entlang des Weges über den Karakorum, und der Reisende muß alles mit sich führen, was er für seine Ernährung und die seiner Tiere braucht. Auf Kosten des Futters mit Handelswaren überladene Packtiere sind auf diesem Weg zu Millionen umgekommen.« Andererseits bezeichnet Sir Aurel Stein die Route über den Karakorum ein wenig boshaft als »Damentour.«

Im 19. Jahrhundert gab es jedoch eine weitere Gefahr, die man nicht so leicht abtun konnte – die Gefahr, ermordet zu werden. Wer es wagte, in diese Gebirgswildnis vorzustoßen, wurde von den Angehörigen einheimischer Stämme als Freiwild betrachtet (selbst noch im Jahr 1906 nahm Stein ein kleines Waffenarsenal mit auf den Weg). Diese Gesetzlosigkeit hat manchen Europäer das Leben gekostet, darunter auch Dalgleish, Hayward und Moorcroft. Allerdings hat sich dadurch kaum jemand abschrekken lassen. Solche Gefahren gehörten zu den Herausforderungen Zentralasiens. Heute führt eine neue zweispurige Straße über den Karakorum, und die Zeit ist längst vorbei, da man Maultiere und Ponys, Köche und Kulis mieten, sich, vom Schwindel erfaßt, an Felsvorsprünge klammern und Steinschlag und Gewehrkugeln ausweichen mußte – alles das, was eine Reise durch Zentralasien erst richtig zu einer solchen machte.

Aber die Männer, deren Taten uns hier beschäftigen werden, lebten in der Zeit davor (wenngleich Sven Hedin, der der erste war, erst 1952 gestorben ist). Um ihre Ziele zu erreichen, waren sie bereit, schwere Strapazen auf sich zu nehmen und in dieser rauhen asiatischen Einöde immer wieder Gefahren zu trotzen und, wenn nötig, auch dem Tod ins Auge zu blicken. Worin bestand nun diese ungeheure Anziehungskraft der Taklamakan mit ihren grausamen Wintern und glühend heißen Sommern? Um das zu verstehen, müssen wir in der Geschichte Chinas um 2000 Jahre zurückblättern.

*

Ein Jahrhundert vor Christi Geburt begab sich ein abenteuerlustiger junger Chinese namens Zhang Qian in geheimer Mission auf eine Reise quer durch China in die damals fernabgelegenen und geheimnisvollen westlichen Regionen. Obwohl er seinen eigentlichen Auftrag nicht erfüllte, sollte sich seine Reise als eine der bedeutendsten der Geschichte erweisen, denn sie führte zur Entdeckung Europas durch die Chinesen und zur Geburt der Seidenstraße. Der für seine Willensstärke und seinen Wagemut berühmte Zhang war von dem Han-Kaiser Wudi, der sich damals zunehmend von den alten Feinden Chinas, den Xiongnu, bedroht sah, auf seine Erkundungsreise geschickt worden. Dieses kriegerische Volk, turktartarische Hunnen, sollte später als die plündernden und mordenden Hunnen unserer eigenen Geschichtsbücher auch in Europa auftauchen. Sie hatten mit ihren Einfällen in China schon zur Zeit der Streitenden Reiche (476–221 v. Chr.) begonnen, und im Jahr 221 v. Chr. hatte Kaiser Shihuangdi mit dem Bau der Großen Mauer begonnen, um sein Land vor ihnen zu schützen.

Kaiser Wudi oder der »Sohn des Himmels«, wie er offiziell genannt wurde, hatte von gefangenen Xiongnu erfahren, daß diese einige Jahre zuvor ein anderes zentralasiatisches Volk, die Yuezhi, besiegt, aus dem Schädel von deren erschlagenem Führer ein Trinkgefäß gemacht und sie gezwungen hatten, weit nach Westen zu fliehen in ein Gebiet jenseits der Wüste Taklamakan. Dort, so hörte er, warteten sie darauf, sich für ihre Niederlage zu rächen, suchten jedoch zuerst einen Verbündeten. Wudi beschloß sofort, mit den Yuezhi Verbindung aufzunehmen, um sich mit ihnen zu verbünden und die Xiongnu gleichzeitig von vorne und von hinten anzugreifen.

Er suchte daher einen Freiwilligen, der sich für diesen gefährlichen Auftrag eignete – gefährlich, denn ein chinesischer Abgesandter mußte auf seiner Reise von China zu den Yuezhi zunächst das von den Xiongnu besetzte Gebiet durchqueren. Zhang Qian, ein Beamter des kaiserlichen Haushalts, meldete sich und wurde vom Kaiser mit der Aufgabe betraut. Im Jahr 138 v. Chr. brach er mit einer Karawane und hundert Mann auf, entschlossen, den Marsch durch die Höhle des Löwen zu wagen. Doch im heutigen Gansu wurde er von den Xiongnu angegriffen. Die Überlebenden seiner Truppe gerieten in Gefangenschaft und wurden zehn Jahre festgehalten. Doch Zhang wurde von ihnen gut behandelt, ja man gab ihm sogar eine Frau. Da er jedoch auf eine Gelegenheit zur Flucht hoffte, um seine Reise nach Westen fortzusetzen, bewahrte er während der ganzen Zeit der Gefangenschaft das ihm vom Kaiser verliehene und ihn als kaiserlichen Botschafter ausweisende Würdezeichen, einen Jakschweif. Den Gefangenen wurden im Lauf der Zeit immer größere Freiheiten gewährt, und eines Tages gelang es Zhang und den anderen Überlebenden seiner Truppe, sich heimlich davonzumachen und die Reise fortzusetzen.

Als sie schließlich das Gebiet der Yuezhi (der späteren indoskythischen Beherrscher des Nordwestens von Indien) erreichten, mußten sie jedoch feststellen, daß diese im Lauf der Jahre, die seit dem verlorenen Krieg gegen die Xiongnu vergangen waren, zu Wohlstand gelangt und seßhaft geworden waren und jedes Interesse daran verloren hatten, sich an ihren ehemaligen Feinden zu rächen. Zhang blieb ein Jahr bei ihnen und sammelte während dieser Zeit möglichst viele Informationen über sie und andere Stämme und Länder Zentralasiens. Auf der Heimreise geriet er im Gebiet der Xiongnu zum zweiten Mal in Gefangenschaft. Doch zu seinem Glück brach unter den Xiongnu ein interner Machtkampf aus, und in der allgemeinen Verwirrung gelang ihm erneut die Flucht. Nach 13jähriger Abwesenheit und schon lange totgeglaubt, erreichte er schließlich Chang'an, die Hauptstadt der Han-Dynastie, und erstattete dem Kaiser Bericht. Von den hundert Männern, mit denen er aufgebrochen war, kam außer ihm nur ein einziger wieder lebend nach Hause.

Die militärischen, politischen, wirtschaftlichen und geographischen Erkenntnisse, die Zhang Qian mitbrachte, bedeuteten für den Hof des Han-Kaisers eine Sensation. Von seinem Kundschafter erfuhr der Kaiser von den reichen und bis dahin unbekannten Königreichen Ferghana, Samarkand, Buchara (alle im heutigen Sowjetisch-Zentralasien) und Balkh (im heutigen Afghanistan). Zum ersten Mal hörten die Chinesen auch etwas von der Existenz Persiens und eines anderen fernen Landes namens Lijian. Dabei, so glauben die Gelehrten heute, handelte es sich mit an Sicherheit grenzender Wahrscheinlichkeit um das Römische Reich. Doch von unmittelbarer Bedeutung war die Entdeckung einer wunderbaren neuen Rasse von Schlachtrossen in Ferghana, die, wie Zhang berichtete, »himmlischer« Abstammung seien. So schnell, groß und stark, wie sie waren, mußten sie in den Augen der Chinesen göttlichen Wesen gleichen, denn diese hatten bis dahin nur die kleine, langsame, einheimische Rasse gekannt, die heute als Przewalski-Pferd bekannt ist und die es jetzt nur noch in zoologischen Gärten gibt.

Wudi erkannte sofort, daß sich die Ferghana-Pferde ausgezeichnet für den Reiterkampf gegen die lästigen Xiongnu eignen würden, und war entschlossen, seine Armee mit ihnen auszurüsten. Er schickte eine Abordnung nach Ferghana, die versuchen sollte, einige dieser Tiere zu erwerben, aber sie wurde auf dem Weg dorthin aufgerieben. Weiteren Missionen erging es nicht anders. Schließlich wurde ein wesentlich stärkerer Verband in Marsch gesetzt, dem auch einige Tierärzte angehörten und der den Auftrag hatte, Ferghana zu belagern. Doch die Bewohner der Stadt trieben ihre Pferde zusammen, verschanzten sich mit ihnen hinter den Mauern ihrer Stadt und drohten, sich selbst und die Pferde zu töten, wenn die Chinesen näher kämen. Aber dann gelang es doch, eine ehrenhafte Kapitulation auszuhandeln, und die Chinesen zogen mit ihren Pferden nach Hause. Die Rasse dieser »himmlischen Pferde« ist heute längst ausgestorben, aber Bildhauer und Maler der Han- und der Tang-Zeit haben sie in ihren Werken verewigt. Das großartigste Beispiel dafür ist das berühmte »Fliegende Pferd« aus Bronze das 1969 von chinesischen Archäologen in Wuwei (Gansu) an der Verbindung der Seidenstraße mit Xi'an, der ehemaligen Hauptstadt Wudis, ausgegraben wurde. Es ist das Werk eines unbekannten Künstlers, der es vor etwa zweitausend Jahren gegossen hat.

Höchst zufrieden mit den Leistungen seines Abgesandten verlieh Kaiser Wudi ihm für seine Ausdauer und Entschlossenheit auf dieser epochemachenden Reise den Titel »Großer Reisender«. Es folgten zahlreiche weitere Expeditionen, denn Wudi war nun entschlossen, sein Reich weiter nach Westen auszudehnen. Zhang übernahm bei einer dieser Unternehmungen wiederum die Führung, diesmal im Jahr 115 v. Chr. zu den Wusun, einem Nomadenvolk an der Westgrenze des Gebiets der Xiongnu, das Wudi als Verbündete gegen die Xiongnu zu gewinnen hoffte. Wieder gelang es Zhang nicht, sich ihrer Unterstützung zu versichern, denn sie fürchteten sich zu sehr vor ihren mächtigen Nachbarn, und China schien sehr weit zu sein. Bald nach seiner Rückkehr von dieser Mission starb der »Große Reisende«, von seinem Kaiser mit Auszeichnungen überhäuft. Auch das heutige China bewahrt ihm noch ein ehrendes Angedenken. Er ist es gewesen, der den Weg nach Westen in Richtung Europa geöffnet hat und schließlich die beiden Supermächte jener Zeit, das chinesische und das römische Kaiserreich, miteinander in Verbindung bringen sollte. So können wir ihn mit Recht Vater der Seidenstraße nennen.

*

Zwar ist die Seidenstraße eine der ältesten großen Fernstraßen der Welt, doch hat sie diesen ihre Funktion bezeichnenden Namen erst verhältnismäßig spät bekommen, und zwar im vergangenen Jahrhundert von dem deutschen Gelehrten Ferdinand Freiherr von Richthofen. Diese Bezeichnung ist zudem in gewisser Weise irreführend, denn dieser große, durch China, Zentralasien und den Mittleren und Nahen Osten führende Karawanenweg besteht nicht nur aus einer ganzen Anzahl von Routen, sondern es sind auf ihm außer Seide auch noch sehr viele andere Güter befördert worden. Indem die Kaiser der Han-Dynastie die Grenzen Chinas weiter nach Westen verschoben, wurde dieser Handelsweg zwar Jahr für Jahr weiter ausgebaut, doch blieb er immer von räuberischen Xiongnu, Tibetern und anderen bedroht. Um den freien Fluß der Waren auf der neu entstandenen Fernstraße aufrechtzuerhalten, waren die Chinesen gezwungen, sie mit Garnisonen und Wachttürmen zu sichern. Im Rahmen dieser auf die Ausdehnung ihres Staatsgebiets gerichteten Politik verlängerten sie die Große Mauer, die einem ähnlichen Zweck diente wie der römische Limes, nach Westen.

Die Seidenstraße begann in Chang'an, dem heutigen Xi'an, führte dann in nordwestlicher Richtung durch den Korridor von Gansu bis zur Oase Dunhuang in der Wüste Gobi, einer Grenzstadt, die in unserer Geschichte noch eine dramatische Rolle spielen wird. Hinter Dunhuang führte sie durch das berühmte Jadetor (Yumenguan) und teilte sich dann, so daß die Karawanen zwischen zwei Routen wählen konnten, die jeweils am äußeren Rand der Wüste Taklamakan entlang führten.

Die nördliche dieser beiden Routen verlief durch die Wüste zu dem fast drei Wochen entfernten Hami. Dann hielt sie sich nahe am Fuße des Tianshan, des »Himmelsgebirges«, indem sie einer die am Nordrand der Taklamakan gelegenen Oasen verbindenden Linie folgend durch Turfan, Karaschahr, Kutscha, Aksu, Tumchuq und Kaschgar führte. Die südliche Route bahnte sich ihren Weg zwischen den nördlichen Ausläufern der tibetischen Berge und dem Rand der Wüste und folgte wiederum einer die dort gelegenen Oasen verbindenden Linie, zu denen Miran, Endere, Niya, Keriya, Khotan und Yarkand gehörten. Von dort wendete sie sich nach Norden, umging den äußersten Zipfel der Taklamakan und vereinigte sich in Kaschgar mit der nördlichen Route. Von Kaschgar aus führte die Seidenstraße dann zunächst über eine lange, steil ansteigende und gefährliche Strecke weiter nach Westen zum Hohen Pamir, dem »Dach der Welt«. Hier verließ sie chinesisches Gebiet und gelangte in das heute sowjetische Zentralasien, verlief weiter über Chokand, Samarkand, Buchara, Merw und schließlich durch Persien und den Irak bis zur Küste des Mittelmeers. Von dort brachten Schiffe die Waren nach Rom und Alexandria.

Eine andere Zweiglinie verließ die Südroute auf der Westseite der Taklamakan, führte über das im heutigen nördlichen Afghanistan gelegene Balkh und stieß in Merw wieder auf die nach Westen weiterführende Hauptlinie der Seidenstraße. Eine wichtige nach Indien führende Zweiglinie verließ die Südroute ebenfalls bei Yarkand, erklomm dann die gefährlichen Pässe des Karakorum, die »Tore Indiens«, und passierte die Städte Leh und Srinagar, bevor sie sanft abfallend die Märkte an der Küste bei Bombay erreichte. Am Ostende der Seidenstraße schließlich gab es noch eine weitere Zweiglinie, von den Chinesen »Straße der Mitte« genannt. Nachdem sie das Jadetor verlassen hatte, berührte sie bei Lop Nor das Nordufer des »wandernden Sees« von Hedin und passierte die bedeutende Oasenstadt Loulan, bevor sie sich mit der nördlichen Hauptroute vereinigte.

Existenz und Fortbestand der Seidenstraße waren vollkommen abhängig von der Linie strategisch angelegter Oasenstädte am äußeren Rand der Taklamakan, von denen keine mehr als ein paar Tagesmärsche von der nächsten entfernt war. Das Überleben dieser Oasen wiederum hing von den durch Gletscherwasser gespeisten Flüssen ab, die von den gewaltigen Gebirgszügen herabströmen, welche die große Wüste hufeisenförmig von drei Seiten umgeben. Als der Verkehr auf der Seidenstraße zunahm, wurden aus diesen Oasen, die den vorüberziehenden Karawanen ursprünglich nur als Durchgangs- und Versorgungsstationen gedient hatten, bedeutende eigenständige Handelszentren. Im Lauf der Jahrhunderte gewannen die größeren und reicheren Oasen die Herrschaft über die sie umgebenden Gebiete und entwickelten sich zu unabhängigen feudalen Fürstentümern oder kleinen Königreichen.

Dies ließ sie zu einem immer verlockenderen Ziel für die Xiongnu und andere werden, die gierig waren nach einem Anteil an den auf der Seidenstraße gemachten Profiten. Da dieser Handel dem China der Han-Dynastie beträchtliche Gewinne einzubringen begann, entwickelte sich nun ein ständiger Kampf zwischen den Chinesen und jenen, die diese Wirtschaftsanteile bedrohten. Immer wieder sollten die Chinesen die Kontrolle über die Seidenstraße verlieren, die dann zeitweilig Barbarenstämmen oder irgendeinem unabhängigen Feudalherrscher in die Hände fiel. Die neuen Herren verlangten nun Tribut für die Gewährung sicheren Transits der Warentransporte oder überfielen und beraubten einfach die Karawanen, bis es den Chinesen gelang, mit Waffengewalt, durch Verträge oder brutale Vergeltungsmaßnahmen die Kontrolle über den Handelsweg zurückzugewinnen. Aber selbst zu Zeiten, in denen die Chinesen die Seidenstraße fest in der Hand hatten, reisten die Karawanen selten unbewaffnet oder ohne Geleitschutz, denn es bestand immer die Gefahr, auf einer der einsamen Wegstrecken von Räubern überfallen zu werden, vor allem von Tibetern, die sich im Kunlun-Gebirge versteckt hielten. Dies alles machte die Reise zu einem kostspieligen Unternehmen, was letztlich dazu führte, daß der Handel mit dem Fernen Osten zunehmend auf dem Seeweg abgewickelt wurde, aber bis dahin stiegen die Preise für diese Waren erheblich. Doch trotz all dieser Gefahren und Störungen blühten Handel und Verkehr auf der Seidenstraße weiter.

*

Die Römer glaubten fest daran, daß Seide auf Bäumen wüchse. So schrieb Plinius: »Die Seres sind berühmt für die Wolle ihrer Wälder. Sie entfernen den Flaum von den Blättern mit Hilfe von Wasser …« Auch Vergil beschrieb, wie die Chinesen »den feinen Flaum von den Blättern kämmen«. Den Chinesen wiederum lag nichts daran, solche Mythen zu widerlegen. Obwohl sie nur allzu bereit waren, ihre Seide zu verkaufen, deren Geheimnis sie selbst tausend Jahre zuvor entdeckt hatten, waren sie entschlossen, sich ihr Handelsmonopol zu erhalten. Das gelang ihnen weitere 600 Jahre, bis die ersten Eier des Seidenspinners von China nach Byzanz geschmuggelt wurden, angeblich von Nestorianermönchen, die sie, wie es heißt, in einem ausgehöhlten hölzernen Stab versteckt hatten.

Die ersten Römer, die diesem völlig neuen Material begegneten, waren die sieben Legionen des Marcus Licinius Crassus. Als diese im Jahr 53 v. Chr. die Parther nach Osten über den Euphrat verfolgten, warfen die fliehenden feindlichen Reiter bei Carrhae plötzlich ihre Pferde herum und deckten ihre Verfolger mit einem tödlichen Hagel von Pfeilen zu – die berühmte Taktik des parthischen Bogenschusses. Die römische Schlachtordnung löste sich auf, oft durchbohrte ein einziger Pfeil zwei Legionäre oder nagelte die Hände an den Schilden fest. Die tapferen Römer hätten sich trotz allem vielleicht noch behaupten können, wäre nicht das Folgende geschehen: Unter barbarischem Kriegsgeschrei entrollten die Parther plötzlich im grellen Sonnenlicht vor den Augen ihrer bereits demoralisierten Gegner große seidene Banner. Die Römer, die nie zuvor etwas Derartiges gesehen hatten, wendeten sich zur Flucht und ließen etwa 20000 Tote auf dem Schlachtfeld zurück.

Wie die Römer wußten, waren die Parther ein kriegerisches und einfaches Volk, gänzlich außerstande, dieses wunderbare Material zu erfinden oder herzustellen, das so »leicht wie eine Wolke« war und so »durchsichtig wie Eis«. Aber woher hatten sie es? Der römische Nachrichtendienst fand es bald heraus. Es stammte von dem sogenannten »Seidenvolk«, einem geheimnisumwitterten Volksstamm, der jenseits der unermeßlichen Weiten Zentralasiens lebte. Eine der frühen Handelsmissionen des Kaisers Wudi nämlich war den Fußstapfen Zhang Qians folgend bis nach Parthien vorgedrungen und hatte dort Seidenstoffe gegen ein Straußenei und einige Zauberkünstler eingetauscht, die chinesischen Annalen zufolge den Sohn des Himmels entzückt hatten.

In kürzester Zeit gelang es den Römern, sich Proben des neuen

Materials zu verschaffen, das so verlockend aussah und sich so zart anfühlte und von dem sie nun unbedingt mehr haben wollten. Zugleich erkannten die Parther, daß sie als Vermittler im Handel mit dieser neuen Ware Vermögen verdienen konnten. Es dauerte nicht lange, und das Tragen von seidenen Gewändern wurde in Rom für Männer und Frauen zur großen Mode – und zwar in einem Maße, daß Tiberius es im Jahr 14 n. Chr. für Männer verbot aus Besorgnis, dieser Luxus könnte zur Dekadenz führen. Plinius schrieb mißbilligend über die neuen durchsichtigen Bekleidungsstücke, in denen »die Frauen nackt erscheinen«, und tadelte die römischen Frauen für ihr Verlangen nach Seide, mit dem sie die wirtschaftliche Kraft des Staates schwächten.

Doch der offiziellen Mißbilligung zum Trotz blühte der Handel, und um das Jahr 380 n. Chr. berichtete ein römischer Historiker, daß der Gebrauch von Seide, der »einst dem Adel vorbehalten war, jetzt gleichermaßen in allen Klassen üblich sei, selbst in den untersten«. Die Seide war inzwischen jedoch so teuer geworden, daß sie, wie behauptet wird, in Gold aufgewogen wurde, wenngleich einige Kulturhistoriker dies bezweifeln. Die Römer mußten ihre Seidenimporte allerdings mit Gold bezahlen, und da die Nachfrage stieg, hatte das zunehmend ernste Folgen für die Wirtschaft. Ein großer Teil des Gewinns floß dabei eher in die Taschen der Zwischenhändler an der nun blühenden Seidenstraße als in die der Seidenweber, der »Seres« im fernen China. Schon im ersten Jahrhundert nach Christus hatten einige wagemutige römische Kaufleute versucht, die habgierigen Parther auszuschalten, und ihre Agenten ausgeschickt, neue Handelswege zu erkunden, und um das 2. Jahrhundert kamen bereits die ersten Seidenballen auf dem Seeweg über Indien nach Rom, was den Transport wesentlich verbilligte. Die Parther ihrerseits versuchten, sich ihr wertvolles Monopol dadurch zu erhalten, daß sie im Ausland furchterregende Geschichten über die Gefahren der Seereisen verbreiteten, und wir wissen, daß zumindest eine chinesische Gesandtschaft in den Westen durch diese abgeschreckt wurde.

Aber über die Seidenstraße wurden außer Seide auch viele andere Waren befördert. Die in Richtung China wandernden

Karawanen waren mit Gold und anderen wertvollen Metallen, Textilien aus Wolle und Leinen, Elfenbein, Korallen, Bernstein, Edelsteinen, Asbest und Glas beladen, das in China nicht vor dem 5. Jahrhundert nach Christus hergestellt wurde. Die aus China kommenden Karawanen brachten Pelze, Keramik, Eisen, Lack, Zimtrinde und Rhabarber sowie Gegenstände aus Bronze wie Gürtelschnallen, Waffen und Spiegel nach Westen. Nicht alle diese Handelswaren wurden über die ganze Länge der Seidenstraße befördert, sondern viele wurden schon in den am Wege liegenden Oasen oder Städten eingetauscht oder verkauft, wo sie durch andere Waren ersetzt wurden wie Jade, an denen dann wiederum verdient werden konnte. Wenn überhaupt, dann sind nur wenige Karawanen die ganze Strecke von etwa 14 500 Kilometern hin und zurück gewandert. Chinesische Kaufleute sind niemals bis Rom gekommen, und auch in Chang'an wurden nie römische Händler gesehen. Es wäre auch gar nicht im Interesse der Parther gewesen dies zuzulassen. Sie hatten allen Grund zu verhindern, daß die Empfänger einer Ware, die durch ihr Gebiet transportiert wurde, deren ursprünglichen Preis erfuhren. Überdies ist es unwahrscheinlich, daß irgendwelche Lasttiere – Kamele, Pferde, Maultiere, Esel, Ochsen und (über die Pässe des Pamir und des Karakorum) Jaks – diese Entfernung hätten zurücklegen können. Es war üblich, daß die Karawanen ihre Tragetiere an bestimmten Poststationen wechselten. Und dennoch gingen auf diesen strapaziösen Wegen alljährlich Tausende von Tieren zugrunde.

*

Auf dieser großen transasiatischen Fernstraße wurde jedoch noch ein anderes Gut befördert, das sich als viel bedeutsamer erweisen sollte als Seide. Es sollte nicht nur in China, sondern im gesamten Fernen Osten Kunst und Denken revolutionieren. Dies war der sanfte Glaube des Buddhismus, der das Mitleid gegenüber allen Lebewesen predigte, ein Gedanke, der im 6. Jahrhundert vor Christus in Nordostindien geboren worden war. Die Bekehrung des Königs Ashoka im 3. Jahrhundert vor Christus hatte dazu geführt, daß der Buddhismus in seinem Reich, das damals fast ganz Indien umfaßte, zur Staatsreligion erklärt wurde. Der Legende nach kam der Buddhismus im ersten Jahrhundert nach Christus infolge eines Traums des Han-Kaisers Mingdi nach China. In diesem Traum hatte der Kaiser eine goldene, von einem Lichtschein umgebene Gestalt durch den Raum schweben sehen. Am nächsten Morgen rief er seine Weisen zu sich und verlangte von ihnen eine Deutung seines Traums. Nachdem sie sich untereinander beraten hatten, kamen sie zu dem Schluß, der Kaiser müsse Buddha gesehen haben (man hatte nämlich in China schon etwas von diesem neuen Glauben gehört). Daraufhin wurde sofort ein Gesandter nach Indien geschickt mit dem Auftrag, mehr über den Buddhismus und dessen Lehre in Erfahrung zu bringen. Nach langer Abwesenheit kehrte er nicht nur mit heiligen buddhistischen Texten und Bildern an den Han-Hof zurück, sondern brachte auch indische Priester mit, die sich bereiterklärt hatten, dem chinesischen Kaiser ihre Religion zu erläutern. Ob dies nun eine Legende ist oder nicht, fest steht jedenfalls, daß etwa seit dieser Zeit Missionare und Pilger zwischen China, Zentralasien und Indien hin- und hergereist sind. Außer heiligen Büchern und Schriften brachten sie auch Beispiele der Kunst der neuen Religion mit, wie man sie bis dahin in China noch nie gesehen hatte, was die kunstsinnigen Chinesen erstaunte und begeisterte.

Die Durchdringung Chinas mit dem Buddhismus gab den Chinesen nicht nur eine neue Religion, sondern, und das ist für unsere Geschichte von zentraler Bedeutung, sie schenkte der Welt auch einen völlig neuen Kunststil, den wir heute als den serindischen bezeichnen. Dieser Begriff ist eine Zusammensetzung der beiden Worte Seres (China) und Indien. Logischerweise hätte es sich dabei einfach um eine Verschmelzung der indisch-buddhistischen mit der zeitgenössischen chinesischen Kunst handeln müssen. Das wäre auch höchstwahrscheinlich der Fall gewesen, hätte es nicht das gewaltige Gebirgsmassiv des Himalaja gegeben, das China so wirkungsvoll gegen jeden unmittelbaren Kontakt mit Indien abschirmte. Doch angesichts dieser unüberwindlichen Barriere kamen die Lehre des Buddhismus und dessen Kunst auf einem Umweg nach China und nahmen dabei auch andere Einflüsse in sich auf. Der wirkliche Ausgangspunkt war nicht das eigentliche Indien, sondern das im Gebiet des Peschawar-Tals, im Nordwesten des heutigen Pakistan gelegene buddhistische König-reich Gandhāra. Hier hatten sich bereits zwei andere Kunstrich-tungen vereinigt, und zwar die indisch-buddhistische Kunst, die im ersten Jahrhundert nach Christus von den herrschenden Ku-schanen (den Nachkommen der Yuezhi) ins Land gebracht wor-den war, und die griechische Kunst, die Alexander der Große 400 Jahre zuvor in diese Region gebracht hatte.

Die revolutionärste Neuerung, die von dieser gräko-buddhisti-schen oder Gandhāra-Schule eingeführt wurde, war die Darstel-lung Buddhas in menschlicher Gestalt, denn es war das erste Mal, daß Künstler es gewagt hatten, ihn auf diese Weise zu zeigen. Da Buddha der Lehre seiner Anhänger zufolge mit seinem Eingehen ins Nirwana aufgehört hatte zu existieren und somit aus dem ewigen Kreislauf der Wiedergeburt erlöst war, hatte man ihn zuvor nur durch mystische Symbole wie einen einzelnen Fußab-druck, ein Rad, einen Baum, ein Stupa oder Sanskrit-Silben dar-gestellt. Doch die Bildhauer der Gandhāra-Schule stellten Buddha in menschlicher Gestalt mit einer geraden, scharf ziselierten Nase und Stirn, klassischen Lippen und gewelltem Haar dar – alles hellenistische Einflüsse. Aus dem Mittelmeerraum übernommen ist offensichtlich auch die leichte, togaähnliche Robe, die er anstelle des in Indien üblichen Lendentuchs trägt, aber seine etwas vortretenden Augen mit den schweren Lidern, die in die Länge gezogenen Ohrläppchen und das fleischige, ovale Gesicht sind typische Merkmale der indischen Ikonographie. Die in die Länge gezogenen Ohrläppchen sind ein Symbol dafür, daß Buddha die schweren, mit Edelsteinen besetzten und dem Irdischen verhafte-ten Ohrringe fortgeworfen hat, die er als reicher Prinz vor seiner Bekehrung zu einem Leben der Selbstverleugnung und des Leh-rens getragen hatte.

Die ersten westlichen Reisenden, die im 19. Jahrhundert von Indien aus in das Gandhāra-Gebiet kamen, waren erstaunt, als sie diese Kunstwerke sahen, die sich so sehr von den »gedrungenen, gewundenen und fratzenhaften Formen« der religiösen Kunst Indiens unterschieden, die sie bisher gewohnt waren. In ihrem

Übereifer, für Museen und Sammlungen Musterbeispiele dieser Kunstrichtung zu beschaffen, richteten sie an den historischen Stätten und Tempeln nicht wieder gutzumachenden Schaden an. Zudem waren die Wandgemälde infolge des ungünstigen Klimas längst vernichtet. Daher vermitteln uns heute fast nur noch die aus dem grauen Schiefer jener Gegend gearbeiteten Skulpturen eine Vorstellung von der eigentümlichen Schöpferkraft dieser gräko-buddhistischen Künstler.

So war es diese Kunst der Gandhāra-Schule, die statt der ursprünglichen buddhistischen Kunst Indiens mit der revolutio-nären Botschaft des Buddhismus über die nördlichen Pässe nach Chinesisch-Zentralasien gelangte. Von dort breitete sie sich ent-lang der neu entstandenen Seidenstraße langsam weiter nach Osten aus, indem sie den Spuren von Missionaren, Kaufleuten und heimkehrenden Pilgern folgte und allmählich neue Einflüsse aufnahm, darunter auch chinesische. Das Vordringen der neuen Religion über die an den Rändern der Wüste Taklamakan gelege-nen Oasen führte zur Errichtung zahlreicher Klöster, Höhlen und Stupas. Großzügig unterstützt und gefördert wurde dies sowohl von einheimischen Herrscherfamilien als auch von wohlhaben-den Kaufleuten, die Schutz für ihre Karawanen erflehten oder nach deren glücklicher Rückkehr ihren Dank bezeugten. Solche Geschenke und Stiftungen wurden als verdienstvolle Taten ange-sehen, die dem Spender ermöglichen sollten, der Wiedergeburt in diese Welt zu entkommen. Auf vielen Wandgemälden, die man in den Tempeln und Heiligtümern an der Seidenstraße entdeckt hat, werden deren männliche und weibliche Stifter (ähnlich wie auf den Kunstwerken der christlichen Renaissance) in frommer Hal-tung dargestellt und manchmal sogar namentlich erwähnt.

Als die Zahl derer, die sich zu dem neuen Glauben bekannten, zunahm, machten sich immer mehr Pilger über die Seidenstraße auf den Weg nach Westen, um die Quellen, heiligen Schriften und Heiligtümer des Buddhismus in dessen Ursprungsland aufzusu-chen. Sie überquerten die Pässe des Karakorum und des Pamir nach Gandhāra, das inzwischen für die gläubigen Buddhisten zum zweiten Heiligen Land geworden war, und gelangten von dort auch nach Indien. Einige von ihnen haben in den zu jener Zeit blühenden Oasenstädten an der Taklamakan detaillierte Lebensbeschreibungen zurückgelassen. Einer der ersten dieser Reisenden war Faxian, der den größten Teil des Weges zu Fuß zurückgelegt hatte. Von ihm stammt ein lebendiger Bericht über das Königreich Khotan an der südlichen Route der Seidenstraße, wie er es 399 v. Chr. erlebt hat.

In der hochbedeutsamen Reisebeschreibung von Faxian, die 1869 ins Englische übersetzt wurde, heißt es: »Dieses Land ist reich und glücklich; seine Bewohner sind wohlhabend; sie haben alle den Glauben angenommen und finden Vergnügen an religiöser Musik. Die Zahl der Priester geht in die Zehntausende.« Er beschreibt das sogenannte Neue Kloster des Königs, dessen Pracht ihn zutiefst beeindruckte und dessen Bau acht Jahre und die Regierungszeiten von drei Herrschern in Anspruch genommen hatte. »Es ist ungefähr 85 Meter hoch, mit reichen Ornamenten versehen, mit Gold und Silber belegt und geziemend mit allen sieben Kostbarkeiten geschmückt. Hinter der Pagode befindet sich eine prächtig ausgestattete Halle des Buddha. Ihre Balken, Säulen, Flügeltüren und Fenster sind ganz und gar vergoldet. Daneben liegen die Wohnungen der Priester, die so prächtig ausgestattet sind, daß es sich mit Worten nicht beschreiben läßt.« Die sieben Kostbarkeiten, von denen er berichtet, waren Gold, Silber, Lapislazuli, Kristall, Rubine, Smaragde und Korallen.

Faxian, der sich drei Monate in Khotan aufgehalten hat, berichtet, daß es dort 14 große Klöster gab, »die kleineren nicht mitgerechnet«. Vor der Tür eines jeden Hauses stand eine Pagode, »die kleinsten werden etwa sieben Meter hoch gewesen sein«. Die Bewohner seien großzügig und gastfreundlich gewesen. »Sie richten Zimmer für durchreisende Priester ein und stellen sie Priestern zur Verfügung, die ihre Gäste sind. Dazu geben sie ihnen alles, was sie sich wünschen mögen.«

Er schildert ein buddhistisches Fest, an dem sich auch der königliche Hof beteiligte. »Am ersten Tage des vierten Monats beginnt man, die Hauptstraßen in der Stadt zu fegen und mit Wasser zu besprengen und schmückt auch die Seitenstraßen. Über dem Stadttor bringen sie ein großes, reich geschmücktes Sonnendach an, unter dem der König, die Königin und die Hofdamen ihre

Plätze einnehmen.« Es folgte eine von den Priestern des Klosters, in dem der König Faxian untergebracht hatte, angeführte Prozession. Etwa anderthalb Kilometer außerhalb der Stadt wurde ein Festwagen bereitgestellt, »mehr als zehn Meter hoch, der aussah wie eine fahrbare Halle des Buddha. Er war geschmückt mit den sieben Kostbarkeiten, flatternden Wimpeln und bestickten Baldachinen«. Auf diesem »vierrädrigen, für die Heiligenbilder bestimmten Wagen« stand eine Buddhafigur, der zwei dienende Bodhisattvas und einige Devas folgten. »Sie sind alle schön aus Gold und Silber getrieben und hängen in der Luft.« Hier begann die feierliche Prozession, und sobald der Wagen mit den Heiligenbildern bis auf hundert Schritte an das Stadttor herangekommen war, nahm der König die seinen Rang bezeichnende Kopfbedeckung ab und hüllte sich in ein neues Gewand. »Barfuß und mit Blumen und Weihrauch in den Händen, zu beiden Seiten von Gefolgsleuten begleitet, tritt er aus dem Tor«, schreibt Faxian. »Vor den Götterbildern angekommen neigt er den Kopf bis auf die Erde, streut die Blumen auf den Boden und verbrennt den Weihrauch.« Das ganze Fest dehnte sich über vierzehn Tage aus, wobei jedes der großen Klöster seinen eigenen Tag für eine Prozession und auch seinen eigenen Festwagen mit einer Buddhastatue hatte. Am Schluß kehrten der König und die Königin in ihren Palast zurück, und Faxian setzte seine Pilgerfahrt durch das Königreich Kaschgar fort, wo sich die nördliche und die südliche Route der Seidenstraße wieder vereinigten.

Aus dem Buddhismus entstanden in Zentralasien eine Reihe verschiedener Sekten oder »Schulen«. Zwei von ihnen – die des »Reinen Landes« und des Chan (oder Zen) – gewannen schließlich auch Anhänger in Japan, wo sie noch heute blühen. Wahrscheinlich hat der japanische Graf Otani seine drei Expeditionen nach Chinesisch-Zentralasien unternommen, um nach den lange untergegangenen heiligen Stätten und anderen Zeugen der Sekte des »Reinen Landes« zu suchen. Es wird aber auch behauptet, daß diese Expeditionen sehr viel weltlicheren Zwecken zur Tarnung gedient hätten.

Aber der Buddhismus war nicht die einzige im Ausland entstandene Religion, die über die Seidenstraße nach China gelangte.

Auch zwei andere Glaubensrichtungen haben samt ihrer Kunst und Literatur am Rande der Taklamakan Fuß gefaßt: das nestorianische Christentum und der Manichäismus. Die Nestorianer, die bestritten, daß Christus zugleich Mensch und Gott sein könne, waren im Jahr 432 auf dem Konzil von Ephesus mit dem Kirchenbann belegt worden. Viele Anhänger dieser Sekte flohen in das Sassanidenreich, den heutigen Iran. Von dort brachten die nestorianischen Kaufleute und Missionare ihre religiöse Botschaft und ihre Kunst nach China, wo die erste nestorianische Kirche im Jahr 638 in Chang'an geweiht wurde. Die Nestorianer benutzten dabei die nördliche Route der Seidenstraße, und in vielen an diesem Weg gelegenen Oasen enstanden nestorianische Gemeinden. Anfang dieses Jahrhunderts wurden sowohl in Turfan als auch in der eingemauerten Bibliothek von Dunhuang zahlreiche nestorianische Handschriften entdeckt. Da viele Nestorianer zugleich Kaufleute und Missionare waren, verbreitete sich ihr Glauben über alle Karawanenstraßen in Chinesisch-Zentralasien und sogar bis in das südlich gelegene Tibet. Weder das im Jahr 845 unter der Tang-Dynastie in China erlassene Verbot aller fremden Religionen noch die blutige Eroberung Chinesisch-Zentralasiens durch die Anhänger Mohammeds im 11. Jahrhundert konnte das Nestorianertum ganz zum Erlöschen bringen. Der venezianische Reisende Marco Polo stellte fest, daß es in Kaschgar und Khotan noch zahlreiche Nestorianer gab, als er Ende des 13. Jahrhunderts auf seiner Reise nach China durch diese Städte kam.

Der im 3. Jahrhundert nach Christus in Persien entstandene Manichäismus gründete sich auf den Gegensatz der einander widersprechenden »Zwei Prinzipien« Licht (Geist) und Finsternis (Fleisch). Die Jünger Manis waren Ende des 5. Jahrhunderts im Westen von den Christen grausam verfolgt worden. Auf ihrer Flucht nach Osten waren sie schließlich nach Chinesisch-Zentralasien und nach China gekommen, wo sie unter den Dynastien der Sui (589–618) und der Tang (618–907) Fuß faßten. Bis zu der Zeit, als die Deutschen im Gebiet um Turfan ganze manichäische Bibliotheken auszugraben begannen, hatte man angenommen, daß diese Religion keine eigene Literatur gehabt habe. Man kannte sie vor allem aus den gegen sie gerichteten leidenschaftlichen Kampfschriften ihrer Gegner, besonders aus denen des heiligen Augustinus.

Die turktartarischen Uighuren kamen um das Jahr 762 mit dem Manichäismus in Berührung, als sie Chang'an, die Hauptstadt der Tang, plünderten, und bekehrten sich bald darauf zu diesem Glauben. Diese fremdartige Religion, die Anleihen bei den einander widersprechenden Glaubensinhalten des Christentums und der Lehren Zarathustras gemacht hatte, erlebte ihre Blütezeit im 10. Jahrhundert. Es folgte ein allmählicher Niedergang, bis der Manichäismus ganz aus China verschwand. In den westlichen Oasen an der Seidenstraße wurde diese Religion mit Gewalt unterdrückt und von der Flutwelle des Islam verdrängt, während weiter im Osten der Buddhismus an ihre Stelle trat. Die letztere Entwicklung läßt sich in Karakhoja am Nordostende der Taklamakan nachweisen, wo Le Coq unter späteren, buddhistischen, schöne manichäische Wandgemälde entdeckte. Doch es war die buddhistische Kunst, welche die ausdrucksstärksten, bleibenden Denkmäler entlang der Seidenstraße hinterlassen hat, wenngleich auch nestorianische und manichäische Künstler und Schriftgelehrte zahlreiche Beispiele ihrer bedeutenden Werke hinterlassen haben.

Kunst und Kultur an der Seidenstraße erreichten ebenso wie im übrigen China ihre höchste Blüte zur Zeit der Tang-Dynastie (618–907), die allgemein als das »goldene Zeitalter« Chinas angesehen wird. Während der langanhaltenden Perioden des Friedens und der Stabilität, welche diese glänzende Epoche kennzeichnen, herrschte im ganzen chinesischen Reich Wohlstand. Seine Hauptstadt Chang'an, das Rom Asiens und Ausgangspunkt aller über die Seidenstraße führenden Reisen, war eine der prächtigsten und weltoffensten Städte der Erde. Im Jahr 742 lag ihre Einwohnerzahl bei nahezu zwei Millionen (nach der Volkszählung von 754 hatte China eine Bevölkerung von fast 250 Millionen, und es gab dort etwa 250 Städte mit mehr als einer halben Million Einwohnern). Chang'an, das unter den Dynastien der Zhou, Qin und Han die Hauptstadt Chinas gewesen war, hatte sich zu einer Metropole entwickelt, die, von einer Festungsmauer umgeben, eine Fläche von acht mal neun Kilometern einnahm.

Die Stadttore wurden jeden Abend bei Sonnenuntergang geschlossen. Ausländer waren gern gesehen, und etwa fünftausend hatten sich dort niedergelassen. Nestorianer, Manichäer, Zoroastrier, Hindus und Juden besaßen die Erlaubnis, ihre eigenen Kirchen, Tempel und Synagogen zu bauen und dort ihre Gottesdienste abzuhalten. Eine endlose Prozession von Reisenden strömte durch die Stadttore, unter ihnen Turktartaren, Iraner, Araber, Sogdianer, Mongolen, Armenier, Inder, Koreaner, Malaien und Japaner. Unter ihnen fanden sich alle möglichen Berufsstände; Kaufleute, Missionare, Pilger, Gesandte, Tänzer, Musiker, Schreiber, Wein- und Edelsteinhändler, Höflinge und Kurtisanen. Kleinwüchsige Menschen, die bei den Chinesen als Jongleure, Tänzer, Schauspieler und Spaßmacher besonders beliebt waren, wurden aus ganz Asien hierher gebracht. Vollständige Orchester kamen aus den fernen Städten an der Seidenstraße und anderen Teilen Asiens, um den kaiserlichen Hof zu unterhalten.

Eine erstaunlich genaue Dokumentation der Herkunft und der Berufsgruppen dieser Ausländer findet sich in den als Grabbeigaben dienenden Terrakotta-Figuren, die in der Umgebung von Chang'an (dem heutigen Xi'an) in Gräbern jener Epoche entdeckt worden sind. Viele dieser *mingqi* oder Grabbeigaben stellen zweifellos Ausländer dar, deren Rasse oder Herkunftsland von Wissenschaftlern anhand ihrer Gesichtszüge oder ihrer Bekleidung bestimmt werden konnten. Doch neben dem Strom von Reisenden, welche die Stadt aufsuchten, ergoß sich über ihre zahlreichen Basare täglich eine Flut von Luxusgütern und Gebrauchsgegenständen. Zu den ausgefalleneren Artikeln, die zum großen Teil über die Seidenstraße ins Land gekommen waren, gehörten Kosmetika, seltene Pflanzen (darunter der Safrankrokus), Medikamente, Duftstoffe, Weine, Gewürze, wohlriechende Hölzer, Bücher und fein geknüpfte Teppiche. Neben den »himmlischen Pferden« aus Ferghana, von denen einige dazu ausgebildet wurden nach Musik zu tanzen, gab es Pfauen, Papageien, Falken, Gazellen, Jagdhunde, vereinzelte Löwen oder Leoparden und Strauße (die von den Chinesen für zweibeinige Wunder gehalten wurden). Zwei dieser Vögel kamen im 7. Jahrhundert nach China, wo man sie zunächst als »große

Sperlinge« und später als »Kamelvögel« bezeichnete, ein Name, den die Chinesen von den Persern übernahmen. Einer von ihnen konnte angeblich pro Tag 300 chinesische Meilen zurücklegen und Kupfer und Eisen verdauen.

Trotz ihres unersättlichen Verlangens nach solchen ausgefallenen Importgütern betrachteten die Chinesen die Fremden, die sie ins Land brachten, als *Hu*, als Barbaren. Allen Ausländern gegenüber hatten sie ein tiefverwurzeltes Überlegenheitsgefühl und behandelten deshalb jeden Fremden mit der entsprechenden Geringschätzung. Geschenke fremder Herrscher wurden vom kaiserlichen Hof als Tribute entgegengenommen, und Fürsten und Gesandte, die dem Kaiser ihre Aufwartung machten, wurden als Vasallen empfangen.

*

Zur Zeit der Tang-Dynastie mag die Seidenstraße ihr goldenes Zeitalter erlebt haben, doch waren das Schicksal der Dynastie und das ihrer wichtigsten Handelsstraße eng miteinander verknüpft. Als der Niedergang der Dynastie begann, verfielen auch Kultur und Zivilisation entlang der Seidenstraße. Dies endete schließlich mit ihrem vollständigen Untergang und dem der Klöster, Tempel und Kunstwerke vieler bis dahin blühenden Städte. In der Tat wurden alle Spuren dieser einst so großen Epoche so vollständig verwischt, daß sie erst im 19. Jahrhundert wieder entdeckt wurden. Die Gründe für dieses Verschwinden sind vielfältig, und der ganze Vorgang dauerte mehrere Jahrhunderte. Allerdings gab es zwei Hauptursachen. Die eine war das allmähliche Austrocknen der vom Wasser der Gletscher gespeisten Flüsse, welche die Oasenstädte mit Wasser versorgten, die andere war das plötzliche Auftauchen der kriegerischen Missionare des Islam aus dem fernen Arabien, die ihren Glauben mit dem Schwert zu verbreiten suchten.

Seit in grauer Vorzeit die ersten menschlichen Siedlungen in den Oasen am Rande der Taklamakan entstanden waren, mußten deren Bewohner hart ums Überleben kämpfen: nicht nur gegen plündernde und mordende Xiongnu, Tibeter und andere, sondern auch gegen den Tod durch Verdursten oder Verhungern. Das Überleben in dieser öden und unfruchtbaren Landschaft wäre in der Tat unmöglich gewesen ohne die sich von den Bergen in die Wüste ergießenden Ströme. Durch die geschickte Nutzung dieses Wassers in wohldurchdacht angelegten Bewässerungssystemen hatten sich diese Menschen landwirtschaftlich autark gemacht. Wenn nun die Bewässerung aus irgendeinem Grunde vernachlässigt oder für längere Zeit unterbrochen wurde, übernahm die Wüste, die nur darauf gelauert hatte, wieder die Herrschaft. Die Oasen wurden von ihren Bewohnern verlassen, und in kurzer Zeit deckte der Wüstensand alle menschlichen Behausungen zu. Die Stadt Niya »starb« auf diese Weise gegen Ende des 3. Jahrhunderts n. Chr., als die Chinesen zeitweise die Kontrolle über die Seidenstraße verloren. Sehr bald war sie von der Taklamakan verschlungen.

Doch so haushälterisch die Bewohner der Oasen auch mit ihren Wasservorräten umgingen und den Zufluß zu regeln suchten, die durch die geographischen Prozesse bedingten Veränderungen arbeiteten unbarmherzig gegen sie. Hoch in den Bergen über ihnen schrumpften die Gletscher, welche die Flüsse speisten, die ihnen das Leben brachten. Dieser Vorgang, der gegen Ende der Eiszeit begonnen hatte, führte zu einer ständigen Abnahme der Wassermengen im ganzen Tarimbecken. Loulan in der Nähe des Lop Nor war einst die Oase, wo der Lauf des Flusses Konqi endete, der noch zu Anfang des 4. Jahrhunderts Wasser führte. Zu Beginn des 3. Jahrhunderts jedoch wurde Loulan von seinen Bewohnern aufgegeben, weil der Fluß langsam versiegte. Manchmal änderten die Flüsse auch ihren Lauf oder verschlammten, und die Menschen mußten ihre Wohnstätten räumen. Eine solche Oase war Yotkan. Hier hatte ursprünglich die alte Stadt Khotan gelegen, die heute unter alluvialem Schlamm begraben ist.

Die entscheidenden Ursachen für das Verschwinden der buddhistischen Kultur an der Seidenstraße aber waren der Verfall und schließliche Zusammenbruch der Tang-Dynastie, die Siege der Araber im Westen sowie die Bekehrung der gesamten Bevölkerung im Gebiet der Taklamakan zum Islam. Der Vormarsch dieser neuen Religion entlang der Seidenstraße bedeutete den Tod der figürlichen Kunst – der Darstellung der menschlichen Gestalt –, denn diese war für die Moslems Gotteslästerung. Zahlreiche Statuen und Wandgemälde wurden von diesen Bilderstürmern beschädigt oder vernichtet, während die Tempel und Stupas zerfielen und unter dem Sand begraben wurden. Im 15. Jahrhundert war der Islam zur herrschenden Religion im gesamten Gebiet der Taklamakan geworden. Unter der Ming-Dynastie (1368–1644), als China alle Verbindungen zum Westen abbrach, wurde die Seidenstraße schließlich endgültig aufgegeben, was zur weiteren Isolierung und zum Verfall dieser Region führte.

Angesichts all dieser Umstände überlebten nur die blühendsten und am besten bewässerten Oasen, und mit der neuen Religion entwickelten sie ihre eigene Kunst und Architektur. Die anderen lagen mit ihren reichen, vergessenen Geheimnissen unter dem Sand der Taklamakan begraben, wo sie so viele Jahrhunderte lang verborgen und unberührt blieben.

2. Kapitel

DIE UNTERGEGANGENEN STÄDTE DER TAKLAMAKAN

Seit Menschengedenken wurden in den Oasen an der Taklamakan die seltsamsten Legenden über alte unter dem Sand begrabene Städte von den Großvätern an die Enkel weitergegeben. Es hieß, unter den Dünen lägen große Mengen von Gold, Silber und anderen Schätzen, die sich ein jeder holen könne, wenn er nur den Mut habe, den natürlichen und übernatürlichen Schrecken der Wüste ins Auge zu sehen. Von einem kirgisischen Hirten, der im Jahre 1875 seine Schafe in der Nähe der Salzsümpfe beim Lop Nor gehütet hatte, stammt ein lebendiger Bericht über eine solche untergegangene Stadt, die er angeblich aus der Ferne erblickt hatte:

Man kann sehen, wie sich die Mauern über dem Schilf erheben, in dem sich die Stadt verbirgt. Ich bin nicht in der Stadt gewesen, aber ich habe ihre Mauern ganz deutlich von den benachbarten Sandhügeln aus gesehen. Ich fürchtete mich davor, zu den Ruinen hinunterzugehen, wegen der sie umgebenden Sümpfe und der giftigen Insekten und Schlangen im Schilf … Außerdem ist es eine erwiesene Tatsache, daß Menschen, die sich in die Ruinen vorwagen, fast immer sterben, weil sie der Versuchung nicht widerstehen können, das Gold und die wertvollen Dinge zu stehlen, die dort liegen … Sie mögen es bezweifeln, aber jeder hier weiß, daß, was ich sage, wahr ist, und es gibt Hunderte von Kalmücken, die zu dem Tempel gegangen sind, der mitten in diesen Ruinen liegt, um zu dem Gott dort zu beten … Auf den Regalen, die das Götterbild umgeben, liegen hell leuchtende Edelsteine und große Perlen, unzählige *yambs* oder Gold- und Silberbarren. Niemand kann etwas davon fortnehmen. Die Bewohner von Lop wissen das alles ganz genau.

In seiner Geschichte, die in einem offiziellen Bericht der indischen Regierung veröffentlicht wurde, fährt er fort und erzählt, was ein Kalmücke erlebte, der die Stadt aufsuchte, um dort zu beten, aber der Versuchung nicht widerstehen konnte, zwei Goldbarren mitnahm und in seinen Kleidern versteckte. Er war noch nicht weit gekommen, als ihn plötzlich eine große Müdigkeit überfiel und er einschlief. Als er erwachte, war der Schatz verschwunden. Als er in den Tempel zurückging, um neues Gold zu holen, stellte er zu seiner Überraschung fest, daß die von ihm gestohlenen Barren wieder an ihrem ursprünglichen Platz lagen. Das erschreckte ihn so, daß er sich vor dem Götterbild zu Boden warf und um Vergebung bat. Zu seiner Erleichterung lächelte das Götterbild, warnte ihn aber davor, ein solches Sakrileg zu wiederholen.

Andere Legenden sprechen von den Gründen für die Zerstörung dieser Städte und berichten, daß sie die Strafe für die Sünden ihrer Einwohner gewesen sei. Der muslimische Historiker Mirza Haidar aus dem 16. Jahrhundert erzählt, wie die Stadt Katak beim Lop Nor von einem solchen Schicksal ereilt wurde, als allein der Mullah und der Muezzin ihrer Frömmigkeit wegen davor bewahrt wurden, vom Sand verschüttet zu werden. Während der Muezzin die Gläubigen zum letzten Mal zum Gebet rief, begann der Sand auf die Stadt herabzuregnen, die in kurzer Zeit bis auf die Moschee völlig zugedeckt wurde. Der erschrockene Muezzin sah von der Höhe seines Minaretts, wie die Sandmassen um ihn her rasch in die Höhe stiegen. In aller Eile beendete er seine Gebete und sprang auf die nun schon fast bis zu ihm heranreichende Düne. Er und der Mullah ergriffen gemeinsam die Flucht, denn sie hielten es für klüger, »die gebührende Distanz zum Zorn Gottes zu wahren«. Die Stadt Katak »ist bis zum heutigen Tage im Sand begraben«, fügt Mirza Haidar hinzu.

Einige dieser an das Schicksal von Sodom und Gomorrah erinnernden Geschichten sind schon in sehr viel früherer Zeit entstanden, als an der Seidenstraße noch der Buddhismus blühte. Im 7. Jahrhundert berichtete der große buddhistische Pilger und Forscher Xuanzang, den Sir Aurel Stein später zu seinem Schutzheiligen erkor, von einer anderen Stadt, die einige Jahrhunderte zuvor von einem Sandsturm verschüttet worden war, weil ihre

Einwohner offenbar ihre religiösen Pflichten vernachlässigt hatten. Xuanzang erzählt, wie ein gewaltiger Sturm losbrach: »Dann am Abend des siebenten Tages, unmittelbar nach Einbruch der Dunkelheit, regnete es Sand und Erde.« Nach kurzer Zeit lag die Stadt Hololojia, wie er sie nennt, unter einem riesigen Sandhügel. Xuanzang fährt fort: »Die Könige aus den benachbarten Ländern und Machthaber aus fernen Gegenden haben oft den Wunsch gehabt, den Erdhügel abzutragen und die darin begrabenen Schätze zu heben. Doch sobald sie sich dieser Stelle näherten, erhob sich ein heftiger Sturm, aus allen vier Himmelsrichtungen zogen dunkle Wolken heran, und die Schatzsucher verirrten sich.« Es hieß, insgesamt lägen etwa 300 Städte unter den Sanddünen der Taklamakan begraben.

Doch einer der benachbarten Könige ließ sich von den wilden Stürmen, die Xuanzang beschreibt, und allen anderen Schrecken der Wüste nicht von seinem Entschluß abbringen, an die Schätze der versunkenen Städte heranzukommen. Der bedeutende Asienkenner und Forschungsreisende, Ney Elias, berichtete 1895 von der »vielleicht einzigen systematischen Erschließung der alten Stätten, die je unternommen wurde«. Diese Grabungen ließ der Emir von Kaschgar, der tyrannische Mirza Aba Bakr, durch Sklavenarbeiter durchführen (aber auch er fand ein schlimmes Ende – er wurde im Schlaf enthauptet). Sein Zeitgenosse Mirza Haidar hat uns einen sehr lebendigen Bericht über die Schatzsuche des Emir in der Umgebung von Khotan hinterlassen. In seiner Einleitung zu einer Übersetzung dieses Werks schreibt Elias: »Wir dürfen annehmen, daß dabei fast alles ans Licht gekommen ist, was einen gewissen Wert besaß, während viele Dinge, die nur für die Altertumsforschung interessant sind, zerstört wurden, so daß zivilisierte Forscher, die diese Ruinen irgendwann einmal untersuchen sollten, kaum etwas finden werden, das ihre Mühe lohnen könnte. Ihre Enttäuschung werden sie der Habgier von Mirza Aba Bakr zu verdanken haben.«

Diese Zeilen wurden nur fünf Jahre vor dem Zeitpunkt geschrieben, an dem Stein zur ersten seiner drei großen Forschungsreisen in die Taklamakan über den schneebedeckten Karakorum aufbrach – zu Expeditionen, die diese Prophezeiung in dramatischer Weise widerlegen sollten. Elias hat das selbst nicht mehr erfahren, denn er starb 1897, als sich Stein noch auf seine erste Forschungsreise vorbereitete.

Zwar hatte zu Lebzeiten von Ney Elias noch kein europäischer Forschungsreisender eine dieser Städte ausgegraben, aber einige Fachleute im Westen waren sich ihrer wahrscheinlichen Existenz schon seit einigen Jahren bewußt. Der erste Beweis, der aussagekräftiger war als alle Legenden, war 1865 von einem einheimischen Reisenden erbracht worden. Dieser Mann war ein »moonshee«, ein indischer Schreiber mit Namen Mohamed-i-Hameed, den die Briten in geheimer Mission über den Karakorum geschickt hatten, um die Oasen am Rande der Taklamakan in einer damals praktisch unbekannten Gegend zu erforschen.

Die zuständigen Behörden in Kalkutta und London hielten es aus politischen und menschlichen Gründen für zu riskant, britische Offiziere, auch wenn sie sich als Einheimische tarnten, in dieses militärisch nicht gesicherte chinesische Hinterland zwischen den Grenzen Rußlands und Indiens zu entsenden. Andererseits lag ihnen angesichts der ständigen Bedrohung Indiens durch das zaristische Rußland viel daran, zuverlässige Karten von den möglichen Anmarschwegen einer Invasionsarmee durch dieses Niemandsland zu bekommen.

In den sechziger Jahren des 19. Jahrhunderts war Hauptmann T. G. Montgomerie vom indischen Landvermessungsamt, das für die kartographische Aufnahme ganz Britisch-Indiens zuständig war, auf eine brillante Lösung gestoßen: den Einsatz von »moonshees«. Er erläuterte seine Idee in einer Denkschrift, die er am 14. Mai 1866 vor der Royal Geographical Society in London verlas: »Während meines Aufenthalts in Ladakh stellte ich fest, daß eingeborene Inder ungehindert zwischen Ladakh und Yarkand hin- und herreisen konnten, und so kam ich auf den Gedanken, daß es möglich sein könnte, die Erkundungen mit ihrer Hilfe durchzuführen. Wenn sich ein ausreichend intelligenter Mann finden ließe, würde es ihm keine Schwierigkeiten bereiten, einige kleine Instrumente in seinem Gepäck zu verstekken, und mit ihrer Hilfe könnte er, wie ich glaubte, der Geographie wertvolle Dienste leisten.«

Der Vizegouverneur des Pandschab erklärte sich bereit, die Ein-Mann-Expedition nach Chinesisch-Zentralasien zu finanzieren, und Mohamed-i-Hameed, der schon einige Erfahrung im Vermessen von Straßen besaß, erhielt den Auftrag. Nach einer zusätzlichen technischen Unterweisung stattete man ihn mit besonders zu diesem Zweck hergestellten Vermessungsinstrumenten aus und schickte ihn nach Yarkand. Anstelle des üblichen Stativs für seinen prismatischen Kompaß nahm er einen gewöhnlichen, mit einer Eisenspitze versehenen Stab mit, wie er auch von anderen Himalajareisenden benutzt wurde. Das obere Ende war allerdings erheblich dicker als üblich und abgeflacht, damit der Kompaß daraufgelegt werden konnte. »Auf diese Weise«, erklärte Montgomerie, »ließen sich beständig Messungen vornehmen, ohne daß es Verdacht erregte«. Zu den anderen Instrumenten des »moonshee« gehörten eine kleine Laterne aus Zinn zum Ablesen des Sextanten in der Nacht, ein kupferner Krug und eine Öllampe zur Erwärmung eines Thermometers (für die Berechnung der Meereshöhe). Alle diese Gegenstände waren die kleinsten, die sich beschaffen ließen. Der indische Kundschafter und seine britischen Agenten wußten nur zu gut, daß die Entlarvung eines solchen Spions höchstwahrscheinlich dessen Tod bedeuten würde, wenn er »den kirgisischen Banden«, wie Montgomerie sie nannte, in die Hände fiel, »die diese Straße unsicher machen«. Mit »dieser Straße« meinte er den durch herumliegende Skelette markierten, von Ladakh über den Karakorum nach Yarkand in Chinesisch-Turkestan führenden Gebirgspfad.

Am 12. Juni 1863 brach Mohamed-i-Hameed von Kaschmir aus zu seiner Reise nach Ladakh auf, dem letzten britischen Grenzposten, und durchquerte von dort auf dem Wege nach Yarkand mit einer Karawane das, wie Montgomerie es nannte, »höchstgelegene Land der Welt«. In Yarkand, das er dreieinhalb Monate später erreichte, blieb er sechs Monate, machte die ganze Zeit mit seinen Instrumenten geheime Beobachtungen für Montgomerie und notierte alles, was er sah und hörte. Gegen Ende März 1864 wurde er von einem muslimischen Freund gewarnt, der ihm sagte, chinesische Beamte beobachteten seine Aktivitäten mit Mißtrauen und zögen Erkundigungen über ihn ein. Darauf verließ der »moonshee« unauffällig und ohne entdeckt zu werden Yarkand, nachdem er seine belastende Ausrüstung vorausgeschickt hatte, und machte sich auf den Rückweg über die Pässe des Karakorum nach Ladakh.

Der indische Kundschafter und einer seiner Reisegefährten erkrankten jedoch – vielleicht infolge der Strapazen dieser Reise. Beide Männer starben unmittelbar vor dem Ziel. Zunächst glaubte man, sie seien ermordet worden, vielleicht von chinesischen Agenten, aber die Untersuchungen eines Kollegen von Montgomerie, des Verwaltungsbeamten William Johnson, der zufällig um die gleiche Zeit in dieser Gegend Vermessungsarbeiten durchführte, erwiesen diesen Verdacht als unbegründet. Zwar waren einige der besser verkäuflichen Dinge aus dem Besitz des Inders verschwunden, die wertvollen Aufzeichnungen jedoch, die er im Verlauf seiner geheimen Mission so sorgfältig und gewissenhaft gemacht hatte, wurden von Johnson gefunden und Montgomerie übergeben.

Die indische Landvermessungsbehörde interessierte sich vor allem für die in diesen Aufzeichnungen enthaltenen topographischen Angaben, sowie für seine Beobachtungen der russischen Aktivitäten in diesem Gebiet. Außerdem stieß Montgomerie jedoch auf eine interessante Notiz, durch die zum ersten Mal aus zuverlässiger Quelle etwas bestätigt wurde, das man bis dahin nur als phantastische Legende abgetan hatte.

Zwar handelte es sich nur um einige spärliche Einzelheiten, aber schließlich war es nicht die Aufgabe des »moonshee« gewesen, archäologische Daten zu sammeln. »Khotan, die alte Provinzhauptstadt, war vor langer Zeit unter dem Wüstensand begraben worden«, zitierte Montgomerie aus dessen Notizen. Doch den Berichten Einheimischer zufolge seien einige der alten Häuser nach Sandstürmen freigelegt worden, und »oft gelingt es ihnen, verschiedene Gegenstände auszugraben, die hier verborgen gelegen hatten«. Der »moonshee« schloß daraus, daß »die Stadt scheinbar plötzlich unter dem Sand begraben worden war, bevor die Bewohner Zeit hatten, ihr Eigentum fortzubringen ...« Da der Bericht des indischen Kundschafters auf die üblichen Ausschmükkungen verzichtete – Strafe der Götter, unbezahlbare Schätze,

Schutzgeister und ähnliches – klang, was er erzählte, auch wenn er sich nur auf Gerüchte stützte, doch irgendwie glaubwürdig.

Der erste europäische Forscher, der es wagte, das Gebiet der mordlustigen Kirgisen zu durchqueren, und von indischem Territorium aus die Taklamakan erreichte, war der Landvermesser William Johnson, der ein Jahr zuvor die offiziellen Nachforschungen über den Tod von Mohamed-i-Hameed angestellt hatte. Er besuchte auch tatsächlich eine unter dem Wüstensand begrabene Stadt in der Nähe von Khotan. Obwohl er sich dort nur kurze Zeit aufhielt, war er bei seiner Rückkehr nach Indien überzeugt, daß es noch andere solche Städte gebe. Die Gelegenheit, bis nach Chinesisch-Turkestan vorzustoßen, ergab sich für ihn eines Tages ganz unerwartet, als er die westlichen Ausläufer der Kunlun-Berge kartographierte, jenes Gebirgszuges, der die nördliche Bastion Tibets bildet. Um einen Blick auf die geheimnisvolle Wüste Taklamakan werfen zu können, hatte Johnson, ein hervorragender Bergsteiger, drei hohe Gipfel erklommen, die bei der indischen Landvermessungsbehörde nur als E 57, E 58 und E 61 registriert waren. »Ich konnte jedoch nichts von den bedeutenden Städten bei Khotan entdecken, die ich so gern gesehen hätte«, schrieb er später in einem Bericht an die Royal Geographical Society in London. Enttäuscht kehrte er nach Leh, in die Hauptstadt von Ladakh, zurück. Doch dort wartete eine Überraschung auf ihn. »Ein in Zentralasien beheimateter Mann übergab mir einen Brief vom Khan Badscha von Khotan, der mich einlud, sein Land zu besuchen«, berichtete er. Der Bote erklärte ihm, der Khan habe im vergangenen Jahr erfahren, daß er sich in diesem Gebiet aufhielt, und Läufer zu ihm geschickt, die ihn zu einem Besuch in Khotan einladen sollten, sie hätten ihn aber nicht finden können.

Johnson wußte sehr genau, daß eine solche unter Umständen politisch bedeutsame Reise auf allerhöchster Ebene in Kalkutta genehmigt werden mußte. Er wußte auch, daß es Wochen dauern würde, bis ein solcher Antrag entschieden war, und er höchstwahrscheinlich mit einer Ablehnung rechnen mußte. Der Khan versicherte in seinem Schreiben, daß der Engländer, sobald er es wünsche, nach Ladakh zurückkehren dürfe, und einheimische Kaufleute, die das Land und seinen Herrscher kannten, ermutigten ihn, das Abenteuer zu wagen. Um seine Entscheidung im nachhinein zu rechtfertigen, sagte Johnson, er habe die Einladung des Khan als eine günstige Gelegenheit angesehen, in dieser *terra incognita* wertvolle Informationen zu sammeln, vor allem über die Aktivitäten der Russen in diesem Gebiet.

Er überquerte das Kunlun-Gebirge auf einer ihm bis dahin unbekannten Paßstraße, die ihm sein khotanesischer Begleiter zeigte, und gelangte sicher nach Khotan, wo er sehr bequem in einem alten chinesischen Fort untergebracht wurde, in dem auch der Khan selbst lebte. Dort wurde er von dem achtzigjährigen Herrscher fast täglich in Audienz empfangen, von dem er berichtet: »Man erzählt sich, er sei sehr jähzornig und führe ein äußerst strenges Regiment. Ich muß jedoch zugeben, daß er mich während meines Aufenthalts in seinem Lande sehr freundlich behandelt und alle seine Versprechen gehalten hat, außer daß er mir nicht erlaubte, wie vorher vereinbart nach einem viertägigen Aufenthalt wieder abzureisen.« Wie sich später herausstellte, standen hinter dieser offensichtlichen Doppelzüngigkeit erstaunlich naive Vorstellungen. Der Khan hatte ihn als Geisel festhalten wollen, wenn auch unter leidlich komfortablen Bedingungen, um die britische Regierung zu zwingen, ihm Truppen und Waffen zu schicken, mit denen er die Russen in Schach halten konnte, von denen er sich bedroht fühlte und die, wie Johnson berichtete, »täglich näher an Yarkand und Khotan heranrücken«.

Während seines Aufenthalts in Khotan konnte Johnson viele politische und militärische Informationen sammeln. Es gelang ihm aber auch, die Erkenntnisse des glücklosen Mohamed-i-Hameed über die im Wüstensand begrabenen Städte wesentlich zu erweitern. In seinem Bericht heißt es: »In einer Entfernung von etwa zehn Kilometern liegt im Nordosten von Ilchi die große Wüste Taklamakan, in der angeblich 360 Städte innerhalb von 24 Stunden unter dem in riesigen Wolken herangewehten, allesverschlingenden Treibsand begraben worden sind.« Zu der Zeit, als sich Johnson im Gebiet von Khotan aufhielt, wurden in einer der im Sand versunkenen Städte große Mengen von Teeziegeln ausgegraben, die, »wie die Einheimischen glauben, schon sehr alt sind«. Johnson konnte eines dieser Stücke erwerben. Dieser Tee war trotz seines Alters bei der Bevölkerung sehr gefragt, besonders da die Lieferungen aus China in letzter Zeit ausblieben. Johnson hörte auch, daß Goldmünzen »mit einem Gewicht von vier Pfund« sowie andere Wertgegenstände in den Ruinen gefunden worden seien. Er berichtete, die geographische Lage der untergegangenen Städte sei »nur wenigen Personen bekannt, die sie geheimhalten, um sich zu bereichern«. Er erzählt uns jedoch – wenn auch nur am Rande –, daß es ihm gelungen sei, »die Stelle in der Nähe von Urankasch zu besuchen, wo die alte Stadt gelegen hatte, aus deren Ruinen der Tee ausgegraben wird«. Aber Johnson war Landvermesser und nicht Archäologe, und so sind dies, so bedauerlich es auch sein mag, die einzigen Informationen, die er uns hinterlassen hat.

Schließlich gab ihm der Khan doch die Erlaubnis, Khotan zu verlassen und nach Hause zurückzukehren. Aber obwohl seine Reise von der Royal Geographical Society als Triumph gefeiert wurde, quittierte das indische Landvermessungsamt sein Unternehmen nur mit einem scharfen Verweis dafür, daß er ohne Erlaubnis seiner Vorgesetzten nach Khotan gereist war. Gekränkt stellte Johnson seinen Posten bei der Vermessungsbehörde zur Verfügung und wurde mit dem Dreifachen seines bisherigen Gehalts zum Gouverneur von Ladakh ernannt. Wenige Jahre später wurde er von einem Meuchelmörder erstochen.

Obwohl sich die Hinweise darauf mehrten, daß die Legenden von den märchenhaften, in der Taklamakan begrabenen Städten mehr als nur ein Körnchen Wahrheit enthalten könnten, hatten die Altertumsforscher noch nicht begonnen, sich ernsthaft für diese Region zu interessieren. Das wissenschaftliche Interesse beschränkte sich damals auf die geographischen, geologischen und strategischen Aspekte dieses zentralasiatischen Hinterlandes. Erstens waren die europäischen Archäologen vollauf mit Griechenland, Palästina, Mesopotamien und Ägypten beschäftigt, wo aufsehenerregende Entdeckungen gemacht wurden, und zweitens wagte niemand, davon zu träumen, daß in den wasserarmen Landstrichen jenseits des Karakorum eine untergegangene buddhistische Welt liegen könnte. Wenn es dort überhaupt irgendwelche Ruinen gab, dann mußten sie islamischen Ursprungs sein.

Und schließlich war der Zugang zu diesem Gebiet, wie wir gesehen haben, mit großen Schwierigkeiten und Gefahren verbunden. Auf den dorthin führenden einsamen Paßstraßen hatten schon mehrere europäische Reisende ein gewaltsames Ende gefunden.

Ein Mann jedoch war von dem Gedanken fasziniert, was unter dem Sand der Taklamakan begraben liegen könnte. Es war der dienstälteste Verwaltungsbeamte im Pandschab und Zentralasien-Kenner Sir Douglas Forsyth. Im Jahr 1870, nur fünf Jahre nach Johnsons erster Erkundungsreise, übernahm Forsyth die Führung einer Mission nach Yarkand, die den Auftrag hatte, freundschaftliche Beziehungen zu Yakub Beg, einem bemerkenswerten orientalischen Abenteurer, herzustellen, der 1866 die Herrschaft über einen großen Teil von Chinesisch-Turkestan gewonnen hatte und den manche als den geeigneten Mann ansahen, der Flutwelle der russischen Expansion Einhalt zu gebieten. Die Mission scheiterte, denn Yakub Beg hatte seine Hauptstadt verlassen, und nichts deutete auf seine baldige Rückkehr hin. Drei Jahre später erhielt Forsyth zum zweiten Mal den Auftrag, die Verbindung zu ihm aufzunehmen, diesmal mit einer sehr viel größeren Expedition und mit mehr Erfolg. Dabei hatte er das Glück, von seinem alten Freund Johnson unterstützt zu werden, dem ehemaligen Landvermesser und jetzigen Gouverneur, der dafür sorgte, daß seine Karawane sicher über die gefährlichen Pässe des Karakorum kam. Der Bericht, den Forsyth nach seiner Rückkehr für die Royal Geographical Society in London verfaßte, bezeugt sein lebhaftes Interesse für die untergegangenen Städte in der Taklamakan. Er trug die Überschrift »Über die im Treibsand der großen Wüste Gobi begrabenen Städte«. (Zu jener Zeit hatten nur wenige Menschen etwas von der Taklamakan gehört, und deshalb verwendete man oft den Namen Gobi zur Bezeichnung beider Wüstengebiete.)

»Unter den vielen interessanten Dingen und Vorhaben, die während der letzten Mission nach Kaschgar unsere Aufmerksamkeit erregten und beanspruchten«, schrieb er, »waren die durchaus nicht uninteressantesten die Erforschung des Phänomens des Treibsandes in der großen Wüste Gobi sowie die angebliche

Existenz alter Städte, die vor Jahrhunderten unter diesem Sand begraben wurden und jetzt allmählich ans Licht kommen.« Forsyth fuhr fort: »Bei meiner ersten Mission nach Yarkand im Jahr 1870 konnten wir nicht sehr viele Informationen sammeln … Bei meinem zweiten Besuch im Jahr 1873 beschloß ich, genauere Nachforschungen anzustellen, und zu diesem Zweck bemühte ich mich, alle in bisher erschienenen Veröffentlichungen enthaltenen Nachrichten zu sammeln.«

In Kaschgar stieß er wie Johnson sieben Jahre zuvor auf die »alten, modrig riechenden schwarzen Teeziegel, die im Basar zum Kauf angeboten wurden« und die, wie man sagte, in der Nähe von Khotan ausgegraben worden seien. Forsyth beschloß, eine dieser geheimnisvollen Städte selbst aufzusuchen und zu sehen, was er dort finden könne. Da die muslimischen Behörden ihm nicht die Erlaubnis erteilen wollten, Khotan zu besuchen, riß er eine Seite aus Montgomeries Buch und beauftragte zwei der einheimischen »Pandits«, die seine Gesandtschaft begleiteten, möglichst viel über die untergegangenen Städte bei Khotan herauszufinden. Der erste kehrte mit zwei kleinen Statuen aus einer bei Keriya östlich von Khotan gelegenen, im Treibsand begrabenen Stadt zurück. Eine davon erkannte Forsyth als Buddha-Darstellung. Die andere war eine Tonfigur des Hanuman, des indischen Affengottes. Forsyth berichtet: »Sie waren eben erst gefunden worden, und wir hatten Glück, daß sie so rasch in die Hände meines Pandit geraten waren, denn der fromme Eifer eines mohammedanischen Bilderstürmers hätte sonst wahrscheinlich sehr bald zu ihrer Zerstörung geführt.« Der zweite Mann kehrte mit »einigen goldenen Finger- und Nasenringen zurück … sowie ein paar Münzen, deren bemerkenswerteste aus Eisen ist und offenbar aus der Regierungszeit des Hermaeus stammt, des letzten griechischen Königs von Baktrien im ersten Jahrhundert vor Christus, dazu mehrere Goldmünzen aus den Regierungszeiten Konstantins II. und des Pognatus, des Justinus, des Antimachus und des Theodosius«. In einer Fußnote zu seinem Bericht fügt Forsyth hinzu, daß Gelehrte die Buddhafigur inzwischen auf die Zeit um das 10. Jahrhundert datiert hätten, was vermuten ließe, daß die Fundstätte vor etwa 800 Jahren vom Treibsand zugedeckt worden sei.

Seine beiden »Pandits« berichteten ihm, daß in der Gegend von Khotan noch andere antike Gegenstände gefunden worden seien, darunter ein goldenes Ornament, das eine Kuh darstellte, und eine etwa 16 Pfund schwere goldene Vase. Das waren allerdings nur Gerüchte, aber die Buddhafigur, der Affengott und die Münzen waren handgreifliche Beweise und wahrscheinlich die ersten Altertümer aus der untergegangenen Welt der Taklamakan, die Europäern in die Hände gefallen waren. Als solche waren sie ein kleiner Meilenstein bei der Erforschung der Geschichte Zentralasiens.

Ein oder zwei Jahre später begannen auch russische Forschungsreisende, die von Norden kamen, von der Entdeckung verlassener Städte am Rande der Taklamakan zu berichten. Doch da es sich um Botaniker, Zoologen, Kartographen und Geologen handelte, die dringendere Aufgaben zu erfüllen hatten, machte sich keiner die Mühe, hier zu graben. Einer von ihnen, Oberst Nikolai Przewalski, der bedeutendste russische Erforscher Zentralasiens, stieß bei seiner Lop Nor-Expedition von 1876 bis 1877 und im Verlauf seiner späteren Reisen in dieser Gegend auf verschiedene im Treibsand begrabene oder vor langer Zeit verlassene Siedlungen. Im Jahr 1879 entdeckte der russische Botaniker Albert Regel, nachdem es ihm gelungen war, unbemerkt an den chinesischen Grenzposten vorbeizukommen, in der Nähe von Turfan eine große ummauerte Stadt, deren Ruinen später als die alte uighurische Hauptstadt Karakhoja identifiziert wurden. Er berichtete, er habe »buddhistische Götzenbilder« gefunden, aber keine Zeit für weitere Nachforschungen gehabt, weil die Chinesen ihn wieder nach Rußland zurückdrängten. Im gleichen Jahr stieß eine ungarische geologische Expedition in die großen buddhistischen Höhlentempel bei Dunhuang vor, aber da ihr keine Archäologen angehörten, setzte die Expedition ihren Weg fort.

Der erste Besucher Chinesisch-Turkestans, der auf den Gedanken gekommen ist, hier Grabungen vorzunehmen, war vielleicht Sir Francis (damals noch Hauptmann) Younghusband, obwohl er selbst nicht den Versuch unternommen hat. In seinem Buch *The Heart of a Continent,* einem Bericht über sein Wettrennen durch China mit Oberst Bell im Jahr 1887, erzählt er, wie er den

Pathanen Rahmat-ula-Khan in seinen Dienst gestellt hat, dessen größter Wunsch es war, England zu besuchen. Um sein Ziel zu erreichen, wollte Rahmat einige weiße Kamele nach London bringen. Bei einem Besuch im zoologischen Garten von Kalkutta hatte er festgestellt, welch großes Interesse das Publikum an seltenen Tieren hatte, und war überzeugt, daß seine Kamele in London großes Aufsehen erregen würden. Doch Younghusband machte ihm einen anderen Vorschlag.

»Ich sagte ihm, in den alten, unter dem Wüstensand begrabenen Ruinenstädten seines Landes könne er vielleicht antike Schmuckstücke und Bücher finden, für die man ihm in England viel Geld bezahlen würde.« Bevor sie sich trennten, schrieb Younghusband Empfehlungsbriefe für ihn an die Direktoren des Britischen Museums und der Museen in Kalkutta und Bombay.

Heute würden die Archäologen über einen solchen Rat die Hände über dem Kopf zusammenschlagen, aber Younghusband bewies damit doch einen erstaunlichen Weitblick, besonders mit der Erwähnung alter Bücher. Es erscheint uns rätselhaft, wie er auf diesen Gedanken gekommen ist, denn erst drei Jahre später wurden die berühmten Bower-Handschriften entdeckt, welche die ganze indische Gelehrtenwelt in Aufregung versetzten, da sie auf die Existenz einer vergessenen buddhistischen Kultur hinwiesen, die im entlegensten Teil Chinas auf ihre Ausgrabung wartete.

3. Kapitel

DER GROSSE WETTLAUF UM DIE HANDSCHRIFTEN

Rahmat-ula-Khan, der pathanische Führer Younghusbands, scheint dessen Rat entweder nicht gefolgt zu sein oder an den falschen Stellen gegraben zu haben, denn nirgends in den Berichten über die ersten archäologischen Entdeckungen in der Taklamakan wird sein Name erwähnt, obwohl andere einheimische Schatzsucher als Entdecker einzelner Fundstücke genannt werden. Etwa fünfzig Jahre nach ihrer gemeinsamen Reise schrieb der inzwischen zu hohem Ansehen gelangte Younghusband, daß sich sein damaliger Begleiter seiner Empfehlungsschreiben nie bedient habe. Es ist durchaus möglich, daß der Pathane in einer Gegend, in der das menschliche Leben so niedrig im Kurs stand, gestorben war, bevor er von ihnen Gebrauch machen konnte. Immerhin haben sich bereits ein oder zwei Jahre später andere mit ihren Spaten ans Werk gemacht, und schon bald kamen in der öden Wüste erstaunliche Funde zum Vorschein, unter anderem in einer bis dahin unbekannten Sprache verfaßte Handschriften.

Die erste dieser frühen Entdeckungen – und, wie sich herausstellen sollte, die bedeutendste – wurde 1889 zufällig von einer Gruppe einheimischer Schatzsucher gemacht, die beschlossen hatten, einen Tunnel zu graben, um in einen geheimnisvollen, kuppelförmigen Turm bei Kutscha südlich des Tianshan an der nördlichen Route der alten Seidenstraße einzudringen. Die Bewohner dieser Gegend glaubten nämlich, das verfallene Gebäude enthielte Schätze.

Im Inneren des Turms (wahrscheinlich handelte es sich um einen alten buddhistischen Stupa oder ein Grabmal) fanden sich die Eindringlinge in einem großen Raum wieder, in dessen Mitte Mengen alten Papiers aufgehäuft waren. Nachdem sich ihre Augen an die Dunkelheit gewöhnt hatten, erkannten sie zudem die mumifizierten Leichen einiger Tiere, darunter auch die einer

Kuh, die dastanden, als hielten sie Wache. Als die Männer die Tiere berührten, zerfielen sie zu Staub. An einer Wand entdeckten sie eine geheimnisvolle Inschrift in Schriftzeichen, die sie noch niemals gesehen hatten. Obwohl sie enttäuscht waren, nicht den erhofften Schatz gefunden zu haben, brachten sie die Papiere in einem Korb zum Hause des örtlichen Qazi, des muslimischen Richters. Dort wurden sie zwei Tage später von dem Hadschi (Mekkapilger) Ghulam Qadir untersucht. Zwar konnte dieser die Handschriften nicht entziffern, beschloß aber trotzdem, einige von ihnen zu kaufen.

Um die gleiche Zeit durchkämmte ein Offizier des indischen militärischen Nachrichtendienstes, Leutnant (später Generalmajor Sir Hamilton) Bower diese Gegend auf der Suche nach dem Mörder eines jungen schottischen Reisenden. Der Tote war Andrew Dalgleish, der sich bereits als Erforscher Zentralasiens einen Namen gemacht hatte. Aus keinem ersichtlichen Grund war er auf einer einsamen Paßstraße von einem hünenhaften Afghanen mit Namen Daud Mohammed aus Yarkand hinterrücks angeschossen und anschließend brutal erschlagen worden. Leutnant Bower (der erst 1940 starb) hielt sich damals zufällig in dieser Gegend auf, offenbar auf einer als Jagdausflug getarnten geheimen Erkundungsmission. Die indische Regierung beauftragte ihn nun, den Mörder aufzuspüren und seiner gerechten Strafe zuzuführen. Darauf organisierte Bower einen eigenen Nachrichtendienst, dessen Verbindungen bis nach Afghanistan, China und Rußland reichten. (Zwei seiner Agenten konnten Daud Mohammed schließlich im Basar von Samarkand stellen.) Indessen hatte Bower selbst die Spur des Mörders entlang der alten Seidenstraße aufgenommen. Im Verlauf dieser Verfolgungsjagd kam er in die Oase Kutscha südlich des Tianshan. Dort hörte er von den Handschriften, die der Hadschi Ghulam Qadir erworben hatte. Eine von ihnen – sie bestand aus 51 Birkenrindenblättern – kaufte er und schickte sie an die Asiatic Society of Bengal in Kalkutta. Zunächst glaubte man, vor einem unlösbaren Rätsel zu stehen, doch schließlich gelang es dem aus Deutschland stammenden britischen Orientalisten, Dr. Augustus Rudolf Hoernle, die Schrift zu entziffern. Das Manuskript bestand aus sieben verschiedenen, jedoch unvollständigen, in Brahmi-Schrift geschriebenen Sanskrit-Texten, die sich vor allem mit Medizin und Nekromantie beschäftigten. Sie ließen sich ungefähr auf das 5. Jahrhundert datieren und waren wahrscheinlich von indischen buddhistischen Mönchen geschrieben. Damit erwies sich die Handschrift als eines der ältesten erhaltenen schriftlichen Zeugnisse, älter als alles, was bis dahin in Indien zum Vorschein gekommen war. Daß sie erhalten geblieben waren, hatten sie nur der extremen Trockenheit des Wüstenklimas der Taklamakan zu verdanken, das jenem Ägyptens vergleichbar ist.

Die Bedeutung dieses Fundes hat Hoernle selbst am besten zusammengefaßt, als er erklärte, daß »die Entdeckung der Bower-Handschrift und deren Veröffentlichung in Kalkutta die ganzen neuzeitlichen Bemühungen um die archäologische Erforschung Ostturkestans einleitete«. Ein anderer Wissenschaftler schrieb, wenn auch ein wenig übertreibend, in einem Artikel in der Zeitschrift »Journal of the Royal Asiatic Society«, daß sich als Folge des Fundes von Leutnant Bower und der Veröffentlichung Hoernles »die ganze wissenschaftliche Welt in Europa auf die Suche nach weiteren Altertümern in dieser Gegend machte«.

Indessen gelangten auch die übrigen Handschriften aus Kutscha, die der Hadschi Ghulam Qadir den Schatzsuchern abgekauft hatte, auf verschlungenen Pfaden in die Hände Hoernles. Nachdem Bower dem Hadschi eine der Handschriften abgekauft hatte, hatte dieser alle übrigen an seinen jüngeren Bruder nach Yarkand geschickt, der sie im folgenden Jahr über den Karakorum nach Leh brachte. Dort erwarb ein Herrnhuter Missionar namens Weber einige von ihnen und gab sie an Hoernle weiter. Den Rest brachte der Bruder des Hadschi nach Indien und vertraute sie dort einem Freunde an, wo sie vier Jahre blieben. Bei seinem nächsten Besuch nahm er sie wieder mit und brachte sie zurück nach Kaschgar, wo er sie dem Vertreter der britischen Regierung, George Macartney schenkte. Macartney schickte sie nun seinerseits über den Karakorum zurück nach Simla – es war das dritte Mal, daß sie dieses Gebirge überquerten –, von wo aus auch sie nach Kalkutta an Hoernle weitergeleitet wurden. So waren alle drei Teile der Sammlung des Hadschi – heute in der

Fachwelt als die Bower-, Weber- und Macartney-Handschriften bekannt – im Jahr 1896, sieben Jahre nach ihrer Entdeckung in dem verfallenen Stupa, wieder beisammen.

Damit aber fehlten noch jene, die in dem Stupa gefunden, vom Hadschi jedoch nicht gekauft worden waren. Was war mit ihnen geschehen? Nikolai Petrowski, der russische Konsul in Kaschgar, der ständig nach Altertümern Ausschau hielt, erwarb sie im Verlauf der folgenden Jahre. Bis zu seiner Pensionierung im Jahr 1903 versorgte er die Gelehrten in St. Petersburg ständig mit Handschriften und anderen Altertümern von der Seidenstraße, von denen einige heute in der Eremitage zu besichtigen sind.

Da Hoernle wußte, wie erfolgreich sich Petrowski allein mit Hilfe einheimischer Händler als Antiquitätensammler betätigte, drängte er die indische Regierung, den Kauf von Altertümern durch ihre eigenen Vertreter in Zentralasien aktiv zu unterstützen. Daraufhin wurden im August 1893 die politischen Bevollmächtigten in Srinagar, Gilgit, Chitral, Leh, Khorassan und Meshed – nicht zuletzt auch Macartney in Kaschgar – angewiesen, nach entsprechenden Objekten Ausschau zu halten, diese zu kaufen und an Hoernle nach Kalkutta weiterzuleiten. Sehr bald konnte Hoernle melden: »Auf diese Anweisung hin konnte bereits eine große Zahl zentralasiatischer Altertümer beschafft werden. Sie bilden eine sehr stattliche britische Sammlung, die ständig ergänzt wird.« Er konnte sich nicht enthalten, hinzuzufügen: »Für mich persönlich bedeutet es eine große Befriedigung, der Initiator dieser Bewegung gewesen zu sein.« Diese Befriedigung sollte sich aber leider als recht kurzlebig erweisen.

An dem Wettstreit um den Erwerb von Handschriften und Altertümern aus Zentralasien betätigten sich jedoch nicht nur Briten und Russen. 1890, im selben Jahr, in dem die Bower-Handschrift bei Hoernle eintraf, machten sich zwei Franzosen – der Kartograph Dutreuil de Rhins und der Orientalist Fernand Grenard – im Auftrag der französischen Regierung auf den Weg nach Chinesisch-Turkestan und Tibet. Die Reise sollte drei Jahre dauern, sie in entsetzliche Not bringen und für Dutreuil de Rhins tragisch enden. Die beiden Forschungsreisenden beschäftigten sich zwar in erster Linie mit kartographischen und anderen wissenschaftlichen Arbeiten, es gelang ihnen aber auch, eine Reihe von Altertümern zu erwerben, darunter die Terrakottafiguren eines baktrischen Kamels und eines schnurrbärtigen Männerkopfs – sowie zumindest eine bedeutende Handschrift. Letztere, verfaßt in altindischen Schriftzeichen auf Birkenrinde, war nur wenig jünger als die Bower-Handschrift, obwohl Grenard behauptete, sie sei wesentlich älter. Gelehrte identifizierten sie in Paris als Teil des Dhammapada, einer heiligen Schrift des Buddhismus.

Diese Handschrift wäre zusammen mit all ihren anderen Funden fast verlorengegangen, als im Juni 1893 feindliche Stammesangehörige in Tibet die Expedition überfielen. Es kam zu einem Feuergefecht, in dessen Verlauf Dutreuil de Rhins durch einen Bauchschuß tödlich verwundet wurde. Während Grenard versuchte, eine behelfsmäßige Tragbahre für seinen verwundeten Expeditionsleiter zu bauen, schleppten die Angreifer den Sterbenden fort und warfen ihn etwa elf Kilometer vom Ort des Überfalls entfernt in einen Fluß. Außerdem plünderten sie das Gepäck der Expedition, teilten die Beute unter sich auf und warfen alle Notizen, Filme, Instrumente und Altertümer fort. Grenard, dem später vorgeworfen wurde, die Tragödie dadurch verursacht zu haben, daß er sich die Einheimischen zu Feinden gemacht hätte, kam mit dem Leben davon, und schließlich gelang es ihm sogar, einen Teil der geraubten Gegenstände zurückzugewinnen, darunter auch die Handschrift. Als man sie in Paris untersuchte, stellte man fest, daß sie unvollständig war. Wenig später tauchten jedoch in St. Petersburg weitere Fragmente derselben Handschrift auf. Sie waren von Petrowski beschafft worden, man weiß aber nicht genau wie und von wem.

*

1899 hatte die britische Sammlung in Kalkutta einen solchen Umfang erreicht, daß Dr. Hoernle es für gerechtfertigt hielt, einen Bericht über ihre Entstehung herauszugeben. Der erste Teil des Berichts trug den Titel »A Collection of Antiquities from Central Asia« und wurde als Sondernummer des »Journal of the

Asiatic Society of Bengal« veröffentlicht. Darin führte Hoernle mit peinlicher Genauigkeit und in der Reihenfolge ihres Erwerbs jede Lieferung von Handschriften und anderen Altertümern auf, die ihm seit dem Kauf der Bower-Handschrift vor neun Jahren zugegangen war.

Einige der Handschriften und Blockdrucke der Sammlung Hoernles waren in bis dahin unbekannten Sprachen, aber mit bekannten Schriftzeichen abgefaßt. Sie wurden von Hoernle und anderen Philologen im Lauf der Zeit entziffert und im Verzeichnis ausgestorbener Sprachen aufgenommen. Andere jedoch stellten die Gelehrten vor ein Rätsel, da selbst die Schriften unbekannt waren, in denen sie geschrieben waren. Hoernle und andere Orientalisten verbrachten viel Zeit mit ihren Versuchen, sie zu entziffern, aber ohne Erfolg.

Indessen schickten Hoernles Leute ihm aus Kaschgar, Leh, Srinagar und anderen Orten voller Begeisterung ihre neuesten Erwerbungen, mit denen sie die Händler und Schatzsucher versorgten. Ein typischer Eintrag auf der Liste dieser Ankäufe im Bericht Hoernles lautet: »Von Mr. G. Macartney, eine Sammlung verschiedener Altertümer aus Khotan und der Taklamakan, bestehend aus (a) 13 Büchern, (b) Keramiken, (c) Münzen, (d) etlichen anderen Gegenständen. Sieben Bücher und die Altertümer wurden von Mr. Macartney für Rs. 95 in Khotan gekauft; die übrigen sechs Bücher kaufte er von Badrudin [einem einheimischen Händler]. Die Gesamtkosten betrugen Rs. 150. Die Sammlung traf Anfang November 1897 bei mir ein.« Den Bemühungen Macartneys in Kaschgar zollt er besondere Anerkennung und erklärt, daß dieser, weil er in unmittelbarer Nähe der Fundstätten an der Seidenstraße lebt, »am erfolgreichsten zu der Sammlung beigetragen« hat. Hoernle fügt mit dem für einen Angestellten der Regierung verständlichen Stolz hinzu, daß die für die Sammlung zusammengetragenen Gegenstände »oft für eine lächerlich geringe Summe Geldes« erworben werden konnten.

Wie Hoernle berichtete, stammten die meisten Funde aus unter Treibsand begrabenen Städten in der Umgebung von Khotan, von denen 15, wie es hieß, zwischen 8 und 240 Kilometer von Khotan entfernt sein sollten. Allerdings sei die Existenz von nur zweien dieser Stätten von Europäern verifiziert worden. »Über die anderen wissen wir nur, was die einheimischen Schatzsucher berichtet haben.« Der wichtigste dieser Informanten war, wie Hoernle berichtet, ein gewisser Islam Akhun aus Khotan. An diesen Namen sollte sich Hoernle später aus gutem Grund erinnern müssen.

Die oft sehr farbigen Erzählungen Islam Akhuns von seinen Beutezügen in der Taklamakan auf der Suche nach Altertümern wurden von Macartney getreulich aufgezeichnet und zusammen mit den Fundstücken an Hoernle weitergeleitet. Dieser geschäftstüchtige, einheimische Schatzsucher hatte auch noch andere Kunden, und zahlreiche seiner Funde fanden in den Jahren 1895 bis 1898 ihren Weg in die großen öffentlichen Sammlungen in London, Paris und St. Petersburg, wo sich die Gelehrten über jene Handschriften die Köpfe zerbrachen, die in »unbekannten Schriftzeichen« geschrieben waren.

Ein typischer von Hoernle veröffentlichter Bericht über eine der Funde Islam Akhuns erzählt, wie der Schatzsucher auf ein halb im Sand begrabenes Haus stieß: »Da die Tür nicht zu sehen war, wurde ein Loch in eine freiliegende Wand gebrochen. Dann kroch Takhdasch, einer der Begleiter Islam Akhuns, hinein und gelangte in einen kleinen, etwa drei Meter im Geviert messenden Raum. Dieser Raum war zum großen Teil mit Sand angefüllt, so daß es unmöglich war, sich aufrecht hinzustellen, ohne mit dem Kopf die Decke zu berühren. Takhdasch fand die Bücher, als er im Sand zu graben anfing. Es lagen dort auch noch viele andere Bücher, aber sie waren schon so verwittert, daß sie zu Staub zerfielen, wenn man sie berührte.« Wohl auf eine allzu eindringliche Frage Macartneys antwortete Islam Akhun, er habe sich »zu sehr gefürchtet, um das Innere des Hauses selbst zu untersuchen«.

Hoernle machte dazu eine warnende Bemerkung, die er selbst hätte beherzigen sollen. Er schrieb: »Dieser Bericht muß natürlich mit einiger Vorsicht aufgenommen werden. Aber die Beschreibung der Örtlichkeit enthält nichts wirklich Unwahrscheinliches, und die Entfernungen entsprechen etwa denen, die bei anderen Gelegenheiten über die gleichen Örtlichkeiten angegeben worden sind.« Eine Unstimmigkeit im Hinblick auf die Entfernungen, auf die er gestoßen war, versuchte Hoernle mit den Worten wegzuerklären: »Die Einheimischen Turkestans sind, wie mir Mr. Backlund [ein schwedischer Missionar in Kaschgar] sagt, in bezug auf ihre Entfernungsangaben sehr unzuverlässig.«

Zu den Stätten, die Akhun, wie er Macartney gegenüber behauptete, in der Taklamakan entdeckt und an denen er Handschriften und Blockdrucke gefunden hatte, zählte auch Quarā Qöl Mazār, wo er auf »einen riesigen verfallenen, etwa 16 Kilometer langen Friedhof« gestoßen sei, der, wie Hoernle vermutete, aus buddhistischer Zeit stammen konnte. Eine weitere Fundstätte war Yābūqūm. Hier hatte Akhun angeblich in einem alten Sarg neben Menschenknochen auch Handschriften entdeckt. Der Name dieser Stelle (»Sand der Lastponys«) deutete, wie Backlund in einem Brief an Hoernle erwog, möglicherweise darauf hin, daß hier einst eine Karawane im Treibsand umgekommen war. Eine dritte Fundstelle, von der Akhun berichtete, lag in der Nähe eines Ortes mit dem Namen Qarā Yāntāq. Hier habe er einen menschlichen Schädel gefunden, dem ein Sack voller Handschriften als »Kissen« diente.

Obwohl Hoernle ausdrücklich betonte, daß dies unter Umständen gar nicht die wirklichen Fundstellen Islam Akhuns gewesen seien (er hatte den Verdacht, die Schatzsucher seien zufällig auf eine alte Bibliothek gestoßen, die sie geheimhalten wollten), so war er dennoch bereit, an das hohe Alter dieser Schriften zu glauben. Der trockene Sand der Taklamakan sei, wie er meinte, ein natürliches Konservierungsmittel, und er fügte hinzu: »Deshalb ist die Behauptung keineswegs unglaubwürdig, daß die Handschriften und Holzdrucke in der britischen Sammlung aus sehr früher Zeit stammen.«

Gerechterweise müssen wir sagen, daß Hoernle die Möglichkeit nicht ausschloß, daß es unter den Handschriften und Blockbüchern der britischen Sammlung auch Fälschungen gab. Sein Bericht enthält sogar eine erstaunlich vorsichtige Darstellung, doch verwarf er sie dann hartnäckig. In dem Abschnitt seines Berichts mit der Überschrift »Die Frage der Echtheit« schreibt Hoernle: »Angesichts der großen Zahl von Holztafeldrucken und der Rätselhaftigkeit ihrer Schriften überrascht es nicht, daß der

Verdacht entstand, es handele sich um Fälschungen. Dieser Gedanke drängte sich mir schon sehr bald auf, nachdem ich die Bücher aus Khotan gesehen hatte, und ich weiß, daß dieser Verdacht auch einigen Fachleuten des Britischen Museums und anderen gekommen war.« Im folgenden zitierte er einen Brief, den er kurz vor Abfassung seines Berichts von dem schwedischen Missionar Backlund erhalten hatte.

Backlund erzählte darin, daß nachdem er von Islam Akhun drei alte Bücher gekauft habe, die dieser, wie er behauptete, unter einem hohlen Baum ausgegraben habe, einer seiner eigenen Diener zu ihm gekommen sei und gesagt habe: »Sahib, ich möchte Ihnen sagen, daß diese Bücher nicht so alt sind, wie behauptet wird. Da ich weiß, wie sie hergestellt worden sind, möchte ich es Ihnen sagen. Als ich noch in Khotan lebte, wollte ich unbedingt in dieses Geschäft einsteigen, wurde aber stets abgewiesen und konnte nicht einmal etwas über die Bücher in Erfahrung bringen. Schließlich sprach ich mit meiner Mutter darüber, und sie riet mir, einen jungen Mann zu fragen, mit dem ich eng befreundet war. Er war der Sohn des Mannes, der das Geschäft leitete. So fragte ich ihn eines Tages, wie sie zu diesen Büchern gekommen seien, und er erzählte mir ganz offen, sein Vater habe die Druckstöcke bei einem Drucker von Baumwollstoffen herstellen lassen.«

Als wolle er Hoernles Gedanken vorwegnehmen, fügte Backlund hinzu: »Natürlich kann der Diener diese Geschichte aus Neid erfunden haben, aber ich bin entschlossen, die Bücher mit kritischeren Augen zu prüfen als bisher.« Dann machte er Hoernle auf gewisse Einzelheiten aufmerksam, die ihm verdächtig schienen. Er wies zum Beispiel darauf hin, daß die kürzlich Akhun abgekauften Bücher eine gewisse Festigkeit und Frische besäßen und keine Zeichen der natürlichen Abnutzung zeigten, wie Dinge des täglichen Gebrauches sie gewöhnlich aufweisen. Außerdem sei das Papier, auf dem sie gedruckt seien »von genau derselben Art, wie es noch heute in Khotan hergestellt wird«, und »obwohl wenig behutsam mit ihm umgegangen worden ist (versengt und rauchgeschwärzt), ist es immer noch sehr fest, fast als sei es neu«. Außerdem machte er Hoernle darauf aufmerksam, daß die Ecken der Bücher »ganz rechtwinklig sind (und nicht abgerundet, wie sonst bei alten Büchern). Zudem sind die Ränder erst kürzlich beschnitten worden, wenn auch auf eine Weise, die den Anschein erwecken soll, sie seien alt«.

Doch Hoernle suchte die Bedenken Backlunds zu zerstreuen und sie – wenigstens zu seiner eigenen Beruhigung – nach sorgfältiger Abwägung des Für und Wider zu widerlegen. Wenn wir heute seinen Bericht lesen, können wir uns des Eindrucks nicht erwehren, daß sein Wunsch, an die Echtheit dieser Bücher und Handschriften zu glauben, stärker gewesen ist als sein kritisches Urteilsvermögen. Immer wieder gelangte er zu falschen Schlüssen. Das Schlimmste aber ist, daß er bereit war zu glauben, die Schatzsucher hätten echte alte Druckstöcke aus Holz entdeckt, die gelegentlich dazu verwendet worden wären, »Nachdrucke« alter Bücher herzustellen.

Kategorisch urteilte er: »Zusammenfassend ist zu sagen, daß ich aufgrund der mir vorliegenden Informationen zu dem Schluß gekommen bin, daß diese Schriften echt sind und daß auch die meisten, wenn nicht alle Blocktafeldrucke der Sammlung echte Altertümer sind. Wenn es sich bei einigen um Fälschungen handeln sollte, dann können es nur Duplikate von anderen, echten Drucken sein ...«

Unterdessen wurden im Gebiet der Gobi und der Taklamakan weitere bedeutende Entdeckungen gemacht, an deren Echtheit nicht gezweifelt werden konnte. Zu den wichtigsten gehörten jene des russischen Gelehrten Dimitri Klementz. Im Jahr 1898 entsandte ihn die Akademie der Wissenschaften in St. Petersburg mit dem ausdrücklichen Auftrag, einige alte, geheimnisvolle Ruinen zu untersuchen, die russische Reisende in der Gegend der Oase Turfan am Rande der Gobi gesehen haben wollten. Das war die erste rein archäologische Expedition nach Chinesisch-Zentralasien. Klementz bestätigte nicht nur die Existenz der Ruinen, von denen er einige fotografierte, sondern brachte auch Handschriften und Fragmente buddhistischer Wandgemälde mit nach Hause. Seine Entdeckungen sollten, wie wir sehen werden, innerhalb weniger Jahre zu hastigen archäologischen Aktivitäten in dieser Region führen sowie, wenn auch unbeabsichtigt, zu einer der größten Tragödien der Kunstgeschichte.

Als wie bedeutend sich seine Funde auch erweisen mochten, Klementz war es nicht beschieden, der erste zu sein, der die lange in Vergessenheit geratenen Geheimnisse der Seidenstraße wieder entdeckte. Ein neuer, außergewöhnlicher Mann hatte den Pamir in östlicher Richtung überquerend bereits die zentralasiatische Arena betreten, entschlossen, die Wahrheit über die Städte herauszufinden, die, wie es hieß, voller Schätze tief im Inneren der Taklamakan lagen.

4. Kapitel

SVEN HEDIN – DER WEGBEREITER

Dieser hochbegabte Mann, der wie ein Meteor über der zentral-asiatischen Szene auftauchte, war ein junger und praktisch noch unbekannter Schwede namens Sven Hedin. Als Brillenträger (zeitweilig war er in Gefahr, völlig zu erblinden) und klein von Wuchs wirkte er zunächst eher wie ein Stubengelehrter, und dennoch war er dazu bestimmt, einer der bedeutendsten Forschungsreisenden der Welt zu werden. Hinter seinem sanft wirkenden Äußeren verbarg sich eine Persönlichkeit von außergewöhnlicher Zielstrebigkeit, physischer Kraft und Ehrgeiz, um nicht zu sagen gelegentlicher Verwegenheit. Als rücksichtslose Führerpersönlichkeit trieb er sich selbst und seine Männer erbarmungslos voran – einige sogar in den Tod. Und doch scheute er sich davor, Tiere zu töten, »eine Flamme auszulöschen, die sich nicht wieder entzünden könnte«, wie er es ausdrückte. Für seine Leistungen, die er im Lauf eines halben Jahrhunderts auf seinen Reisen durch Zentralasien erbracht hat, haben ihm viele Regierungen hohe Auszeichnungen verliehen, wurde er von Königen und Diktatoren empfangen und von den Großen dieser Welt als Berühmtheit gefeiert. In Großbritannien wurde er geadelt, Oxford und Cambridge verliehen ihm die Ehrendoktorwürde, und von der Royal Geographical Society bekam er zweimal die begehrte Goldmedaille. Seine teils populären, teils wissenschaftlichen Veröffentlichungen umfassen fast 50 Bände und wurden in 30 Sprachen übersetzt. Zu seinen persönlichen Freunden gehörten der Zar, der Kaiser, der König von Schweden, Hindenburg, Kitchener und Lord Curzon. Schuljungen wie Leser der »Times« ließen sich von seinen Abenteuerberichten packen. Andere Reisende bewunderten ehrfurchtsvoll seine ungewöhnliche Ausdauer, und Geographen staunten über seine Leistungen in ihrem Fachgebiet. Und doch war er vergessen, als er 1952 im Alter von 87 Jahren starb. Der Meteor war, nachdem er seine lange, ruhmreiche Bahn zurückgelegt hatte, spurlos verschwunden. Und er starb geschmäht von vielen, die ihn einst bewundert und geehrt hatten.

Wahrscheinlich werden sich heute nur wenige daran erinnern können, was zu dieser plötzlichen Wende im Schicksal Sven Hedins geführt hat. Kurz gesagt: er beging den tödlichen Fehler – zumindest in den Augen vieler seiner ehemaligen Freunde –, sich zweimal in die Machtpolitik einzumischen, beide Male zudem auf der Seite des Verlierers. Als ein Mann, der seine Überzeugungen mit großer Leidenschaft vertrat, war Hedin bereit gewesen, sein weltweites Ansehen im Ersten und dann erneut im Zweiten Weltkrieg aufs Spiel zu setzen, indem er sich kompromißlos auf die Seite Deutschlands stellte – eine rätselhafte Entscheidung angesichts der Tatsache, daß ein Teil seiner Vorfahren Juden waren. Es sind ganze Bücher geschrieben worden, um ihn zu verunglimpfen. Eines davon, das 1916 erschien, war eine Satire, angeblich verfaßt von dem »Hunnen Swedin«. Ein anderes, das im Jahr darauf in Großbritannien herauskam, endete mit den Sätzen: »Sie haben die Menschheit verleugnet, Sven Hedin, und dafür verleugnet Sie heute das schwedische Volk. Wir kennen Sie nicht. Was bedeuten uns schon Ihre Entdeckungen? Was interessiert es uns, ob Sie Tibet und China erforscht haben?«

Doch die Leistungen Hedins als Forschungsreisender sind über jeden Zweifel erhaben. Beurteilt man ihn allein nach den von ihm aufgenommenen Landkarten, muß man zugeben, daß er ein glänzender Kartograph gewesen ist, wie die modernen Satellitenaufnahmen von Zentralasien beweisen. Sir Francis Younghusband, der ihn 1890 in Kaschgar kennenlernte, als noch kaum jemand seinen Namen kannte, war von ihm tief beeindruckt. »Meinem Gefühl nach besaß er alle charakteristischen Eigenschaften des echten Forschers – körperlich robust, genial, gelassen, kühl und beharrlich … Ich beneidete ihn um sein Sprachtalent [Hedin beherrschte sieben Sprachen], seine wissenschaftlichen Kenntnisse und seine künstlerischen Leistungen. Er scheint jede für einen Forschungsreisenden wichtige Eigenschaft zu besitzen. Hinzu kommt sein ruhiges, selbstsicheres Wesen, das Erbe seiner nordischen Vorfahren.« Während seines ersten Aufenthalts in Kaschgar schloß Hedin auch für ihn wertvolle Freundschaften mit Petrowski und Macartney und lernte Pater Hendricks kennen, einen bemerkenswerten holländischen Geistlichen, der sich bei allen Reisenden in dieser Gegend großer Beliebtheit erfreute.

Dieser erste Besuch galt lediglich der Erkundung. Vier Jahre später kehrte er, jetzt 29 Jahre alt, zurück, um mit einer Reihe historisch bedeutsamer und oft gefahrvollen Reisen durch Zentralasien und Tibet zu beginnen, die sich über einen Zeitraum von etwa vierzig Jahren erstrecken sollten. Diesmal erreichte er Kaschgar auf dem Weg über den Pamir. Er hatte alle Warnungen vor den Gefahren in den Wind geschlagen, die mit einem Versuch verbunden waren, eine Winterüberquerung des wilden Passes über den himmelstrebenden Taghdumbasch zu unternehmen. Die Reise war unerhört anstrengend. Es war so kalt, daß das Quecksilber im Thermometer gefror, und eines Nachts fiel die Temperatur auf minus 37 Grad. Er litt nicht nur unter Höhenkrankheit, sondern verlor als Folge der extremen Kälte auch zeitweilig seine Sehkraft und mußte auf dem Abstieg nach Kaschgar mit verbundenen Augen geführt werden.

Wie schon Younghusband erkannt hatte, war Hedin hervorragend für seine Rolle als wissenschaftlicher Forschungsreisender geeignet. Im Alter von nur 21 Jahren war er, nachdem er als junger Mann Reisen durch Persien und Russisch-Zentralasien unternommen hatte, nach Schweden zurückgekehrt und hatte beschlossen, sich die Kenntnisse und Fertigkeiten anzueignen, die er für das brauchte, was er für seine Lebensaufgabe hielt. Er immatrikulierte sich an der Universität von Stockholm, wo er zwei Jahre lang Geologie, Physik und Zoologie studierte. Nach seinem Abschlußexamen ging er an die Universität Berlin, wo er bei dem berühmten Freiherrn von Richthofen – selbst ein bedeutender Asienforscher – physikalische Geographie sowie bei anderen führenden Professoren historische Geographie und Paläontologie studierte. Im Jahr 1890 unterbrach er seine Studien und unternahm seine erste Reise nach Kaschgar, wo er Younghusband kennenlernte, und kehrte dann nach Europa zurück, um noch ein weiteres Jahr bei von Richthofen zu studieren.

Es folgten seine alptraumhafte Überquerung des Pamir und drei

Expeditionen durch Chinesisch-Zentralasien. Die erste, im Februar 1895 unternommen, sollte seinen Nachfolgern – allen voran Sir Aurel Stein – beweisen, daß ein Vorstoß in das Innere der Taklamakan und nicht nur durch deren Randgebiete möglich war, wenn auch äußerst gefährlich. Seine folgenden beiden Expeditionen in die Taklamakan vom Dezember 1895 und September 1899 sollten zu archäologisch außerordentlich bedeutsamen Entdeckungen führen.

Wie alle Besucher dieser Region hatte auch Hedin unzählige Geschichten von tief im Inneren der Taklamakan gelegenen und alte Schätze bergenden untergegangenen Städten gehört. Man erzählte, viele wagemutige Männer hätten sich aufgemacht, um nach ihnen zu suchen in der Hoffnung, dabei ihr Glück zu machen. Doch die wenigen, die zurückgekehrt seien, hätten angsterfüllt erzählt, wie sie von bösen Geistern, welche die Schätze bewachen, an ihrem Versuch, diese fortzuschaffen, gehindert worden seien. Hedin hörte aber auch von einem Einheimischen aus Khotan, der mehr Glück gehabt habe. Er sei in Schulden geraten und in die Wüste hinausgegangen, um dort zu sterben. Stattdessen sei er zufällig auf einen großen Gold- und Silberschatz gestoßen, der ihn zum reichen Mann gemacht habe.

Hedin, fasziniert von diesen Geschichten, war überzeugt, daß sie ein Körnchen Wahrheit enthalten mußten. Er beschloß, im Rahmen seiner eigentlichen Aufgabe, diese *terra incognita* kartographisch zu vermessen und zu erforschen, eine solche Stadt zu finden. Für ihn war die Anziehungskraft dieses Ozeans aus Sand unwiderstehlich. »Dort am fernen Horizont waren die edlen, gerundeten Formen der Sanddünen, die anzuschauen ich nie müde wurde«, schrieb er. »Hinter ihnen in der Grabesstille erstreckte sich das Unbekannte … Das Land, das ich als erster durchmessen sollte.«

Hedins erster wagemutiger Vorstoß in die Taklamakan wäre beinahe sein letzter gewesen. Er verließ Kaschgar am 17. Februar 1895, zwei Tage vor seinem 30. Geburtstag, und begab sich zunächst nach Merket am Yarkand-daria, dem Fluß Yarkand. Hier kaufte sein Karawanenführer Kamele und Proviant für eine einmonatige Reise durch die Taklamakan, und Hedin warb drei andere Männer an, von denen einer behauptete, die Gegend gut zu kennen. Sie brachen am 10. April mit acht Kamelen, zwei Wachhunden und einer aus drei Schafen, zehn Hühnern und einem Hahn bestehenden »lebenden Speisekammer« auf. Die Reise erwies sich, wie Hedin später schrieb, »als eine der schwierigsten, die ich je in Asien unternommen habe«. Sein Ziel war es, die Taklamakan zu durchqueren, ihren Südwestzipfel zwischen den Flüssen Yarkand und Khotan kartographisch zu vermessen und dann weiter nach Tibet vorzustoßen. Als die kleine Expedition Merket verließ und den Weg in die Wüste einschlug, schüttelten die Dorfbewohner die Köpfe und prophezeiten, sie werde nie wieder zurückkehren.

Nach 15 Tagen gab es das erste warnende Anzeichen, daß ihnen große Schwierigkeiten bevorstanden. Hedin stellte zu seinem Schrecken fest, daß die Trinkwasservorräte nur noch für zwei Tage reichten. Am letzten Brunnen hatte er seinen Männern befohlen, die Wasserbehälter, welche die Kamele trugen, mit genügend Wasser für zehn Tage zu füllen, um bis zum Erreichen des Khotan-daria versorgt zu sein. Nun machte sich Hedin bittere Vorwürfe, daß er die Ausführung seines Befehls nicht persönlich überwacht hatte. Der Karawanenführer beteuerte, sie würden den Fluß in zwei Tagen erreichen, doch Hedin ließ sich nicht von ihm überzeugen. Später mußte er zugeben, daß er hätte umkehren sollen. Hätte er die Risiken gegeneinander abgewogen, schrieb er, »wäre die Karawane gerettet worden, und niemand hätte sein Leben verloren«. Stattdessen entschied er weiterzuziehen, nachdem er die Wasserrationen für die Menschen drastisch gekürzt und befohlen hatte, die Kamele überhaupt nicht mehr zu tränken.

In der folgenden Nacht gruben sie vergeblich nach Wasser. Mehrere Stunden lang arbeiteten sie verzweifelt bei Kerzenlicht, fanden aber nichts. Am nächsten Tag entschloß sich Hedin, zwei kranke Kamele und alles überflüssige Gepäck im Stich zu lassen. Über der Karawane zogen sich für kurze Zeit Regenwolken zusammen, was den Männern neue Hoffnung gab, doch dann lösten sie sich wieder auf. Als nächstes geriet die Expedition in einen Sandsturm, der sie zwang, allein nach dem Kompaß weiterzumarschieren. Wieder brach ein Kamel zusammen und mußte sterbend zurückgelassen werden. Dann stellten Hedins Männer fest, daß Yolchi, der Führer, ihnen das kostbare Trinkwasser gestohlen hatte. Es war bis auf den letzten Tropfen verbraucht. Hätte Hedin nicht eingegriffen, dann hätten sie ihn für seine Niedertracht umgebracht. Nun machte Hedin seinen, wie er fürchtete, letzten Eintrag in sein Reisetagebuch. Er schrieb: »Alle Männer und auch die Kamele sind äußerst geschwächt. Gott helfe uns!« Fünf ganze Tage waren vergangen, seit sie festgestellt hatten, daß das Wasser nur noch für zwei Tage reichen würde.

Am 1. Mai, nachdem sie einen ganzen Tag ohne Wasser hatten auskommen müssen, versuchte Hedin in seiner Verzweiflung, seinen Durst mit dem für den Primuskocher vorgesehenen Spiritus zu löschen. Schon nach kurzer Zeit war er bewegungsunfähig. Er konnte nur noch hoffen, daß die anderen Expeditionsmitglieder den Fluß erreichen und ihn dann holen würden. So setzten sie finster entschlossen den Marsch ohne ihn fort. Doch nach einiger Zeit kam er wieder zu Kräften, schleppte sich weiter, folgte ihrer Spur durch den Sand und holte sie an einer Stelle ein, an der sie gezwungen gewesen waren, Rast zu machen. Keiner hatte mehr die Kraft, weiterzugehen. Hedin schrieb später, dieser Augenblick »war der unglücklichste, den ich bei all meinen Wanderungen in Asien durchlebt habe«.

Einer seiner vier Männer war inzwischen bewußtlos geworden. Die anderen schlachteten den Hahn, den sie bis hierher mitgenommen hatten, und tranken sein Blut. Dann kamen die Schafe an die Reihe, aber Hedin brachte es nicht fertig, das gerinnende Blut hinunterzuwürgen. Zwei der Männer versuchten, Kamelurin zu trinken, doch es wurde ihnen furchtbar schlecht darauf.

Gequält von dem Gedanken an den Schmerz, den sein Verschwinden seiner Familie bereiten würde, entschloß sich Hedin ein letztes Mal, den Marsch fortzusetzen. Er warf sogar seinen kleinen Verbandskasten fort, behielt aber seine Taschenbibel. Bei Sonnenuntergang machte er sich auf den Weg, um mit zwei Männern und den fünf überlebenden Kamelen den verzweifelten Versuch zu unternehmen, den Fluß zu erreichen. Zwei ihrer Reisegefährten ließen sie sterbend zurück. Einer von ihnen war Yolchi, der Wasserdieb. Seine letzten an Hedin gerichteten Worte waren: »Wasser, Sir! Nur einen Tropfen Wasser!« Aber das

Wasser war verbraucht. In der Nacht starb eines der fünf Kamele. Dann erklärte der Karawanenführer Islam Bai, er könne nicht mehr weiter. Wieder hatten sie keine andere Wahl als ihn zurückzulassen, diesmal mit den restlichen Kamelen und allen noch vorhandenen Ausrüstungsstücken. Hedin und Kasim – der letzte seiner Männer – schleppten sich bei Nacht weiter und gruben sich tagsüber im Sand ein.

Am 4. Mai, dem fünften Tag ohne Wasser, waren sie überrascht, plötzlich Fußspuren zu sehen. Endlich waren sie, wie sie glaubten, in der Nähe des Khotan-daria und des Leben spendenden Wassers. Doch sogleich wurde ihnen klar, daß es nur ihre eigenen Spuren waren. Sie waren im Kreis gegangen. Am folgenden Morgen, erinnerte sich Hedin, sah »Kasim furchtbar aus. Seine Zunge war weiß und geschwollen, seine Lippen waren blau, seine Wangen hohl und seine Augen hatten einen den Tod ankündigenden, gläsernen Glanz.« Doch dann, bei Sonnenaufgang, wollten sie ihren Augen nicht trauen, als sie am Horizont einen dunkelgrünen Streifen erblickten.

»Der Wald!« schrie Hedin. »Der Khotan-daria! Wasser!« Um fünf Uhr dreißig hatten sie den Schatten der Bäume erreicht, aber nach drei Stunden waren sie noch immer nicht auf den Fluß gestoßen. Wieder brachen beide Männer vor Erschöpfung und Durst zusammen. Am Abend hatte sich Hedin ein wenig erholt und schleppte sich allein durch die Bäume weiter. Doch als er das Flußbett erreichte, stellte er fest, daß es völlig ausgetrocknet war. Ein furchtbares Verlangen nach Schlaf überkam ihn, aber er wußte, er würde sterben, wenn er das Bewußtsein verlöre; so zwang er sich, weitere anderthalb Kilometer das Flußbett entlangzukriechen.

Plötzlich hörte er vor sich ein Plätschern, als ein Wasservogel aufflog. »Im nächsten Augenblick«, schreibt Hedin in seinem Buch *Durch Asiens Wüsten,* »stand ich am Rande eines kleinen, mit frischem, kühlem Wasser gefüllten Tümpels – herrliches Wasser!« Er dankte Gott für seine wunderbare Rettung und begann fieberhaft zu trinken, wobei er das Wasser mit einem Blechbecher schöpfte. »Ich trank, trank, trank, Zug um Zug … Jedes Blutgefäß und jede Faser meines Körpers saugten das Leben spendende

Naß auf wie ein Schwamm.« Sein Puls, der sich auf nur 49 Schläge in der Minute verlangsamt hatte, begann sich zu normalisieren. »Meine Hände, die völlig ausgetrocknet, verdorrt und hart wie Holz gewesen waren, schwollen wieder an. Meine Haut, die sich wie Pergament angefühlt hatte, wurde feucht und elastisch …«

Dann flogen seine Gedanken zu dem sterbenden Kasim, der irgendwo weiter hinten am trockenen Flußbett lag. Nachdem er seine Lederstiefel mit Wasser gefüllt hatte, stolperte Hedin im Mondschein zurück, um ihn zu suchen, wobei er immer wieder laut seinen Namen rief. Im Morgengrauen fand er ihn. Er lag noch immer so da, wie er ihn verlassen hatte. Kasim flüsterte: »Ich sterbe.« Hedin hielt ihm einen mit Wasser gefüllten Stiefel an die Lippen. Kasim stürzte es hinunter und trank auch den zweiten Stiefel leer. Später, nachdem vorüberziehende Hirten ihnen geholfen hatten, stellten sie zu ihrer Freude fest, daß auch Islam Bai überlebt hatte und von Hirten gefunden worden war. Weinend warf er sich Hedin zu Füßen. »Er hatte geglaubt, wir würden uns nie wieder sehen«, schrieb Hedin. Auch eines der Kamele – das die Tagebücher Hedins, die Karten, das Geld und zwei Gewehre getragen hatte – war am Leben geblieben. Alles andere einschließlich der Vermessungsinstrumente war verloren. Von den beiden anderen Männern hat man nie wieder etwas gehört. Später hat Hedin ihren Witwen eine Entschädigung gezahlt. Die drei Überlebenden hatten jetzt keine andere Wahl als nach Kaschgar zurückzukehren, wo sie am 21. Juni eintrafen. Hedin hatte seine untergegangene Stadt nicht finden können. Außerdem war ihm eine bittere Lektion erteilt worden. Aber das konnte ihn nicht von seinem Entschluß abbringen, die Geheimnisse der Taklamakan zu entschleiern. Er schickte sofort einen Boten zur nächsten Telegrafenstation an der russischen Grenze mit dem Auftrag, neue Vermessungsinstrumente anzufordern, die so bald wie möglich an ihn abgeschickt werden sollten.

*

Entschlossener denn je, als erster Europäer eine der untergegangenen Städte in der Taklamakan zu erforschen, machte sich Hedin am 14. Dezember 1895 zum zweiten Mal von Kaschgar aus auf den Weg. Diesmal nahm er den getreuen Islam Bai und drei neue Männer mit (der andere Überlebende, Kasim, war inzwischen Wachmann beim russischen Konsulat). Entlang dem Westrand der Wüste der alten Seidenstraße folgend legten sie die 480 Kilometer nach Khotan in 21 Tagen zurück. Hedin wußte, daß man hier von einheimischen Schatzsuchern kleine Altertümer kaufen konnte. Er hatte das von Petrowski erfahren, der sie von Händlern zu kaufen pflegte, die von Khotan nach Kaschgar kamen. Jeden Sommer, wenn der Schnee in den Bergen schmolz und in dieser Gegend Überschwemmungen verursachte, wurden solche Kunstgegenstände aus dem Löß (der roten Erde dieser Gegend) herausgewaschen und dann von den Leuten eingesammelt.

»Für die Einheimischen haben diese Dinge, wenn sie nicht aus Gold oder Silber sind, keinen Wert, und sie geben sie ihren Kindern zum Spielen«, schrieb Hedin. Man führte ihn zu der Fundstelle, dem alten Dorf Borasan westlich von Khotan, das später als Yotkan, die alte Hauptstadt dieses Bezirks, identifiziert wurde. Da es jedoch bereits Januar war, »war die Antiquitätenernte dieser Saison schon eingebracht ...« erklärte Hedin, »denn sie versäumen es nie, alljährlich nach Gold und anderen Schätzen zu suchen«. Dennoch gelang es ihm, einige kleine Gegenstände zu finden und etwa 500 verschiedenartige Altertümer sowie Handschriften und Münzen von den einheimischen Schatzsuchern zu kaufen. Obwohl er kein Archäologe war, sollten diese bescheidenen Funde in ihm das Interesse für solche Zeugen der Vergangenheit wecken und den Grundstock der großen Sammlung zentralasiatischer Altertümer bilden, die heute der Sven Hedin-Stiftung in Stockholm gehören. Zu den Schätzen, die er mitbrachte, gehörten Terrakottastatuetten des Buddha, Figurinen von Männern, Frauen und Kamelen sowie eine Anzahl von Fundstücken – allen voran ein kupfernes Kreuz –, die darauf hindeuteten, daß es hier in alter Zeit Siedler oder Reisende aus dem Westen gegeben hatte. Es handelte sich hier in der Tat um die Überreste einer Stadt, wenngleich um eine nur am Rande der Wüste gelegene, die im Lauf der Jahrhunderte durch Überschwemmungen und Plünderung zerstört worden war.

Doch Hedin hatte gehört, daß im Herzen der Wüste, in nordöstlicher Richtung, eine andere, fast vollständig vom Treibsand zugedeckte geheimnisvolle Stadt lag, die von den Oasenbewohnern einfach »Taklamakan« genannt wurde. In Begleitung einheimischer Führer, die behaupteten, den Weg zu kennen, brach er in Richtung auf den Fluß Keriya auf. Nach einem zehntägigen Marsch bei Temperaturen unter dem Gefrierpunkt – es war mitten im Winter – stießen sie endlich auf die sagenumwobenen Ruinen. Zunächst konnten sie nur die da und dort aus den Sanddünen herausragenden Holzpfähle oder Mauerreste sehen. Doch dann versetzte die Entdeckung einiger Stuckfiguren an einer der Hauswände Hedin in große Erregung, denn er erkannte deutlich, daß sie Buddha und buddhistische Gottheiten darstellten. Ihm war sofort klar, daß er in dieser Einöde auf die Überreste der vor langer Zeit untergegangenen buddhistischen Kultur gestoßen war, von der Faxian und andere chinesische Reisende auf der Seidenstraße schon vor Jahrhunderten so lebendig geschrieben hatten. Dieser Fund bestätigte nicht nur deren Berichte, sondern auch das, was die heutigen Oasenbewohner über die tief im Innern der Taklamakan liegenden untergegangenen Städte berichteten.

Bei genauerer Betrachtung der ihn umgebenden öden Ruinen – »dieses zweiten Sodom«, wie er sie in seinem Buch *Durch Asiens Wüsten* nennt – erkannte er die enorme Bedeutung dessen, was er gefunden hatte, auch wenn er es noch nicht genau identifizieren konnte. Er wußte nur zu gut, daß er weder über die Kenntnisse noch über die Zeit und die Ausrüstung für eine sachgemäße Ausgrabung verfügte, blieb jedoch lange genug, um einige der mit Sand angefüllten Gebäude zu untersuchen. In seinem viele Jahre später verfaßten Buch *Mein Leben als Forscher* schreibt Hedin: »Die wissenschaftliche Erforschung habe ich gern den Fachleuten überlassen. In wenigen Jahren würden auch sie den losen Sand mit ihren Spaten forträumen. Mir genügte es, diese bedeutende Entdeckung gemacht und im Herzen der Wüste der Archäologie ein neues Tätigkeitsfeld erschlossen zu haben.«

Bei seinen Grabungen legte er nicht nur alte Häuser frei, sondern auch Spuren von Gärten und Pappelalleen. Er fand auch

Reste von Pflaumen- und Aprikosenbäumen. In einigen Häusern gruben seine Männer seltsame, acht Zoll hohe und an der Rückseite abgeflachte Gipsfiguren aus, was darauf hindeutete, daß sie als Wanddekorationen gedient hatten. Sie fanden auch einen lebensgroßen menschlichen Fuß aus Gips. In einem Gebäude, das, wie seine Leute behaupteten, ein Tempel war, stießen sie auf eine Anzahl von Wandgemälden, die weibliche Figuren darstellten, »etwas luftig bekleidet« und in »meisterhafter Manier« ausgeführt. Hedin schreibt: »Ihr Haar war oben auf dem Kopf in einem schwarzen Knoten zusammengelegt, und die Augenbrauen waren in einer *durchlaufenden* Linie gezogen mit einem Zeichen über der Nasenwurzel, wie es noch heute bei den Hindus üblich ist.«

In Anbetracht der Tatsache, daß er weder Kunsthistoriker noch Archäologe war, hat Hedin bei der Beurteilung der Ikonographie seiner Funde erstaunlichen Scharfsinn bewiesen. So stellte er zum Beispiel indische, griechische, persische und gandhārische Einflüsse fest. Der Begriff »serindische Kunst«, den Sir Aurel Stein später geprägt hat, war damals noch unbekannt. Über die Schwierigkeit des Grabens im trockenen Sand bemerkte Hedin, »wenn man ein Loch gegraben hat, rieselt der Sand sofort nach und füllt es wieder aus«. Nachdem er alles mitgenommen hatte, was er transportieren konnte, setzte er den Marsch in östlicher Richtung zum Fluß Keriya fort, den kartographisch zu vermessen und nach Norden in die Wüste zu verfolgen er sich vorgenommen hatte.

Am Fluß angekommen erfuhr er von einer anderen in der Nähe gelegenen, im Treibsand begrabenen Stadt, die von den Einheimischen Karadong oder »schwarzer Hügel« genannt wurde. Sie war kleiner als die erste. Hedin stellte fest, daß sowohl ihre Architektur als auch die verwendeten Materialien denen der anderen Stadt ähnelten. Nachdem er sich zwei Tage dort aufgehalten hatte, zog Hedin am Fluß Keriya weiter nach Norden bis zu einer Stelle, an der das Wasser im Sand versickerte. Von dort beendeten er und seine Männer die gefährliche Durchquerung der Taklamakan in nördlicher Richtung, bevor sie schließlich nach Khotan zurückkehrten. Unterwegs machten sie noch zahlreiche wichtige geographische und zoologische Entdeckungen. Von Khotan aus, wo er einen Monat an seinen Karten und Notizen arbeitete, begab sich

Hedin auf eine weitere größere Reise, diesmal zur Erforschung eines Teils von Tibet, jenes geheimnisvollen Landes, das er auf seiner unglücklichen Expedition vom Vorjahre nicht hatte erreichen können. Von Tibet kehrte er schließlich über Peking und die transsibirische Eisenbahn nach Schweden zurück, wo er feststellte, daß er inzwischen berühmt geworden war.

*

Es war seine nächste Expedition in die Taklamakan im September 1899, die dem unermüdlichen Schweden seinen größten archäologischen Triumph brachte: die Entdeckung der alten chinesischen Garnisonsstadt Loulan. Daß er aus ihren Ruinen ungezählte wertvolle Handschriften mitnahm, die zum Teil aus dem 3. Jahrhundert stammten, können ihm die chinesischen Gelehrten nur schwer verzeihen. Hätte er nicht zufällig einen Spaten verloren, wäre er vielleicht niemals darauf gestoßen, und die für die chinesischen Historiker so wichtige Fundstelle wäre unberührt geblieben, bis chinesische Archäologen sie entdeckt und selbst ausgegraben hätten.

Diesmal wurde die Expedition von König Oskar II. von Schweden und dem Millionär Emmanuel Nobel finanziert. Hedins erstes Reiseziel war wieder Kaschgar, wo er ein glückliches Wiedersehen mit seinen alten Freunden Petrowski, Macartney und Pater Hendricks feierte. Am 5. September machte er sich in Begleitung von Islam Bai – der jetzt stolz die ihm vom schwedischen König verliehene Goldmedaille trug – auf den Weg nach Lailik, einem Dorf am Fluß Yarkand. Dies sollte der Ausgangspunkt für ein ungewöhnliches Unternehmen werden – eine Expedition durch die Taklamakan auf dem Wasserweg. Hedins Absicht war es, zuerst den Yarkand und dann dessen Fortsetzung, den Tarim, zu vermessen und zu kartographieren. Sein Ziel war der Lop Nor, der Salzsee im Herzen der Wüste, in den der Tarim mündete und der seine Lage im Lauf der Jahre scheinbar dramatisch verändert hatte. Hedin, der in erster Linie Geograph war, hatte sich entschlossen, dieses Rätsel zu lösen (er sollte 35 Jahre brauchen, bis es ihm endgültig gelang).

Zuerst kaufte er ein von Einheimischen gebautes Schiff, auf dem er und seine Männer während der nächsten 80 Tage leben sollten. Dann bauten sie ein kleineres Fahrzeug für die Erkundung enger oder seichter Teile des Flusses sowie für den Transport des aus Gemüse und lebenden Hühnern bestehenden Proviants. Nachdem eine Besatzung von fünf Mann angeheuert war, begab sich die Expedition auf den Weg.

Abgesehen von den Gefahren, die ihnen durch Sandstürme *(burans)*, Stromschnellen, Untiefen und die gelegentlich die Fahrrinne blockierenden Baumstämmen drohten, empfand Hedin diese Art, die trostlose Landschaft zu durchqueren, als durchaus idyllisch. Manchmal, wenn die Strömung reißend wurde, trug diese die beiden Boote mit halsbrecherischer Geschwindigkeit stromabwärts, wobei die Besatzung versuchte, sie mit langen Stangen vom Ufer fernzuhalten. Aber dann mußten sie zeitweise wieder ein Segel hissen, um überhaupt voranzukommen. Gelegentlich holte Hedin zur Entspannung sein Grammophon heraus, und die Melodien aus der Oper *Carmen* oder die schwedische Nationalhymne hallten hinaus in die Wüste. Dergleichen hatte man in der Taklamakan noch nie gesehen – oder gehört – und wenn ihnen zufällig ein Hirte oder eine Karawane begegnete, wurden sie mit staunenden Blicken verfolgt.

Tagsüber arbeitete Hedin ununterbrochen an seinen Vermessungen, denn in den kartographischen Eintragungen, die schließlich hundert Bogen füllten, durften keine Lücken entstehen. Nachts wurden die Fahrzeuge am Ufer festgemacht. Als der Winter näherrückte, war die große Befürchtung Hedins, der Fluß könne zufrieren und ihn zwingen, das Unternehmen bis zum Frühjahr zu unterbrechen. Am 7. Dezember war es dann soweit. Fast drei Monate nach ihrer Abreise aus Lailik und etwa 250 Kilometer vor ihrem Ziel war an ein Weiterkommen nicht mehr zu denken, und Hedin beschloß, die Zeit bis zum Auftauen des Flusses für eine Reihe von Erkundungsvorstößen ins Innere des umliegenden Gebietes zu nutzen. Er hatte kein Zelt, obwohl die Temperatur in der Nacht manchmal auf minus 22 Grad fiel und es unaufhörlich schneite. Ihr Trinkwasser führten sie in Form von Eisblöcken mit, und manchmal war es so kalt, daß die Tinte in

Hedins Füllfederhalter gefror und ihn zwang, stattdessen einen Bleistift zu benutzen.

Nach einem zwanzigtägigen Marsch durch die Wüste erreichten sie die an der südlichen Route der Seidenstraße gelegene Oase Cherchen und wendeten sich dann nach Nordosten in Richtung auf die Wüste Lop am äußersten Ostzipfel der Taklamakan. Nach weiteren 21 Tagen bot sich ihnen plötzlich ein seltsamer Anblick: mehrere sehr alte Holzhäuser, jedes auf einem etwa drei Meter hohen Hügel mitten in der Einsamkeit. Offenbar waren sie dort oben in der Trockenheit stehengeblieben, nachdem die Erosion den Löß um sie herum im Lauf von Jahrhunderten fortgetragen hatte. Eine in aller Eile durchgeführte Untersuchung förderte ein paar alte chinesische Münzen, einige eiserne Beile sowie aus Holz geschnitzte menschliche Figuren zutage. Diese Dinge wurden auf zwei Kamele geladen und mit einem der Männer zum Basislager der Expedition am Tarim zurückgeschickt. Damit wäre die Angelegenheit wohl erledigt gewesen, wäre da nicht die Vergeßlichkeit eines der Männer gewesen. Hedin wollte nämlich keine Zeit verlieren, um die Vermessungen am Tarim so bald wie möglich abzuschließen und dann erneut südlich nach Tibet hinein vorzustoßen, diesmal mit dem Ziel, Lhasa zu erreichen. Zudem würde die heiße Jahreszeit nicht mehr lange auf sich warten lassen, und die Wasservorräte begannen schon zu schrumpfen.

Nachdem sie ein paar Stunden marschiert waren, beschlossen sie, an einer vielversprechend aussehenden Stelle nach Wasser zu graben. Doch nun stellten sie fest, daß ihr einziger Spaten fehlte. Einer der Männer gestand, daß er ihn versehentlich neben den alten Häusern zurückgelassen hatte, und Hedin schickte ihn auf seinem eigenen Pferd zurück, um ihn zu holen. Als der Mann mit dem Spaten wiederkam, sagte er, er habe sich in einem Sandsturm verirrt, sei dabei jedoch auf einige Ruinen gestoßen, die sie zuvor nicht gesehen hätten. Aus dem Sand, berichtete er, hätten ein paar schöne holzgeschnitzte Figuren herausgeragt. Sofort schickte Hedin ihn erneut zurück, diesmal mit anderen Männern, um die Figuren zu holen. Als Hedin die Schnitzereien sah, wurde ihm »schwindlig« vor Erregung. Er schrieb: »Ich wollte umkehren. Aber das wäre Wahnsinn gewesen! Unser Wasservorrat reichte nur noch für zwei Tage.« Er beschloß daher, im nächsten Winter zurückzukommen und den Fundort gründlicher zu untersuchen.

Als die Vermessung des Flusses abgeschlossen war, durchquerte die Expedition die Wüste erneut in südlicher Richtung, überschritt die gefährlichen Gebirgspässe nach Tibet hinein und bewegte sich damit wiederum für kurze Zeit außerhalb des Bereichs unserer Erzählung. Nachdem er einen seiner Männer, zehn Pferde und drei Kamele verloren hatte (ein zweiter Mann verlor beide Füße durch Erfrieren), beschloß Hedin, Tibet zu verlassen und zu den geheimnisvollen Ruinen in der Wüste Lop zurückzukehren. Dort angekommen, zeichnete er einen genauen Lageplan der Fundstätte und begann mit den Ausgrabungen, wobei er demjenigen, der als erster »irgendetwas von Menschenhand Geschriebenes« finden sollte, eine Belohnung zusicherte. Sehr bald präsentierte ihm einer seiner Leute ein Stück Holz mit einer indischen Inschrift. Die Ausgrabung jedes einzelnen der Häuser wurde fortgesetzt, und nach kurzer Zeit fand ein anderer ein Stück Papier mit chinesischen Schriftzeichen darauf. Danach kamen immer mehr chinesisch beschriebene Blätter zum Vorschein, insgesamt 36. Außerdem wurden 120 mit Schriftzeichen versehene Holzstücke gefunden sowie das Fragment eines alten Teppichs mit immer noch leuchtenden Farben und einem Swastikamuster. Diese Handschriften, von denen eines den Ort als Loulan identifizierte, sollten der Wissenschaft ein erstaunlich genaues und vollständiges Bild vom Leben in dieser chinesischen Garnisonsstadt vermitteln. Ursprünglich zum Schutz der Westgrenze Chinas und des lebenswichtigen Verkehrs entlang der Seidenstraße gegründet, war sie zu Beginn des 4. Jahrhunderts endgültig den Barbaren in die Hände gefallen. Einst ein großes und blühendes Gemeinwesen mit Zivilverwaltung, Poststation, Krankenhaus und Schulen, hatte sie bereits nahezu tausend Jahre unter dem Treibsand der von Dämonen heimgesuchten Wüste Lop gelegen, als Marco Polo im Jahr 1274 hier vorüberkam.

Aus der Gesamtheit der mit Schriftzeichen versehenen Holztäfelchen und Papierfetzen (das Papier war damals gerade erst erfunden worden), die Hedin in Loulan ausgegraben hat, hat man das tägliche Leben der Bewohner dieses Ortes bis in Einzelheiten so vollständig zu rekonstruieren vermocht, daß deutlich wird, wie ähnlich uns diese Menschen waren. Die Funde umfassen alles von Verzeichnissen für die über Steuerhinterzieher verhängten Strafen bis zum Gekritzel von Kindern, die sich mit so vertrauten Problemen herumschlugen wie dem, wieviel neun mal neun ergibt. Bei einem der Häuser, aus dem sie den Sand herausschafften, stand die Tür weit offen – »gerade so, wie es die letzten Bewohner dieser alten Stadt vor mehr als 1500 Jahren verlassen haben müssen«, bemerkte Hedin. Zusammen mit seiner früheren Entdeckung des geheimnisvollen »Taklamakan« war die Auffindung von Loulan ein beachtlicher Doppelerfolg für den unermüdlichen Schweden. Insgesamt verbrachte er dort sieben Tage mit Ausgrabungen, bevor er sich noch einmal nach Süden wandte, um einen weiteren Versuch zu unternehmen, nach Lhasa zu gelangen, diesmal verkleidet als buddhistischer Pilger.

Indessen hatte am anderen Ende der Taklamakan ein weiterer europäischer Forschungsreisender, Marc Aurel Stein, mit dem ersten seiner drei großen archäologischen Raubzüge entlang der Seidenstraße begonnen. Dieser Mann, der nicht weniger ausdauernd und energisch war als Hedin, schaffte im Verlauf von drei Expeditionen, die sich über sechzehn Jahre hinzogen, genügend Kunstwerke und Handschriften aus Chinesisch-Zentralasien fort, um ein ganzes Museum damit zu füllen. Doch sie brachten ihm auch die bittersten Schmähungen von seiten der Chinesen ein, die in ihm bis auf den heutigen Tag jenen Ausländer sehen, der sie mehr als alle anderen um die wichtigsten Zeugnisse ihrer Geschichte beraubt hat.

5. Kapitel

AUREL STEIN – EIN AUSSERGEWÖHNLICHER SCHATZSUCHER

Die Expeditionen von Sir Aurel Stein, die ihn über eine Strecke von etwa 40 000 Kilometern durch Chinesisch-Turkestan führen sollten, sind von einem anderen berühmten Ausgräber, Sir Leonard Woolley »der gewagteste und abenteuerlichste Beutezug in die antike Welt« genannt worden, »der je von einem Archäologen unternommen worden ist«. Professor Owen Lattimore, selbst ein bedeutender Historiker und Kenner Zentralasiens, bezeichnet Stein als »die großartigste Verbindung aus einem Gelehrten, Forscher, Archäologen und Geographen seiner Generation«.

Solche Würdigungen durch andere Fachleute und Kollegen lassen sich mit Tatsachen begründen, mit Superlativen jedoch sollte man vorsichtig sein. Ein Autor beispielsweise bezeichnet Stein als »den größten Erforscher Asiens seit Marco Polo«. Damit werden die Leistungen Sven Hedins herabgesetzt, dessen Forschungsreisen im vorigen Kapitel nur zum Teil behandelt worden sind, und zwar allein die archäologisch bedeutsamen. Berücksichtigt man auch seine Expeditionen nach Tibet, dann war Hedin, was seine Leistungen als Geograph betrifft, der wohl bedeutendere Forscher. Die beiden Männer hatten nicht nur großen Respekt voreinander und verachteten diejenigen, die lediglich am Rande der Taklamakan operierten, sondern hatten auch vieles gemein. Wie Hedin wurde auch Stein von der britischen Regierung für seinen Beitrag zur Erforschung Zentralasiens geadelt, die Universitäten von Oxford und Cambridge verliehen ihm die Ehrendoktorwürde, und von der Royal Geographical Society erhielt er die Goldmedaille, um nur einige der ihm im Laufe seines Lebens verliehenen Auszeichnungen zu nennen. Beide Männer waren klein und untersetzt (Stein war nur 1,54 Meter groß), beide waren Junggesellen, beide haben umfangreiche Reisebeschreibungen verfaßt und beide wurden über achtzig Jahre alt. Darüber hinaus betrug der Altersunterschied zwischen ihnen lediglich drei Jahre, wobei Stein der ältere war.

Ein grundlegender Unterschied jedoch bestand zwischen ihnen. Stein war ein hervorragender Orientalist und unternahm seine Reisen, um gewisse Theorien darüber zu bestätigen, was seiner Meinung nach in den abgelegenen Wüstengebieten Chinas begraben lag. Er war, wie er selbst sagte, »ein archäologischer Forschungsreisender«. Hedin als hochqualifizierter Geograph und Kartograph war ganz einfach ein Forschungsreisender und ließ sich in dieser Hinsicht eher mit dem großen russischen Asienreisenden Przewalski vergleichen. Doch als Erforscher historischer Zusammenhänge nahm Stein mit seinen Entdeckungen unter seinen Rivalen eine in jeder Hinsicht überragende Stellung ein. Er ist in der Tat der große Mann der zentralasiatischen Archäologie.

Im Jahr 1862 als Sohn jüdischer Eltern in Budapest geboren, wurde er christlich getauft, weil sie glaubten, daß ihm das angesichts der Stimmung der damaligen Zeit im Leben helfen werde. Seine Biographin Jeannette Mirsky schreibt dazu: »Die Taufe war, wie die alten Steins es sahen, der Schlüssel zu der Tür, die aus dem Ghetto hinausführte und ... den Zugang zu den Reichtümern der Welt draußen freimachte.« Und er sollte seine Eltern nicht enttäuschen, wenn sie seinen einzigartigen Beitrag zu diesem Reichtum auch nicht mehr erlebt haben. Seinem angenommenen Glauben ist er sein ganzes Leben treu geblieben. Als er 1943 in Afghanistan (von wo aus er noch im Alter von 81 Jahren eine letzte große Reise durch Zentralasien unternehmen wollte) im Sterben lag, bat er auf dem Totenbett um eine Beisetzung nach dem Ritus der anglikanischen Kirche.

Von seiner Schulzeit bis zum Grabe war Stein fasziniert von den Feldzügen und Reisen Alexanders des Großen. Er hat einen großen Teil seines Lebens mit dem Versuch zugebracht, die Schlachtfelder der Griechen zu bestimmen und die Routen nachzuzeichnen, auf denen sie nach Zentralasien gelangt sind und ihre Kunst und Gelehrsamkeit mitbrachten. Die Einflüsse der griechischen Kunst sollte er sogar noch weiter über die Pässe des Karakorum und in östlicher Richtung entlang der alten Seidenstraße verfolgen. Vielleicht war auch er, wie die ungarischen

Orientalisten Csoma de Körös und Arminius Vambery vor ihm, unbewußt von der alten Vorstellung geleitet worden, daß die Ungarn von den Hunnen abstammen. Sicherlich war er von diesen beiden bedeutenden Forschungsreisenden beeinflußt und inspiriert.

Nach dem Studium orientalischer Sprachen an den Universitäten von Wien und Leipzig und seiner Promotion zum Doktor der Philosophie in Tübingen im Alter von 21 Jahren kam er nach Großbritannien, das seine Wahlheimat werden sollte. Er verbrachte drei Jahre in Oxford und im Britischen Museum mit dem Studium der klassischen und orientalischen· Archäologie und Sprachen, nicht aber des Chinesischen – eine Lücke in seinem sprachlichen Rüstzeug, die ihn 20 Jahre später in den Höhlen der Tausend Buddhas bei Dunhuang teuer zu stehen kommen sollte. Seine Studien in Großbritannien wurden – glücklicherweise, wie sich herausstellen sollte – ein Jahr lang unterbrochen, als er zum Militärdienst in die ungarische Armee eingezogen wurde. Hier erhielt er eine Ausbildung als Landvermesser, die ihm dann später in den noch nicht kartographisch aufgenommenen Gebieten Zentralasiens, wo er seinen Ruhm erwerben sollte, sehr zustatten kam.

Als seine Eltern starben (seine Mutter war bei seiner Geburt bereits 45 Jahre alt), kehrte er Ungarn endgültig den Rücken und ging nach Indien, wo er 1888 im Alter von 26 Jahren in Lahore in den Schuldienst eintrat. Dort schloß er Freundschaft mit dem Vater von Rudyard Kipling, des Kurators des »Wonder House«. Dieses Museum, das Kunstwerke aus der Gandhāra-Epoche und anderen indischen Stilrichtungen beherbergte, hat Kipling in seinem Roman *Kim* unsterblich gemacht. Vom Vater Kipling lernte Stein viel über die Ikonographie Indiens sowie alles, was man zu jener Zeit über die Kunst des buddhistischen Zentralasien wußte. Von Lahore aus unternahm er den ersten seiner zahlreichen Vorstöße in Gebiete, in die bis dahin noch kein Europäer seinen Fuß gesetzt hatte: eine kurze archäologische Erkundung des geheimnisvollen Buner, während er eine Strafexpedition in die nordwestliche Grenzregion Indiens begleitete.

Trotz des einsamen Lebens, das er führte, wobei er manchmal

ein ganzes Jahr oder länger keinen einzigen anderen Europäer zu Gesicht bekam, pflegte Stein enge Freundschaften. Notwendigerweise mußten sie brieflich über gewaltige Entfernungen aufrecht erhalten werden. Stein schrieb gewöhnlich nachts in seinem Zelt bei Kerzenlicht, und die Briefe wurden dann durch Wüsten und über Gebirgszüge hinweg von einheimischen Postboten befördert. Dennoch hatte seine Arbeit immer den Vorrang, ob er nun am Ende eines langen Arbeitstages in der Wüste seine täglichen Aufzeichnungen niederschrieb oder ob er später die umfangreichen Berichte über seine Expeditionen in seinem abgeschiedenen zeltartigen Zuhause in Kaschmir verfaßte.

Doch erst im Mai 1900, im Alter von 37 Jahren, brach er zur ersten seiner großen Expeditionen über die Berge des Karakorum in die Wüste Taklamakan auf. Während dieser ersten Reise, die fast ein Jahr dauern sollte, war Stein offiziell staatenlos, denn obgleich er seine ungarische Staatsbürgerschaft aufgegeben hatte, hatte er seinen britischen Paß noch nicht erhalten. (Seine neue Staatsbürgerschaft wurde ihm erst im Jahr 1904 gewährt.) Er wäre lieber schon früher aufgebrochen, hatte er doch Gerüchte gehört, daß russische und deutsche Expeditionen vorbereitet würden und Hedin in dieses Gebiet zurückkehren wollte, aber zuerst mußte er die Erlaubnis der indischen Regierung erhalten, sich in dieses politisch sensible Gebiet zu begeben. Zudem mußten die Chinesen überredet werden, die Expedition zu gestatten. Zu guter Letzt mußte er sich vom Dienst beurlauben lassen und das Geld zur Finanzierung seines Unternehmens zusammenbringen.

In einem sorgfältig begründeten Antrag legte er der Regierung von Indien sein Anliegen dar. Er schrieb: »Aus historischen Dokumenten ist allgemein bekannt, daß das Territorium des gegenwärtigen Khotan ein altes buddhistisches Kulturzentrum war … seinem Ursprung und Wesen nach eindeutig indisch.« Dann führte er einige der Handschriften und anderen Altertümer auf, die in der Wüste Taklamakan entdeckt worden waren, und wies darauf hin, daß, wenn »die gelegentliche Suche einheimischer Schatzsucher« diese Dinge zum Vorschein gebracht hatte, man erwarten dürfe, daß eine systematische Erforschung der Stätten entlang der Seidenstraße durch einen europäischen

Archäologen Funde von größter Bedeutung zutage fördern könnten.

Stein fand für seine Expedition die begeisterte Unterstützung Dr. Rudolf Hoernles, eines einflußreichen Verbündeten in den Korridoren der Macht in Kalkutta. In einem Schreiben, mit dem er das Vorhaben unterstützte, argumentierte er wirkungsvoll damit, daß der südliche Teil von Chinesisch-Turkestan von Rechts wegen zur britischen Einflußzone gehöre, und fügte hinzu, »wir sollten es nicht zulassen, daß andere sich verschaffen, was uns zusteht«. Hätte er eines der Ergebnisse dieser Reise vorausgesehen, hätte er vielleicht weniger chauvinistisch empfunden.

Stein wurde aber nicht nur von Hoernle unterstützt, sondern hatte das unerwartete Glück, auch den mächtigsten Mann in Indien, den neuen Vizekönig, als Bundesgenossen zu gewinnen. Im April 1899, als Lord Curzon den Pandschab besuchte, wurde Stein gebeten, ihn durch das Museum von Lahore zu führen. Während dieses Rundgangs erläuterte ihm Stein die Bedeutung der Gandhāra-Kunst, wobei er zugleich die Gelegenheit ergriff, mit ihm über seinen Plan zu sprechen, die Rätsel des Gebiets jenseits des Karakorum zu lösen. Der damals erst 40jährige Curzon hatte selbst ein Buch über Zentralasien geschrieben, wenn auch über die dortigen russischen Ambitionen, und interessierte sich im höchsten Maße für das, was Stein zu sagen hatte. Er beauftragte den britischen Geschäftsträger in Peking, die chinesischen Behörden um die Ausstellung eines Passierscheines zu ersuchen, der es Stein gestattete, auf dem Wege über den Karakorum in Chinesisch-Turkestan einzureisen. Zur rechten Zeit traf dieses Papier ein, zugleich mit der Genehmigung der Expedition durch die indische Regierung. Das chinesische Dokument wies die örtlichen *ambans* oder Verwaltungschefs an, für den persönlichen Schutz Steins zu sorgen und, was vielleicht noch wichtiger war, ihn in keiner Weise zu behindern.

Unterdessen hatte sich Stein sehr sorgfältig auf seine Reise vorbereitet. *Durch Asiens Wüsten,* dem eben veröffentlichten zweibändigen Bericht Sven Hedins über dessen Entdeckungen in der Taklamakan, hatte er wertvolle Informationen über die besonderen Schwierigkeiten entnommen, denen sich der Forschungsreisende dort gegenüber sah. Die Begegnung Hedins mit der Taklamakan, die beinahe tödlich ausgegangen wäre, hatte ihn davon überzeugt, daß es nur in den Wintermonaten möglich war, die tief im Innern der Wüste gelegenen antiken Stätten zu erforschen und auszugraben. Er mußte sich also auf arktische Verhältnisse und nicht auf die im Sommer herrschende furchtbare Hitze vorbereiten. So kaufte er zunächst einen für Polarforscher entwickkelten Stormont-Murphy-Ofen, mit dem er sein winziges Zelt heizen konnte, dessen Wand er zudem zusätzlich mit dickem Serge füttern ließ. (Trotzdem sollte die Tinte in seinem Füllfederhalter manchmal gefrieren, wie Hedin es erlebt hatte.) Um sich auf der Reise und im Schlaf vor der Kälte zu schützen, besorgte er zwei dicke Pelze. In einer Wüste, wo es im Durchschnitt nur alle zehn Jahre einmal regnete, war jedoch die Wasserversorgung sein größtes Problem. Er bestellte einige speziell für diesen Zweck anzufertigende galvanisierte eiserne Wasserbehälter mit einem Fassungsvermögen von jeweils 77 Litern. Das war die schwerste Last, die ein zweihöckriges Kamel in der Wüste tragen konnte. Dieser Wasservorrat sollte durch Eisblöcke ergänzt werden, sobald die Temperaturen unter den Gefrierpunkt sanken.

Zunächst begab sich Stein nach Srinagar in Kaschmir, wo er auf der Mohand Marg, einer ca. 3000 Meter über dem Meeresspiegel gelegenen grasbewachsenen Hochmatte sein Lager aufschlug, das über viele Jahre sein Standquartier und der Ausgangspunkt aller seiner Expeditionen sein sollte. Hier stießen auch die vier Männer zu ihm, die ihn begleiten sollten. Es waren dies Ram Singh, ein Gurkha-Landvermesser im Dienst des indischen Landvermessungsamts, der ihm bei seinen wichtigen kartographischen Arbeiten behilflich sein sollte, Mirza Alim und Sadak Akhun, sein Diener und sein Koch, sowie Jasvant Singh, der ähnliche Pflichten für Ram Singh erfüllte. Das letzte Expeditionsmitglied war der kleine Terrier Dash, der erste einer Reihe von Hunden gleichen Namens, die Stein auf seine vier Reisen durch Zentralasien mitnahm.

Einen Monat später, am 31. Mai 1900, brach die Expedition zu einer strapaziösen, wenngleich ereignislosen, achtwöchigen Reise über den Karakorum nach Kaschgar auf. Dort verbrachte Stein den Rest des Sommers in Chini-bagh, der komfortablen offiziellen Residenz von George Macartney und dessen Frau. Macartney hatte einen ungewöhnlichen familiären Hintergrund. Er war der Sohn eines schottischen Vaters, des Sir Halliday Macartney, und einer chinesischen Mutter (von der er niemals sprach, nicht einmal seinen Kindern gegenüber, und die auch in seinem Nachruf in der »Times« nicht erwähnt wurde, als er 1945 starb). Er verbrachte 28 Jahre als Vertreter Großbritanniens auf diesem entlegenen zentralasiatischen Horchposten, der, wie Geographen behaupten, weiter vom Meer entfernt ist als jeder andere Punkt auf dieser Erde. Er und Stein, die mancherlei gemeinsame Interessen miteinander verbanden, wurden enge Freunde, und Stein sollte auch auf künftigen Expeditionen bei den Macartneys wohnen. Deren Gastfreundschaft war geradezu legendär. »Jeder Reisende in Zentralasien kennt (und rühmt) das britische Generalkonsulat in Kaschgar, denn es ist für jeden Europäer, der sich entschlossen hat, sein Glück in Chinesisch-Turkestan zu versuchen, eine behagliche Zufluchtsstätte und ein Mittelpunkt der Gastlichkeit.« Dies schrieb Oberst Reginald Schomberg im Jahr 1933 über die von den Macartneys in Chini-bagh begründete Tradition, die von ihren Nachfolgern fortgeführt wurde, bis jener entlegene Zipfel des britischen Weltreichs im hintersten Winkel Asiens Ende der 40er Jahre endgültig der chinesischen Regierung zurückgegeben wurde.

Obwohl ihm Lord Curzon einen chinesischen Sonderausweis besorgt hatte, wurde der Aufenthalt Steins in diesem politisch sensiblen Gebiet, wo drei Weltreiche aneinander grenzten, durch die Aktivitäten des russischen Generalkonsuls und Erzrivalen Macartneys (sowohl im Bereich der Archäologie als auch in dem des politischen Nachrichtendienstes) Petrowski nicht gerade erleichtert. Petrowski tat alles, um die örtlichen chinesischen Behörden, die gewaltigen Respekt vor ihm hatten, davon zu überzeugen, daß Stein in Wirklichkeit ein als Archäologe getarnter britischer Spion sei. Trotzdem brachen Stein und seine Expedition, sobald die sommerliche Hitze in der Taklamakan nachzulassen begann, von Kaschgar aus nach Khotan auf, der ersten der an der alten Seidenstraße gelegenen Oasen, die er erforschen wollte.

Denn Khotan war die Stadt, von der aus Islam Akhun, der Hauptlieferant »alter Bücher« für die britische Sammlung (und, wie sich herausstellen sollte, auch für St. Petersburg), angeblich seine Beutezüge in die benachbarte Wüste unternommen hatte. Obwohl sein Freund Hoernle überzeugt war, daß die Bücher echt waren, hegte Stein ernste Zweifel daran. Seine Expedition nach Chinesisch-Turkestan hatte vor allem auch den Zweck, die Glaubwürdigkeit der Geschichte des Schatzsuchers zu prüfen und einheimische Kundschafter auszuschicken, die versuchen sollten, weitere Proben der von Akhun vorgelegten Handschriften mit unbekannten Schriftzeichen zu finden. Außerdem wollte er einige der Fundstätten persönlich untersuchen, die Akhun seinem Freund Macartney beschrieben hatte und die dann in Hoernles Bericht Eingang gefunden hatten.

Er beabsichtigte auch, die von Hedin erwähnte geheimnisvolle Stadt »Taklamakan« nordöstlich von Khotan aufzusuchen und dort gründlichere Ausgrabungen vorzunehmen. Darüberhinaus hoffte er, durch Nachforschungen in den Oasenstädten selbst neue archäologische Stätten zu entdecken. Zudem hegten er und Ram Singh die Hoffnung, mit Hilfe von Meßtisch und Theodolit viele der weißen Stellen auf der Landkarte ausfüllen zu können. Schließlich hoffte er, wenn er den Spuren des Pilgers Xuanzang (Stein umschreibt seinen Namen Hiuen-tsiang) des 7. Jahrhunderts folgte, der über die südliche Route der Seidenstraße von Indien kommend in seine Heimat zurückgekehrt war, die Lage einiger der heiligen buddhistischen Stätten feststellen zu können, die dieser Reisende beschrieben hatte, der seit Steins früher Studienzeit einer seiner Helden gewesen war.

Schon sehr bald nachdem er von Kaschgar aufgebrochen war, bekam Stein den ersten Vorgeschmack von dem, was ihn in der Taklamakan erwartete. Nachdem Dorfbewohner ihm gesagt hatten, es gäbe in östlicher Richtung in der Wüste eine *kone-shahr*, eine Ruinenstadt, verließ er hoffnungsvoll den Hauptweg der Karawanenstraße und schickte den Rest der Expedition voraus. Doch als er die Stelle nicht finden konnte, die seine Informanten ihm nur sehr vage beschrieben hatten, gab Stein die Suche auf und machte sich auf den Weg, die anderen einzuholen.

In *Sand-Buried Ruins of Khotan,* seinem Bericht über diese Expedition, schildert er seine erste kurze Begegnung mit der großen chinesischen Wüste, mit der er im Verlauf der nächsten 30 Jahre so vertraut werden sollte: »Weit nach Süden hin erstreckte sich ein Meer von Sand, das mit seinen wellenartigen Dünen auf seltsame Weise dem Ozean ähnelte … Die Sanddünen, die überquert werden mußten, wurden ständig höher, und das Weiterkommen immer schwieriger … Die Beine der Ponys versanken tief im losen Sand, und das Ersteigen der 10 bis 15 Meter hohen Erhebungen war jedesmal eine große Anstrengung.« Nachdem sie sich acht Kilometer durch die Dünen gekämpft hatten, stießen sie bei einem Brunnen, den irgendjemand mit einer Holzverschalung vor dem Treibsand geschützt hatte, auf den Haupttrupp der Expedition. Das Wasser, das zwei Meter unter der Wüstenoberfläche lag, war jedoch so brackig, daß man es nicht trinken konnte.

In Yarkand angekommen, wo früher die Karawanenwege nach Indien und Afghanistan von der Hauptroute der Seidenstraße abzweigten, mußte Stein zu seinem Ärger feststellen, daß zwei seiner Kamele und zwei Ponys sich wundgescheuert hatten. Auch das Geld, das ihn hier hätte erwarten sollen, war noch nicht eingetroffen. So mußte er einen Boten den ganzen Weg nach Kaschgar zurückschicken, um das Geld zu holen, und das bedeutete einen Marsch über insgesamt 385 Kilometer. Zudem sah er sich gezwungen, eine Woche in Yarkand zu bleiben, bis die Wunden der Tiere ausgeheilt waren. Stein war besonders ärgerlich, weil er den Verdacht hegte, daß man ihm ihren Zustand bewußt verheimlicht hatte, und sich deshalb die Wunden auf dem Marsch ständig verschlimmert hatten. »Ich habe jedenfalls etwas daraus gelernt«, schrieb er trocken. »Von nun an wurden die Tiere fast täglich inspiziert, und die für das Beladen der Tiere Verantwortlichen lernten begreifen, daß ihnen das Geld von ihrem Lohn abgezogen wurde, das wir für Transportmittel ausgeben mußten, um zeitweilig ausfallende Tragtiere zu ersetzen.«

Der chinesische *amban,* das Verwaltungsoberhaupt von Yarkand, bereitete Stein einen herzlichen Empfang, und sehr bald stellten sie fest, daß sie sich beide für Xuanzang interessierten. Der *amban* veranstaltete für seinen neuen Freund ein Festmahl mit 16 Gängen, das drei Stunden dauerte. Stein, der es nicht gewohnt war, mit Stäbchen zu essen, bekam dafür eine recht schmutzige Gabel. Während der Mahlzeit wurde er nach Neuigkeiten über den Boxeraufstand gefragt, der in dem etwa 3200 Kilometer entfernten Peking ausgebrochen war. Er sagte dem *amban* und den anderen Gästen, er wisse nur, daß sich die ausländischen Gesandtschaften in Sicherheit befänden, habe aber sonst keine Nachrichten. Stein war es klar, daß sie ihm nicht glaubten, sondern sein Schweigen seinem Wunsch zuschrieben, ungünstige Nachrichten von ihnen fernzuhalten – wie dies im Orient üblich ist. Ebenso klar war es ihm, daß sie sich insgeheim »um ihr persönliches Schicksal und nicht um das des Staates« sorgten.

Nachdem sich seine Kamele und Ponys erholt hatten, setzten Stein und seine Leute ihren Marsch in östlicher Richtung auf der Seidenstraße fort. Abgesehen von den fruchtbaren und bebauten Gebieten in unmittelbarer Umgebung der Oasen, die von den Bergen mit Schnee- und Gletscherwasser versorgt wurden, führte der Weg jetzt meist durch vollkommen unfruchtbare, trockene Wüste. Ein Teil des Weges war durch Holzpfosten markiert, um die Reisenden davor zu bewahren, nachts oder bei Sandsturm von der Karawanenstraße abzukommen, wie es im Lauf der Jahrhunderte so vielen Unglücklichen geschehen war. Zu ihrer Linken erstreckte sich im Staubschleier die Taklamakan, während sich rechts in der Ferne die mächtigen schneebedeckten Gebirgszüge erhoben, welche das nördliche Bollwerk Tibets bilden. Die Hitze, das grelle Licht der Sonne und der knöcheltiefe Staub auf der Straße erschienen Stein jedoch weniger unerträglich, wenn er an das Schicksal derer dachte, die vor ihm diesen Weg zurückgelegt hatten.

»Während ich auf dieser Karawanenstraße entlangmarschierte oder -ritt, die da und dort von den vertrockneten Kadavern und den gebleichten Knochen der Tiere markiert wird, die auf ihr umgekommen sind, dachte ich an die Reisenden, die in längst vergangener Zeit durch dieselbe wasserlose, unbewohnte Einöde gezogen sein müssen«, schrieb er. »Xuanzang, der diese Route auf dem Rückweg nach China benutzt hat, hat sie treffend beschrieben. Nach ihm hat diese Straße Marco Polo und manchen weniger bekannten mittelalterlichen Reisenden auf dem Wege in das ferne Cathay gesehen. In bezug auf die Art und Weise zu reisen und die Transportmittel hat sich hier seither praktisch nichts geändert ...«

Nachdem sie durch das kleine Siligh Langar (»eine Ansammlung elender Lehmhütten«) und durch Hajib Langar (»eine weitere wenig einladende Zwischenstation«), gekommen waren, fanden sie sich erneut inmitten der fruchtbaren Gärten und Felder einer von einem Fluß bewässerten Oase, diesmal in Guma. Irgendwo in der Wüste zwischen Guma und Khotan lagen – etwa 160 Kilometer östlich – die geheimnisvollen Orte, an denen Islam Akhun angeblich viele seiner Bücher und Handschriften gefunden hatte. Hier hatte Stein Gelegenheit, die Wahrheit herauszufinden und festzustellen, wer recht hatte – er oder Hoernle. Später schrieb er: »In Guma kam ich zum ersten Mal in die Gegend, wo ich die Behauptungen des Schatzsuchers durch Nachforschungen an Ort und Stelle überprüfen konnte.« Er sollte dafür nur einen einzigen Tag brauchen.

Er begann damit, daß er die Ältesten und die Beamten fragte, ob sie etwas von der Entdeckung irgendwelcher alter Bücher im Wüstengebiet um Guma wüßten. Aber niemand hatte etwas davon gehört. Von all den Orten, die Islam Akhun in seinem von Hoernle veröffentlichten Reisebericht aufgeführt hatte, waren ihnen nur zwei bekannt. Da sie beide in der Nähe von Guma lagen, ritt Stein hinaus, um sie sich anzusehen. »Als ich mit den lebhaft interessierten Begs [örtlichen Beamten] und deren Gehilfen im Gefolge nach Nordosten ritt, erreichte ich bald das Gebiet der sieben bis zehn Meter hohen Wanderdünen, die Guma im Norden halbkreisförmig umgeben.« Nach weiteren fünf Kilometern kam er nach Qarā Qöl Mazār (in der Umschrift Hoernles), wo Islam Akhun ein riesiges, etwa 16 Kilometer langes Gräberfeld entdeckt zu haben behauptete. Der Name dieser Stelle bedeutet übersetzt »Heiligtum des schwarzen Sees«. Doch Stein konnte hier nichts weiter finden als einen kleinen schilfbedeckten Salztümpel und einen Sandhügel, aus dem einige Holzpfähle mit Votivfähnchen ragten, was darauf schließen ließ, daß sich hier wohl die letzte Ruhestätte eines Heiligen befand. »Von dem riesigen Gräberfeld in der Umgebung des Heiligtums, wo Islam Akhun angeblich die alten Blockdrucke gefunden hatte, konnte ich nicht die geringste Spur entdecken«, berichtete Stein. Fünf Kilometer weiter kamen sie zur Oase Karatagh-aghzi, in deren unmittelbarer Umgebung, wie Islam Akhun behauptete, die Ruinen lagen, aus denen er alte Bücher und andere merkwürdige Funde fortgeschafft hatte. Die Bewohner der Oase erklärten auf eingehende Befragung hin, sie wüßten nichts von solchen Ruinen und noch weniger von solchen Entdeckungen. Natürlich war dies kein Beweis, daß es sich bei den Büchern um Fälschungen handelte. Es bewies jedoch, daß der Schatzsucher aus Khotan ein Lügner war, auch wenn es noch immer denkbar war, daß er diese Fundstätten nur erfunden hatte, um die wahre Quelle seiner Entdeckungen nicht preisgeben zu müssen. Hoernle selbst hatte die Vermutung geäußert, Akhun sei vielleicht auf eine alte Bibliothek gestoßen, wolle aber die Stelle, an der sie sich befände, geheimhalten.

Nachdem er seine Nachforschungen vorläufig abgeschlossen hatte, brach er am folgenden Morgen nach dem fünf Tagesmärsche weiter östlich gelegenen Khotan auf. Einige Male verließ er die Karawanenstraße, um sich Ruinen anzusehen, von denen er aus verschiedenen Quellen gehört hatte. Doch die Ergebnisse seiner Nachforschungen waren in jedem Fall enttäuschend. Abgesehen von einigen Tonscherben hatten die Sandstürme im Lauf der Jahrhunderte alle Spuren dieser einst blühenden Siedlungen ausgelöscht. Ein oder zwei der von ihm besuchten Stätten waren auch in Islam Akhuns »Reisebericht« erwähnt. Doch Stein war überzeugt, daß unter den dort herrschenden äußeren Bedingungen unmöglich Bücher oder Handschriften hätten erhalten bleiben können. Er schrieb: »Es lag etwas makaber Faszinierendes in dem fast vollständigen Verfall und der restlosen Verwüstung dieser einst von vielen Menschen bewohnten Siedlung, von der nur noch einige kärgliche Überreste zeugten.«

Als sich Stein schließlich der in Zentralasien als Umschlagplatz von Jade und Teppichen berühmten Oase Khotan näherte, erinnerte er sich an eine seltsame Legende, die Xuanzang überlieferte.

Etwa 50 Kilometer westlich der Stadt hatte der Reisende des 7. Jahrhunderts »eine Reihe kleiner Hügel« bemerkt, die, wie die Einheimischen ihm versicherten, von den hier hausenden heiligen Ratten aufgeschichtet worden seien. Diese von einem Rattenkönig angeführten Tiere wurden von den Einheimischen geschützt und gefüttert, weil sie, wie es hieß, die buddhistischen Einwohner von Khotan dadurch vor einer großen Hunnenarmee gerettet hätten, daß sie deren lederne Pferdegeschirre und Harnische aufgefressen hätten. Von den Nagern konnte Stein nichts entdekken, aber interessanterweise stellte er fest, daß die heutigen muslimischen Pilger voll Ehrfurcht andere heilige Tiere fütterten – Tausende von Tauben, die in einer Art Vogelkloster gehalten wurden. »Auch ich«, gestand Stein, »kaufte in dem Laden neben dem Heiligtum einige Säcke Mais und streute den Inhalt den Taubenschwärmen als Futter hin.«

Nach der Durchquerung des etwa 1200 Meter breiten trockenen Flußbetts des Karakash, des »Flusses der schwarzen Jade«, kamen Stein und seine Karawane in die Stadt Khotan. Er hatte es sorgfältig vermieden, die einheimischen Schatzsucher auf sein Kommen aufmerksam zu machen, um die Fälscher nicht für ihn tätig werden zu lassen. Unmittelbar nach seiner Ankunft stellte er jedoch aus der »Bruderschaft der quasi-professionellen Schatzsucher« kleine Erkundungstrupps zusammen, die für ihn kundschaften sollten. Dies gründlich zu tun würde, wie man ihm sagte, einige Zeit in Anspruch nehmen. In der Zwischenzeit machten er und Ram Singh sich daher auf ihren Ponys mit ihren Vermessungsinstrumenten auf den Weg, um die unerforschten Gebiete des Kunlun kartographisch aufzunehmen und erstmals die genaue geographische Lage von Khotan zu bestimmen.

Eines Abends blickte Stein von ihrem Lager in den Bergen aus hinunter auf die Hunderte von Metern tiefergelegene, vom Mond beschienene Taklamakan. Was er dort sah, beschreibt er mit poetischen Worten: »Es schien, als blickte ich auf die Lichter einer riesigen Stadt, die unter mir in den unendlichen Ebenen lag. Konnte das wirklich jene schreckliche Wüste sein, in der es kein Leben gab und für die Menschen keine Hoffnung zu überleben? Ich wußte, daß ich sie nie wieder in diesem verführerischen Glanz sehen würde. Dieser Anblick verfolgte mich noch, als ich fröstelnd in meinem Zelt saß und mich mit meiner lange vernachlässigten Korrespondenz beschäftigte, die meinen Freunden in der Ferne meine Weihnachtsgrüße bringen sollte.« Nach einer bescheidenen Mahlzeit und »einem letzten Blick auf die magische Stadt dort unten« legte Stein sich schlafen.

Nachdem er seine Vermessungsarbeiten im Kunlun (»Berge der Finsternis«) abgeschlossen hatte, verließ Stein wieder diese ungastlichen Höhen, wo, wie er sagte, »die extreme Unfruchtbarkeit der Natur der Geschichte keine Chance geboten hat, ihre Spuren zu hinterlassen«. In Khotan erwarteten ihn bereits die Kundschafter, die während seiner einmonatigen Abwesenheit die Wüste durchstreift hatten, mit ihren Entdeckungen. Ein Mann, der nicht an ihn herangetreten war, berichtet Stein etwas hämisch, war Khotans berühmtester Schatzsucher: Islam Akhun. Er schien sogar die Stadt in großer Eile verlassen zu haben. Ein altes Buch jedoch, das angeblich durch seine Hände gegangen war, wurde Stein zum Kauf angeboten. Als dieser es dem »Wassertest« unterzog, genügte es, daß er es mit seinen nassen Fingern berührte, um die »unbekannten Schriftzeichen« fortzuwischen. Überdies erkannte Steins geübter Blick, daß es gewissen Büchern der Sammlung Hoernles in Kalkutta verdächtig ähnlich sah.

Der Schatzsucher, dessen Entdeckungen Stein am meisten in Aufregung versetzten, war Turdi, ein alter Kenner der Taklamakan, der, wie schon sein Vater vor ihm, seit 30 Jahren in den alten Ruinen nach Gold grub. Er legte ihm einige Fragmente von Fresken mit indischen Brahmi-Schriftzeichen und von Stuckreliefs vor, die eindeutig buddhistischen Ursprungs waren, sowie ein altes Stück Papier mit einer zentralasiatischen Variante der Brahmi-Kursivschrift. Als Stein ihn eingehend nach dem Fundort seiner »Warenproben« befragte, erklärte Turdi, dieser läge etwa neun bis zehn Tagesmärsche nordöstlich von Khotan tief in der Taklamakan.

Obwohl der alte Schatzsucher die Stätte Dandan-uilik oder »Ort der Häuser mit Elfenbein« nannte, glaubte Stein aufgrund seiner Ortsbeschreibung, daß es sich um Hedins »Taklamakan« handeln müsse. Zudem wußte er, daß Hedin, der dort nur einen

Tag lang oberflächliche Grabungen durchgeführt hatte, dabei auf Spuren der untergegangenen buddhistischen Zivilisation gestoßen war, die zu finden er gekommen war. Wieviel mehr mochte er als Archäologe im Verlauf einer fachmännischen und gründlichen Ausgrabung zutage fördern? Stein beschloß, das geheimnisvolle Dandan-uilik zum Ziel seines ersten Erkundungsvorstoßes in diese unfruchtbare Wildnis zu machen, die ein ganzes Kapitel der Geschichte des kaiserlichen China verschlungen hatte. Sofort begann er mit seinen Vorbereitungen für einen Winter in der Taklamakan.

6. Kapitel

STEIN MACHT REICHE FUNDE

Die Expedition erreichte Dandan-uilik mit seinen »gespenstischen Ruinen« nach elftägigem Marsch, der die letzten sechs Tage
über den gefrorenen Boden der Taklamakan führte. Am Tage
stieg die Temperatur nie über den Gefrierpunkt und in der Nacht
fiel sie manchmal bis auf zehn Grad unter Null. Sogar in seinem
geheizten Zelt konnte Stein nicht mehr arbeiten, wenn das Thermometer unter sechs Grad fiel. Auch mit dem Schlafen hatte er
Probleme. Er schrieb: »Es war unangenehm, mit hartgefrorenem
Schnurrbart aufzuwachen, weil der feuchte Atem darüber hin-
weggegangen war.« Schließlich mußte er sich damit helfen, daß er
sich seinen Pelzmantel über den Kopf zog und durch den Ärmel
atmete.

Im Dorf Atbaschi, der letzten Oase am Rande der Taklamakan,
hatte er 30 Arbeiter angeworben, von denen jeder seine eigene
ketman, die landesübliche Hacke, mitbrachte. Verständlicherweise hatten die Männer zunächst Bedenken, sich in die Wüste
hinauszuwagen, denn unter anderem fürchteten sie sich vor den
jin, den Dämonen. Doch das Drängen seitens ihres Führers, der
verlockend hohe Lohn und die ermutigenden Berichte über das
Leben in der Wüste, die sie von Turdi und zwei anderen alten
Wüstenfüchsen hörten, die Stein begleiten sollten, veranlaßten sie
schließlich, ihre Meinung zu ändern. Doch bevor sie aufbrachen,
stattete Stein sie mit der wärmsten Winterkleidung aus, die sich
am Ort auftreiben ließ.

Je tiefer die Karawane in die Wüste kam, desto schwerer fiel es
Menschen und Tieren, in dem weichen Sand voranzukommen, in
dem die Füße bis zu den Knöcheln versanken. Schwer beladen,
wie sie waren, schafften sie nur zweieinhalb Kilometer in der
Stunde und legten daher am Tage kaum mehr als 16 Kilometer
zurück. Eine Woche vor Weihnachten erreichten sie endlich

Dandan-uilik »inmitten einer eigenartigen, von Tod und Einsamkeit gezeichneten Umgebung«. Auf den ersten Blick erkannte Stein, daß vor ihm schon andere Schatzsucher hier gewesen waren, denn offensichtlich war hier bereits erheblicher Schaden angerichtet worden. (Vielleicht zählte er auch Hedin zu ihnen, war jedoch taktvoll genug, dies nicht zu sagen). Turdi gab zu, schon einige Male hier gewesen zu sein, obwohl er das, was er eigentlich gesucht hatte, noch nicht hatte finden können – Gold. Stein ließ sich dadurch aber nicht im geringsten abschrecken. Er wußte, daß solch kleine Gruppen auf ihren Beutezügen nicht über die Mittel verfügten, sich länger als einen oder zwei Tage an einem so gottverlassenen Ort aufzuhalten. Sie hatten sich bei ihren Grabungen auf die aus dem Sand ragenden Ruinen beschränkt, aber nicht versucht, die unter den Dünen liegenden Gebäude freizulegen. Hier war es für Stein von unschätzbarem Wert, daß Turdi die örtlichen Gegebenheiten genau kannte, denn er konnte ihm zeigen, welche Gebäude noch nicht geplündert worden waren.

Das vordringlichste Problem für Stein war es jetzt, dafür zu sorgen, daß seine Männer trotz ihrer warmen Bekleidung bei Nachtfrost nicht erfroren. Irgendwo mußte Brennmaterial gefunden werden. Zum Glück gab es ganz in der Nähe jahrhundertealtes Holz von den Obstbäumen, die einst in dieser Totenstadt geblüht hatten. Nachdem er das Lager aufgeschlagen hatte, schickte er die Kamele an den drei Tagereisen ostwärts gelegenen Keriya-daria, wo sie Futter finden und sich für die bevorstehenden Märsche stärken konnten.

Die Ausgrabungen begannen am nächsten Morgen, denn jede Minute war kostbar. Auf diesen Augenblick hatte Stein seit Jahren gewartet und das Unternehmen sorgfältig vorbereitet. Hier in Dandan-uilik, seiner ersten Grabungsstätte in der Taklamakan, mußten sich seine Theorien, Kenntnisse und Fähigkeiten bewähren. Er begann mit seiner Arbeit an der Ruine eines kleinen quadratischen Gebäudes unmittelbar südlich des Lagerplatzes. Turdi hatte vor langer Zeit hier gegraben und sagte ihm, es sei ein *but-khana,* ein »Haus der Götzenbilder«. Doch Stein kam es zunächst nicht so sehr darauf an, in diesem ersten Gebäude

Altertümer zu finden, sondern wollte sich mit dem Grundriß und der Architektur solcher Heiligtümer vertraut machen.

Seine Biographin, Jeannette Mirsky, erklärt: »Dandan-uilik war das Klassenzimmer, in dem Stein die Grundbegriffe zum Verständnis der alten, im Sand begrabenen Kultstätten und Häuser lernte; hier erfuhr er etwas über ihre typischen Grundrisse, ihre Bauweise und Ausschmückung sowie die darin zu findenden Kunstwerke und konnte eine gewisse Vorstellung von den kultischen Praktiken der damaligen Zeit gewinnen. Es war für ihn auch ein Laboratorium, in dem er die Techniken entwickelte, die sich am besten für das Ausgraben von Ruinen eigneten, die von Sand bedeckt waren – von Sand so fließend wie Wasser und ebenso rasch wieder hineinströmend, wie die Grabenden ihn hinauswarfen. Noch niemand hatte unter ähnlichen Umständen Ausgrabungen vorgenommen und Erfahrungen gesammelt, nach denen er sich hätte richten können, und er verfügte über keine Arbeitskräfte, die archäologisch geschult die Methoden und Ziele solcher Unternehmungen kannten und dabei die notwendige Vorsicht walten ließen ... So tastete er sich vom Leichten zum Schwierigen voran, von dem, was er mit Sicherheit zu finden erwartete, zu den Entdeckungen, die zu erhoffen er nicht gewagt hatte. Seine Methode war daher behutsam und experimentell zugleich.«

Trotz seiner Behutsamkeit, und obwohl der Tempel schon geplündert worden war, brachten bereits die Grabungen des ersten Tages einen ständigen Strom buddhistischer Wandgemälde und Stuckreliefs ans Licht. Jedes dieser Kunstwerke wurde sorgfältig an Ort und Stelle fotografiert, bevor es von seinem Platz entfernt und mit detaillierten Angaben über die Fundstelle beschriftet wurde. Insgesamt wurden auf diese Weise 150 Funde für die lange und gefahrvolle Reise in das Britische Museum nach London vorbereitet. Am folgenden Tag wandte sich Stein einer kleinen Gruppe von Gebäuden zu, die unter einer etwa 2,5 Meter dicken Sandschicht begraben waren. Auch hier entdeckte er Wandgemälde, von denen die meisten jedoch so brüchig waren, daß sie sich nicht abnehmen ließen. Doch bis jetzt waren bis auf einen kleinen Fetzen Papier noch keine Handschriften zum Vorschein gekommen. Doch gerade diese mit ihren aufschlußreichen Daten waren es, die Stein vor allem finden wollte. Deshalb setzte er wie Hedin für den Mann, der als erster eine entdeckte, eine Belohnung in Silbergeld aus. Nach weniger als einer Stunde hörte er den aufgeregten Ruf »khat!« – das turktartarische Wort für »Schrift«.

Der Fund war ein längliches Blatt alten Papiers mit einer Inschrift in einer nicht-indischen Sprache. Es war, wie sich später herausstellte, ein einzelnes Blatt aus einem *pothi*, einer typisch indischen Handschriftenform, bei der eine Anzahl von Blättern zusammengelegt, mit einem kreisrunden Loch versehen und mit einer Schnur zusammengebunden werden. Von nun an kamen in rascher Folge immer neue Handschriften zum Vorschein, ausnahmslos Sanskrittexte aus dem buddhistischen Kanon. Einige von ihnen stammten augenscheinlich aus dem 5. und 6. Jahrhundert. Stein erkannte sehr bald, daß das Gebäude, das sie vom Sand befreiten, eine ganze Bibliothek beherbergen mußte, wahrscheinlich die eines buddhistischen Klosters.

Ein Rätsel war es allerdings, wie diese Handschriften in einen Raum gekommen waren, der, wie andere Einrichtungsgegenstände zeigten, eine Küche war. Außerdem lagen sie im lockeren Sand ein ganzes Stück *über* dem eigentlichen Fußboden. Dafür gab es nur eine mögliche Erklärung: Sie mußten aus einem darübergelegenen Raum – der Bibliothek eines kleinen Klosters – in die darunterliegende Küche gefallen sein, nachdem das obere Stockwerk lange zuvor durch Wind und Sand zerstört worden war.

Am ersten Weihnachtsfeiertag 1900 begann er, an einer 800 Meter nordöstlich seines Lagers gelegenen Gruppe mit Sand gefüllter Gebäude zu arbeiten, offenbar einer Tempelanlage. Obwohl man deutlich erkennen konnte, daß diese Ruinen schon von Schatzsuchern heimgesucht worden waren, wußte er intuitiv, daß hier durch sorgfältige Ausgrabungsarbeiten noch wertvolle Entdeckungen zu machen waren, was dann auch wirklich der Fall war. Zuerst kamen zwei auf Holz gemalte Bilder zum Vorschein. Das größere zeigte, nachdem es Monate später im Britischen Museum von seiner Sandkruste gereinigt worden war, eine menschliche Figur mit dem Kopf einer Ratte, die ein Diadem trug und zwischen zwei anderen Gestalten saß. Es handelte sich eindeutig um eine Darstellung des Königs der heiligen Ratten, die Khotan gerettet hatten.

Die nächsten Funde waren zwei Papierstreifen mit Schriftzeichen, die Stein sofort als eine »spezielle Kursivform der Brahmischrift« erkannte, wie er sie schon in der Sammlung von Dr. Hoernle gesehen hatte. Sehr bald fanden sich im trockenen Sand weitere ähnliche Papiere. Mit seinen von der Kälte steifen Fingern glättete Stein die zerknitterten Dokumente. Eine oberflächliche Prüfung ergab – was Dr. Hoernle später bestätigte – eine offensichtliche Verbindung zwischen ihnen und ähnlichen Handschriften der Sammlung in Kalkutta. Stein hielt es für sehr wahrscheinlich, daß die letzteren zu den Funden gehörten, die Turdi bei seinen früheren Besuchen in Dandan-uilik gemacht hatte. Eine eingehende Untersuchung der verblichenen, dünnen Blätter zeigte, daß es Aufzeichnungen offizieller und privater Geschäfte aus dem 8. Jahrhundert waren, unter anderem Schuldscheine und Beschlagnahmeverfügungen.

Der Weihnachtstag brachte aber noch weitere Überraschungen, darunter die Entdeckung einiger in chinesischer Sprache abgefaßte Dokumente. Eines von ihnen enthielt, wie sich herausstellte, als sie später von Macartney übersetzt wurden, die Bitte um die Wiederbeschaffung eines Esels. Er war an zwei Männer ausgeliehen worden, die ihn nach zehn Monaten noch nicht zurückgegeben hatten und offenbar selbst verschwunden waren. Doch wichtiger war, daß das Schriftstück ein genaues Datum trug: der 6. Tag des 2. Monats im 16. Jahr der Dali-Periode, was dem Jahr 781 der christlichen Zeitrechnung entspricht. Der Ort, der in der Eingabe genannt war, konnte als Lixie, Liexie oder Liza gelesen werden. Das war höchstwahrscheinlich der ursprüngliche Name von Dandan-uilik. Andere, ähnliche Dokumente mit derselben Ortsbezeichnung befanden sich bereits in Kalkutta. Es war durchaus möglich, daß Turdi sie hier ausgegraben hatte, denn er erinnerte sich, ähnlich aussehende Dokumente mit chinesischen Schriftzeichen vor einigen Jahren in Dandan-uilik gefunden und an einen Händler in Khotan verkauft zu haben.

Steins letztes Abenteuer an jenem Weihnachtstag hätte – wäre Turdi nicht gewesen – leicht mit einer Katastrophe enden können. Als Stein gegen Abend mit seinen Männern wieder ins Lager zurückgehen wollte, fand er am Fuß einer Sanddüne eine chinesische Münze. Ihre Datierung zeigte, daß sie etwa 1200 Jahre alt war. Während seine Männer vorausgingen, blieb er zurück, um nach weiteren Münzen zu suchen. Über die folgenden Ereignisse heißt es in seinem Bericht: »Als ich nach einer Weile in der Dämmerung zurückkehren wollte, verfehlte ich den Weg, und nachdem ich etwa anderthalb Kilometer durch die niedrigen Dünen gewandert war, konnte ich mein Lager nicht mehr finden. Ich hörte keinen Laut, und es gab nichts, wonach ich mich hätte richten können.« Er erkannte, welche Gefahr ihm drohte, wenn er sich im Dunkeln verirrte, denn er hätte in der frostkalten Nacht erfrieren können. Deshalb ging er auf der eigenen Spur zurück, solange er sie noch sehen konnte. Plötzlich erkannte er einige alte Mauerreste, die aus dem Sand herausragten, als diejenigen wieder, die er vor einigen Tagen in ziemlicher Entfernung südöstlich von seinem Lager bemerkt hatte. »Im Vertrauen darauf, daß ich mich noch richtig an ihre Lage erinnerte, wendete ich mich nach rechts und ging auf einem Dünenkamm weiter, der, wie ich wußte, ungefähr von Nordwest nach Südost verlief. Ich kam nur langsam voran, hörte aber schließlich, wie meine Rufe von einigen meiner Männer erwidert wurden.« Turdi hatte, beunruhigt durch das lange Ausbleiben Steins, die Männer paarweise ausgeschickt, um nach ihm zu suchen. »Das schützende Zelt und der heiße Tee, der mich dort erwartete, waren mir nach diesem kleinen Zwischenfall doppelt willkommen«, heißt es dazu in dem stark untertreibenden Kommentar des erleichterten und dankbaren Stein.

Am folgenden Tag begann er mit der Ausgrabung der Ruinen, deren Auffinden ihm in der vergangenen Nacht das Leben gerettet hatte. In dem ersten vom Sand befreiten Gebäude, einem kleinen buddhistischen Tempel, kamen einige interessante Wandgemälde und bemalte Täfelungen sowie Fragmente weiterer Handschriften ans Licht. Bedeutender jedoch waren die Funde in den Räumen des Erdgeschosses des nächsten Hauses, das sie in Angriff nahmen. Hier zogen sie eine kleine Sammlung säuberlich zusammengerollter Dokumente in chinesischer Sprache aus dem trockenen Sand. Einige von ihnen waren von der Feuchtigkeit stark beschädigt, die viele Jahre, bevor die Wasserversorgung der Stadt ausgetrocknet war, durch den Lehmfußboden in den Raum eingedrungen sein mußte. Andere aber waren zum Glück noch gut erhalten. Sie wurden später von zwei der damals führenden Sinologen, Edouard Chavannes und Sir Robert Douglas übersetzt. Zwei dieser Dokumente waren Schuldscheine für kleine persönliche Darlehen – das eine Geld, das andere Getreide –, ausgestellt von einem gewissen Jianying, der als Priester des Klosters Huguo bezeichnet wurde. Die Namen der Schuldner wurden zusammen mit denen ihrer Bürgen ebenfalls genannt. Letztere hatten als Sicherheit ihren gesamten Haushalt und ihr Vieh verpfändet. Beide Dokumente waren auf dasselbe Jahr datiert: 782.

Stein weist ausdrücklich darauf hin, daß die chinesische Bezeichnung des Klosters (Huguo heißt wörtlich übersetzt »das Land schützend«) und die in einem dritten Dokument erwähnten chinesischen Namen der leitenden Priester »kaum einen Zweifel an der Volkszugehörigkeit der klösterlichen Gemeinschaft lassen«, und fügt hinzu: »Daß die Bevölkerung, die das Kloster unterhielt, nicht chinesisch war, ergibt sich eindeutig aus den … Namen der Schuldner und ihrer Bürgen.« Für Stein lag der Wert dieser Funde gerade in ihrer Trivialität. Er erklärt: »Es ist höchst unwahrscheinlich, daß diese ihrem Wesen und Material sowie ihrem Umfang nach unbedeutenden Dokumente aus einer Zeit sehr lange vor der endgültigen Aufgabe des Gebäudes stammen.« Sie alle waren auf die Jahre zwischen 782 bis 787 datiert, was vermuten ließ, daß Dandan-uilik gegen Ende des 8. Jahrhunderts aufgegeben wurde.

Im selben Gebäude, in dem die zusammengerollten Dokumente gefunden worden waren, fand Stein auch drei Holztafeln mit fein gemalten Bildern. Eines stellte einen Reiter auf einem Pferd dar, ein anderes einen auf einem zweihöckerigen Kamel sitzenden Mann. Nachdem er die Bilder vom Sand gereinigt hatte, erkannte Stein sofort ihre kunsthistorische Bedeutung. Dies war in der Tat der bisher klarste Beweis für die Richtigkeit seiner Theorien.

Zeichnung und Komposition bewiesen nicht nur das hohe künstlerische Niveau, das die Künstler entlang der Seidenstraße im 7. Jahrhundert bereits erreicht hatten, sondern die unverkennbare »Mischung« indischer, persischer und chinesischer Einflüsse war geradezu ein Schulbeispiel dafür, wie sich die serindische Kunst im Verlauf ihres allmählichen Vordringens nach Osten entwickelt hatte.

Stein beschreibt dieses exquisite kleine Gemälde wie folgt: »Der Reiter des Pferdes mit seinem edel geformten, jugendlichen Gesicht zeigt eine interessante Kombination indischer und chinesischer Züge: er trägt sein langes, schwarzes Haar in einem losen Knoten auf dem Scheitel zusammengebunden ... Die Füße stecken in hohen schwarzen Stiefeln mit Filzsohlen, ganz ähnlich denen, die noch heute von wohlhabenden Männern in Chinesisch-Turkestan getragen werden, und stehen in Steigbügeln ... Am Gürtel hängt ein langes, fast gerades Schwert, von einer Art, wie wir sie schon früh in Persien und anderen mohammedanischen Ländern des Ostens antreffen.« Über Zäumung und Sattelzeug schreibt er: »Wir hätten uns kein genaueres Bild über Zäumung und Sattelung von Pferden wünschen können, wie sie seit dem 8. Jahrhundert bis auf den heutigen Tag in ganz Turkestan üblich ist.«

Insgesamt legte Stein im Lauf von fast drei Wochen in Dandanuilik 14 Gebäude frei. Außerdem erstellte er von der ganzen Stätte einen genau vermessenen Lageplan, auf dem er auch die gespenstischen Obstgärten und Pappelalleen mit ihrem unheimlichen, halb im Sand begrabenen, zerborstenen Stämmen einzeichnete. Da und dort fand er Spuren alter Bewässerungskanäle, »die offensichtlich in der gleichen Weise konstruiert waren, wie es in dieser Gegend noch heute üblich ist«. Er kam zu dem Schluß, daß Dandan-uilik nicht infolge einer plötzlichen Katastrophe aufgegeben worden war, und gab zwei mögliche Erklärungen: Entweder hatten politische Unruhen zur Vernachlässigung des Bewässerungssystems des Gemeinwesens geführt – ohne das in dieser Gegend kein Leben möglich war –, oder die Flüsse, die jenes System speisten, waren im Lauf der Jahre versiegt, so daß die Bewohner keine andere Wahl hatten als die Siedlung aufzugeben. Er begründete seine Auffassung damit, daß alle archäologischen Zeugnisse auf eine

Aufgabe hindeuteten und nichts gefunden worden war, was die örtlichen Legenden bestätigte, denen zufolge die einst blühende Karawanenstadt ein ähnliches Ende gefunden habe, wie die biblischen Städte Sodom und Gomorrah.

Am 6. Januar 1901 machte sich Stein, nachdem er die Arbeiter entlohnt hatte, mit seiner mit Schätzen beladenen Karawane in östlicher Richtung auf den Weg durch die Wüste zum Fluß Keriya, dem er stromaufwärts bis zur Oase Keriya folgen wollte. Über Dandan-uilik, das seine schon lange gehegten Vermutungen über die Taklamakan in so großartiger Weise bestätigt hatte, schrieb er: »Mit gemischten Gefühlen sagte ich den schweigenden Sanddünen Lebewohl, zwischen denen ich während der vergangenen drei Wochen gearbeitet hatte. Sie hatten genug geliefert, um die meisten Fragen zu beantworten, die sich in bezug auf die seltsamen Ruinen stellen, zu deren Erhaltung sie beigetragen haben, und im Laufe meiner Wanderungen über diese sich sanft erhebenden Wellen aus Sand hatte ich diese schlichte Landschaft fast liebgewonnen. Nun sollte Dandan-uilik wieder in jene Einsamkeit versinken, die in tausend Jahren wahrscheinlich niemals so lange gestört worden ist wie während meines Besuchs.« Um den Fluß zu erreichen, mußte die Karawane eine ganze Reihe von *dawans* oder Sandhügeln überqueren, von denen manche eine Höhe von 50 Metern erreichten. Schließlich kamen sie an den Fluß mit seinem »glitzernden Eis« und wendeten sich nach Süden gegen die verhältnismäßig junge Oase Keriya, wo Stein hoffte, etwas von weiteren Ruinen in deren Umgebung zu erfahren.

Für den heutigen Archäologen, der bereit ist, Jahre seines Lebens der Arbeit an einer einzigen Ausgrabungsstätte zu widmen, wäre es undenkbar, wie Stein in rascher Folge von einer Grabung zur anderen zu ziehen. Man darf jedoch nicht vergessen, daß die wissenschaftliche Archäologie zu seiner Zeit noch in den Kinderschuhen steckte. Zudem konnten die Ausgrabungen in dieser unwirtlichen Gegend nie mehr sein als Blitzaktionen, deren Dauer durch die Menge des Proviants bestimmt wurde, den man mitnehmen konnte. Auch war Stein kein Schliemann, dem ein riesiges privates Vermögen zur Verfügung stand. Die geringeren Mittel, die er für seine Expeditionen brauchte, mußte er widerstrebenden Bürokraten abringen und ihnen nach seiner Rückkehr Rechenschaft ablegen. Überdies war er selbst Beamter, der nach einer bestimmten Zeit wieder an seinem Arbeitsplatz sein mußte, und deshalb war die Zeit von entscheidender Bedeutung. Nur wenn er ein möglichst großes Gebiet durchforschte und nachwies, daß sich in der Taklamakan aufsehenerregende Funde machen ließen, durfte er hoffen, für künftige Expeditionen Unterstützung zu bekommen.

Die Karawane legte in Keriya eine fünftägige Pause ein, wo sich Steins Terrier Dash die Feindschaft der dort lebenden Hunde zuzog. Stein schreibt: »Wir hatten nicht wenig Mühe, ihn vor den großen Dorfhunden zu schützen, die er immer wieder durch sein anmaßendes Verhalten provozierte.« Am Tag nach ihrer Ankunft hatte Stein bei seinen Nachforschungen von einer anderen Ruinenstadt in der Wüste nördlich von Niya, der nächsten größeren, ostwärts von Keriya gelegenen Oase an der Seidenstraße, gehört. Dieses Gerücht wurde von einem alten Mann bestätigt, der behauptete, vor etwa zehn Jahren selbst diese alten, halb im Sand begrabenen Ruinen gesehen zu haben.

Am 18. Januar brach Stein nach Niya auf. Er schreibt: »Knappe drei Kilometer außerhalb der Stadt befanden wir uns wieder im unfruchtbaren Sand, in den Ausläufern der großen, im Norden gelegenen Wüste.« In der selbst sehr alten Oase Niya fand er überraschend eine Bestätigung dafür, daß die etwa 110 Kilometer weiter nördlich gelegene Ruinenstadt, die er erkunden wollte, außerordentlich alt war. Einer seiner Männer kam mit einem Dorfbewohner ins Gespräch, der zwei mit Inschriften versehene Holztafeln besaß, die, wie er sagte, aus dieser *kone-shahr* oder »alten Stadt« stammten. Als er die Tafeln untersuchte, konnte Stein feststellen, daß sie in Kharoshthi beschrieben waren, einer alten Schrift, die einige Jahrhunderte vor und nach Beginn der christlichen Zeitrechnung im äußersten Nordwesten Indiens gebräuchlich war. Weitere Nachforschungen machten den Mann ausfindig, der sie dort im vergangenen Jahr in einem verfallenen Haus gefunden hatte, während er nach Schätzen grub. Er hatte mehrere solcher Holztafeln gefunden, einige von ihnen, darunter auch die beiden, die Stein zur Prüfung vorgelegt worden waren, fortgeworfen und die übrigen seinen Kindern zum Spielen gegeben. Stein gab dem Mann, der die beiden Tafeln am Straßenrand gefunden hatte, eine großzügige Belohnung – sehr zum Ärger Ibrahims, des Mannes, der sie ursprünglich gefunden hatte. Er warb aber Ibrahim als Führer an und versprach ihm eine hohe Belohnung, wenn er die Expedition zu den Ruinen führen würde, wo er die Tafeln gefunden hatte. Zugleich gab er jedoch seinen Leuten die Anweisung, Ibrahim nicht aus den Augen zu lassen, damit dieser sich nicht eines anderen besinne und sich aus dem Staube mache, um diese potentielle Goldader vielleicht für sich zu behalten. »Es war unmöglich gewesen«, erklärte Stein, »vor ihm zu verbergen, wie wertvoll diese Tafeln für mich waren, und … deshalb schien er zu bedauern, nicht selbst das große Geschäft mit ihnen gemacht zu haben.«

Nachdem die Karawane fünf Tage am zugefrorenen Fluß Niya entlanggezogen war, während sich hinter ihr am fernen Horizont der schneebedeckte Kunlun erhob, kamen die ersten beiden Häuserruinen in Sicht. Äußerlich waren sie den gespenstischen Mauerresten bei Dandan-uilik nicht unähnlich. Doch Stein erkannte sehr bald, daß diese alte Siedlung (die, wie sich später herausstellte, ebenfalls Niya hieß, obwohl sie weit nördlich der heutigen Stadt gleichen Namens lag) sehr viel älter war. Das ergab sich aus dem Stil einiger feiner Holzschnitzereien, auf die er in einem der Häuser stieß und bei denen deutlich der frühe Gandhāra-Einfluß erkennbar war.

Am Ende des ersten Tages war Stein überzeugt, daß Ibrahim ihn an die richtige Stelle geführt hatte. Allein in einem Raum fanden sich 85 mit Inschriften versehene Holztafeln, und in anderen Räumen kamen, nachdem der Sand hinausgeschafft worden war, zahlreiche weitere Tafeln zum Vorschein. Die meisten waren sehr gut erhalten. Daß es sich um Holztafeln handelte, war insofern von Bedeutung, als das im Jahr 105 vor Christus in China erfundene Papier zu jener Zeit noch nicht bis nach Turkestan gelangt war. Die meist keilförmigen Tafeln waren 16 bis 35 Zentimeter lang und paarweise mit einer Schnur zusammengebunden. Wo die Paare zusammengeblieben waren und die Kharoshthi-Texte auf den Innenseiten einander gegenüber lagen, sah die schwarze Tusche so frisch aus, als sei sie eben erst aufgetragen worden. Die Außenseite trug wie ein moderner Briefumschlag nur einen kurzen Text, den Namen des Adressaten. An einigen Tafeln waren Tonsiegel angebracht, deren geheimnisvolle Bedeutung erst später erkannt werden sollte. Nachdem Stein noch am gleichen Abend in seinem Zelt eine Anzahl der geheimnisvollen Dokumente geprüft hatte, kam er zu dem Schluß, daß es sich wahrscheinlich um offizielle Anordnungen oder Briefe in einem frühindischen Prakrit-Dialekt handelte, jedoch unter Verwendung der Kharoshthi-Schrift.

Nun wendete Stein seine Aufmerksamkeit den ersten beiden Häusern zu, an denen die Karawane bei ihrem Eintreffen vorübergekommen war. Während der folgenden Tage legten seine Leute, unterstützt durch Arbeitskräfte aus dem nächsten weiter südlich gelegenen Dorf, eine Anzahl interessanter Gegenstände frei, darunter auch einen schön geschnitzten Schemel, den man heute im Britischen Museum besichtigen kann. Zu den in diesen und anderen Häusern gemachten Funden gehörten eine alte Mausefalle, ein Schusterleisten, ein kräftiger Spazierstock, das Bruchstück einer Gitarre, ein noch verwendungsfähiger Bogen, ein weiterer geschnitzter Schemel, ein Stück Teppich mit einem komplizierten geometrischen Muster in harmonisch aufeinander abgestimmten Farben und viele andere im Haushalt benötigte Gebrauchsgegenstände. Doch ebenso wie in Dandan-uilik fand Stein wenige Gegenstände von mehr als nur historischem Wert. Er vermutete deshalb, daß auch diese Siedlung allmählich und nicht infolge irgendeiner Katastrophe verlassen worden war, so daß die Einwohner genügend Zeit gehabt hatten, ihre Wertsachen mitzunehmen. An diese Möglichkeit hatten die einheimischen Schatzsucher offenbar nie gedacht, die die Hoffnung nicht aufgaben, in den Ruinen in aller Eile zurückgelassenes Gold oder andere Wertgegenstände zu finden.

Während der Ausgrabung der beiden alleinstehenden Häuser wurde sich Stein plötzlich der Tatsache bewußt, daß er mitten in einem alten *bostan,* einem Garten, stand. Die seit Jahrhunderten abgestorbenen Pappelstämme ragten zweieinhalb bis drei Meter aus dem Sand heraus und bildeten Alleen und kleine quadratische

Plätze. Er schrieb: »Mit eigenartigen Empfindungen, die mir fast jedes Zeitgefühl nahmen, ging ich zwischen zwei parallellaufenden, aus Binsen geflochtenen Zäunen entlang, die noch heute einen kleinen Feldweg begrenzen, wie sie es vor fast 1700 Jahren getan haben.« Unter dem Sand neben den toten Stämmen der Silberpappeln fanden seine Arbeiter die Reste von Obstbäumen, darunter Apfel-, Pflaumen-, Pfirsich-, Aprikosen- und Maulbeerbäume, deren Hölzer sie von ihren eigenen Dörfern her kannten.

Anschließend verlegte Stein seine Grabungsarbeiten in ein Gebiet etwa drei Kilometer nördlich seines Lagers, denn dort hatte er über eine mehrere Quadratkilometer große Fläche verstreut, ein halbes Dutzend weiterer Gruppen verfallener Gebäude entdeckt. Auf dem Sand in der Umgebung einer dieser Ruinen fand er einige Holztafeln, deren Inschrift von der Sonne ausgebleicht war. Er beschloß, an dieser Stelle zu graben, und bald kam ein schmales Holzbrettchen mit chinesischen Schriftzeichen zum Vorschein. Es dauerte nicht lange, bis er feststellen konnte, worauf er gestoßen war – auf einen alten Abfallhaufen. »Während dreier langer Arbeitstage«, schrieb Stein später, »mußte ich diese auch nach so vielen Jahrhunderten noch ätzenden Gerüche einatmen und dazu noch reichliche Mengen antiker Mikroben schlukken, die zum Glück nicht mehr am Leben waren.« Während er sich immer tiefer in diesen Morast aus Tonscherben, Lumpen, Stroh, Lederresten »und anderen, weniger appetitlichem Abfall« hineinarbeitete, stieß er auf immer neue Lagen beschriebener Holztäfelchen.

Mit vor Kälte erstarrten Fingern und obwohl ihm der Wind den üblen Geruch aus dem Abfallhaufen ins Gesicht blies, hielt Stein gewissenhaft fest, in welcher Schicht jedes einzelne der insgesamt 200 Stücke gelegen hatte. So unangenehm diese Arbeit auch war, sie war notwendig, damit die Texte von denen, deren Aufgabe es sein würde, sie zu übersetzen, chronologisch geordnet werden konnten. Außer den Holztafeln fand Stein auch zwei Dutzend säuberlich gefaltete, auf Leder geschriebene Kharoshthi-Dokumente. Es waren, wie er feststellte, irgendwelche offiziellen Urkunden. Die meisten von ihnen waren datiert, bedauerlicherweise nur mit der Angabe des Monats und des Tages.

An einigen der Holztäfelchen waren Tonsiegel angebracht, so wie an manchen von denen, die er am ersten Tag gefunden hatte. Als er das erste dieser Siegel gereinigt hatte, war Stein erstaunt, darauf die Figur der Pallas Athene mit Schild und Donnerkeil zu erkennen. Andere Siegel stellten ebenfalls griechische Gottheiten dar, darunter einen stehenden und einen sitzenden Eros, Herakles und eine weitere Athene. Einige Siegel zeigten die Porträtköpfe von Männern und Frauen mit barbarischen Gesichtszügen, aber ausgeführt im klassischen Stil. Hier zeigte sich deutlich, wie die westliche Ikonographie auf der Seidenstraße nach Osten bis in diesen abgelegenen Winkel Zentralasiens vorgedrungen war. Als sollte damit die Verschmelzung von Ost und West symbolisiert werden, trug einer dieser hölzernen »Briefumschläge« zwei Siegel. Eines von ihnen war seiner chinesischen Inschrift zufolge das des chinesischen politischen Beamten, der den weit im Osten gelegenen Bezirk Lop verwaltete. Das andere zeigte einen Porträtkopf im klassischen westlichen Stil.

Diese reiche Ausbeute an Dokumenten, die noch heute von Gelehrten untersucht und ausgewertet werden, bestand aus Meldungen und Anweisungen an örtliche Beamte und Polizeibehörden. Dabei handelte es sich um Beschwerden, Vorladungen, Befehle für sicheres Geleit, Haftbefehle, Namenslisten von Arbeitern, Abrechnungen und andere Urkunden, die sich auf Angelegenheiten des täglichen Lebens in diesem längst untergegangenen Gemeinwesen bezogen. Wie Stein vermutet hatte, waren sie alle in einem frühindischen Prakrit-Dialekt mit Kharoshthi-Schrift verfaßt. In Indien hat man bis heute noch keine das tägliche Leben betreffenden Dokumente aus so früher Zeit gefunden. Ihre Entdeckung verleiht vielleicht einer von Xuanzang erwähnten und auch in alten tibetischen Texten gefundenen örtlichen Überlieferung eine gewisse Glaubwürdigkeit, der zufolge das Gebiet um Khotan etwa 200 Jahre vor Christi Geburt von Indern aus Taxila (im heutigen Pakistan) erobert und kolonisiert worden war. Zahlreiche hier gefundene Münzen aus der späteren Han-Dynastie – die 220 nach Christus zusammenbrach – und ein genau datiertes Dokument aus dem Jahr 269, als der Zweite Kaiser Wudi die »westlichen Regionen« beherrschte, führten Stein zu dem Schluß, daß dieser Ort wenig später aufgegeben wurde. Er schreibt: »Große politische und wirtschaftliche Wirren müssen den Rückzug der chinesischen Verwaltung aus diesem Gebiet begleitet haben, und man ist versucht, die endgültige Aufgabe dieses Ortes direkt oder indirekt damit in Verbindung zu bringen.«

Obwohl zahlreiche Ruinen ihre Geheimnisse noch nicht preisgegeben hatten, waren Stein und seine Männer völlig erschöpft, nachdem sie 16 Tage ununterbrochen in der bitteren Kälte des Winters der Taklamakan gegraben hatten. Es überraschte ihn daher nicht, als die Männer, die er ausschickte, um hinter den Sanddünen nach weiteren unentdeckten Häuserresten zu suchen, »aus offensichtlich ganz persönlichen Gründen« nichts mehr fanden. Da jedoch die Zeit der Sandstürme unmittelbar bevorstand, wußte er, daß es Zeit war, weiterzuziehen, denn er hatte in Niya noch von einer weiteren Ruinenstadt gehört, die etwas weiter weg an der Seidenstraße liegen sollte und die er erkunden wollte, bevor er sich mit seinen vielen Schätzen auf den Heimweg machte.

Am 13. Februar verließ er die Ausgrabungsstätte von Niya und zog quer durch die Wüste weiter nach Osten zum Endere, einem weiteren der vom Schmelzwasser gespeisten Flüsse, die sich in die durstige Taklamakan ergossen. Die neue Ruinenstadt lag, wie man ihm gesagt hatte, am jenseitigen Ufer dieses Flusses. Nachdem Stein den zugefrorenen Wasserlauf erreicht und überquert hatte, bot sich ihm ein mittlerweile schon vertrauter Anblick: verwitterte Holzpfosten ragten reihenweise aus dem Sand und zeigten an, daß es in dieser Einöde einst ein blühendes Gemeinwesen gegeben hatte. Außerdem waren einige der verfallenen Gebäude von einem etwa fünf Meter hohen und an seiner Basis zehn Meter dicken Schutzwall aus Lehm umgeben, der von einer 1,7 Meter hohen Brustwehr aus Lehmziegeln gekrönt wurde. Offenbar handelte es sich um eine Verteidigungsanlage – aber gegen wen? Während Stein darüber nachdachte, trafen seine in dem etwa 200 Kilometer entfernten Niya angeworbenen Arbeiter ein. Wie gewöhnlich hatte sich seine peinlich genaue Planung bezahlt gemacht, und er konnte sofort mit der Arbeit beginnen.

Während der folgenden sieben Tage wurden vom frühen Morgen bis zum späten Abend – bei Dunkelheit ließ Stein Holzfeuer anzünden – intensive Grabungen durchgeführt.

Man brauchte fast zwei Tage, um die Ruine eines ehemaligen buddhistischen Tempels freizulegen, der innerhalb des alten Schutzwalls stand. Hier fand Stein zwischen den zerbröckelten Überresten lebensgroßer Stuckfiguren tibetische Handschriften, welche später von Fachgelehrten als die ältesten bekannten Beispiele tibetischer Schrift identifiziert werden sollten. Auf festem gelbem Papier geschrieben erwiesen sie sich bei den später in London angestellten Untersuchungen als heilige buddhistische Texte. An den Wänden des Gebäudes fand Stein zudem Graffiti in tibetischer Sprache, die er sorgfältig fotografierte.

Rätsel gab ihm eine weitere, diesmal chinesische Inschrift auf. Sie verzeichnete den Besuch eines chinesischen Verwaltungsbeamten im Jahr 719. Doch der buddhistische Reisende Xuanzang, der etwa siebzig Jahre zuvor hier vorübergekommen war, hatte berichtet, auf seinem zehntägigen Marsch keinen einzigen bewohnten Ort gesehen zu haben. Genau an der Stelle, wo Stein jetzt Grabungen vornahm (der Ort ist heute bekannt unter dem Namen Endere), befand sich nach den Angaben von Xuanzang eine verlassene Siedlung. Bei einem späteren Besuch sollte Stein das Rätsel lösen: In einem alten Abfallhaufen fand er den Beweis, daß Endere, nachdem man es mehrere Jahrhunderte lang der Wüste überlassen hatte, wieder von den Chinesen besetzt worden war – aber erst einige Zeit nach dem Besuch von Xuanzang. Der kreisförmige Schutzwall war offensichtlich zum Schutz vor den Angriffen der kriegerischen Tibeter errichtet worden. Die tibetischen Graffiti innerhalb des Schutzwalles bezeugen die Tatsache, die aus der chinesischen Geschichtsschreibung bereits bekannt war, nämlich daß die wilden Tibeter die Chinesen gegen Ende des 8. Jahrhunderts aus diesem Gebiet vertrieben haben.

In Endere hatte Stein den östlichsten Punkt seiner ersten Reise entlang der Seidenstraße erreicht. Begeistert von der reichen Ausbeute und den neuen Erkenntnissen, die er gewonnen hatte, wußte er, daß es nun Zeit für die Heimreise war. Aber er hatte es nicht eilig, und es gab noch einige Orte, die er unterwegs aufsuchen wollte. In Keriya hörte er, daß in den Oasen bereits die wildesten Gerüchte über seine Funde in den von ihm besuchten untergegangenen Wüstenstädten kursierten. Man erzählte sich, seine Kamele kämen schwer mit Gold und anderen Wertgegenständen beladen zurück. Zum Glück konnte Stein den örtlichen *amban* davon überzeugen, daß es sich bei seinen »Schätzen« um ganz andere Dinge handelte, als er ihm einige der Kharoshthi-Dokumente zeigte.

Sein nächstes Ziel war die Ruinenstadt Karadong. Sie lag weit draußen in der Taklamakan an der »Mündung« des Keriya-daria. Stein wußte von ihr aus Sven Hedins Buch *Durch Asiens Wüsten*. Die Reise dorthin war besonders unangenehm, denn inzwischen hatten die Sandstürme mit unerwarteter Heftigkeit eingesetzt. Wie Stein feststellen mußte, boten selbst Schutzbrillen kaum Schutz vor dem Staub und Sand, der überall eindrang. Schließlich sah er sich gezwungen, Schutz zu suchen, da er den Weg nicht mehr erkennen konnte, und schickte seine einheimischen Führer voraus mit dem Auftrag, die Ruinen zu suchen. Bald kehrte einer von ihnen mit einer alten Tonscherbe zurück und meldete, die Ruinenstadt läge etwa viereinhalb Kilometer weiter westlich. Doch Karadong war eine Enttäuschung und einer der wenigen Mißerfolge Steins. Obwohl er und seine Männer zwei Tage unermüdlich gruben, fanden sie nichts von Bedeutung mit Ausnahme kleiner Mengen von altem Weizen, Reis, Hafer und einer Art Getreidebrei, dessen sich Stein als Klebstoff für Briefumschläge bediente. Die meisten Gebäude waren durch die, wie er sagte, »gewaltige Kraft der Erosion« vollkommen zerstört, und zwar schon lange bevor sie unter dem schützenden Wüstensand begraben wurden.

In *Sand-Buried Ruins of Khotan,* seinem Bericht über diese erste Expedition entlang der Seidenstraße, meint Stein, Karadong als alte Stadt zu bezeichnen »würde mehr Phantasie voraussetzen als ein Archäologe braucht, um glaubwürdig zu bleiben«. Das war wohl ein leichter Seitenhieb auf Hedin, der ihn veranlaßt hatte, diese vergebliche und dazu noch recht unangenehme Reise zu unternehmen. Bedenkt man, wieviel er Hedin zu verdanken hatte (beispielsweise seine Anfangserfolge in Dandan-uilik), dann erscheint diese Bemerkung irgendwie hartherzig, aber auch untypisch für Stein. Doch seine schlechte Laune sollte bald verfliegen, denn der nächste Ausgrabungsort, das großartige Rawak, entschädigte ihn für alles.

Beim Aufbruch von Karadong brachte ihm ein Bote Macartneys die Nachricht vom Tode der Königin Victoria. Zwar besaß er noch nicht offiziell die britische Staatsangehörigkeit, doch war er bereits ein treuer Diener des Empire. Königin Victoria war für ihn »unsere Königin und Kaiserin ... Die größte Herrscherin, die England gekannt hat, seit es sich über die Weltmeere auszubreiten begann«. Und Stein fügt hinzu: »Ich konnte sehen, daß mich meine beiden indischen Begleiter, an die ich die Nachricht weitergab, verstanden und auf ihre Weise die tiefe Rührung teilten, die mich erfüllte.«

Rawak liegt in der Wüste nördlich von Khotan. Der Name bedeutet »hohes Herrenhaus«. Steins Führer hatte einfach von »einem alten Haus« gesprochen, das zur Hälfte im Sand begraben sei. Doch Stein erkannte auf den ersten Blick, daß es sich um einen großen, einsam zwischen den Sanddünen stehenden Stupa handelte. Es war das bei weitem eindrucksvollste Gebäude, das er bislang gesehen hatte. Große Teile lagen unter einer mehr als sieben Meter dicken Sandschicht begraben, andere Teile jedoch waren sichtbar. Zu seiner Überraschung erblickte Stein über den Boden verstreut Teile zerschlagener Köpfe von kolossalen Stuckfiguren, die offenbar von einheimischen Schatzgräbern auf der Suche nach verstecktem Gold beiseite geworfen worden waren. Er erkannte, daß er eine bedeutende historische Stätte gefunden hatte, und sandte sogleich einen Boten zum nächstgelegenen, einen Tagesmarsch entfernten Dorf mit der Bitte, ihm umgehend Arbeitskräfte zu schicken.

Während der folgenden neun Tage legten Stein und seine Männer eine Reihe riesiger Statuen nach der anderen frei, die den Buddha und verschiedene Bodhisattvas darstellten. Im ganzen fanden sie in den Dünen 91 solcher großen und zahlreiche kleinere Figuren, Nebengottheiten und Heiligen sowie eine Anzahl kleiner Fresken. Zu seinem Kummer mußte Stein erkennen, daß er ihrer Größe und ihres Zustandes wegen keine der überlebensgroßen Statuen mitnehmen konnte. Selbst wenn er vorher gewußt hätte, was er hier finden würde, und schon mit speziell angefertigten Kisten hergekommen wäre, hätte er diese massigen, aber empfindlichen Skulpturen unmöglich sicher nach Indien oder Europa bringen können. Er mußte sich damit zufriedengeben, sie zu fotografieren und ihre genaue Lage zu registrieren, wobei er feststellte, daß diese Kunstwerke dem frühen Gandhāra-Stil sehr nahe kamen.

Gewissenhaft begrub Stein die Statuen wieder in dem Sand, den er gerade in so mühevoller Arbeit hatte entfernen lassen. Er schrieb: »Es war eine traurige Pflicht, die ich hier erfüllen mußte, und sie erinnerte mich auf seltsame Weise an eine echte Beerdigung. Es bedeutete für mich fast eine Überwindung, zuzusehen, wie diese Statuen, die ich ans Licht gebracht hatte, eine nach der anderen wieder unter dem Leichentuch aus Sand verschwanden, das sie über so viele Jahrhunderte hinweg verborgen gehalten hatte.« Es erwies sich jedoch, daß seine Bemühungen, diese erstaunlichen Kunstwerke vor der Zerstörung zu bewahren, die in dieser völlig verlassenen und unfruchtbaren Gegend etwa 1500 Jahre überlebt hatten, vergeblich waren. Stein hatte gehofft, eines Tages werde Khotan sein eigenes Museum haben, das diese Skulpturen in seine Obhut nehmen könnte. Als er jedoch fünf Jahre später nach Rawak zurückkehrte, erfuhr er zu seinem Kummer, daß chinesische Grabräuber in den Stupa eingedrungen waren und alle Skulpturen zerschlagen hatten, weil sie glaubten, es seien vielleicht Schätze darin verborgen.

Steins erste Expedition nach Chinesisch-Turkestan war nun zu Ende. Obwohl es erst April war, herrschte in der Wüste bereits eine solche Hitze, daß es unmöglich war, die Arbeit fortzusetzen. Aber bevor er sich mit seinen mit Kunstwerken und historischen Dokumenten beladenen Kamelen und Ponys auf den Heimweg machte, hatte er noch eine Aufgabe zu erfüllen. Ihr Ergebnis sollte die Orientalisten in helle Aufregung versetzen und vor allem einen von ihnen in eine äußerst peinliche Lage bringen. Zunächst aber wandte sich Stein nach Süden und zog bei glühender Hitze und erstickenden Staubstürmen durch die Wüste nach Khotan.

7. Kapitel

DIE ENTLARVUNG EINES FÄLSCHERS

Stein war entschlossen, bevor er sich auf die lange Reise begab, die ihn und seine Schätze nach London bringen sollte, ein für allemal die Wahrheit über Islam Akhun ans Licht zu bringen. Auch wenn er genügend Beweismittel in der Hand hatte, den Schatzsucher aus Khotan als Lügner zu brandmarken, und zudem bei seinen eigenen Ausgrabungen keinerlei Handschriften gefunden hatte, die Akhuns »unbekannte Schriftzeichen« aufwiesen, so war damit doch noch nicht schlüssig bewiesen, daß dessen »alte Bücher« Fälschungen waren oder daß er ein Fälscher war. Es gab nur eine Möglichkeit, dies herauszufinden. Stein mußte den Mann persönlich zur Rede stellen, »dessen Erzeugnisse«, wie er es formulierte, »unter den Gelehrten in Europa so viel Beachtung gefunden hatten«. Zunächst zog er den freundlichen und gebildeten chinesischen *amban* von Khotan, Pan-darin, ins Vertrauen. Stein schrieb: »Da es durchaus nicht unwahrscheinlich schien, daß Islam Akhun versuchen könnte, sich aus dem Staub zu machen, und da die Zeit drängte, bemühte ich mich darum, den gelehrten Mandarin von der Notwendigkeit eines raschen und umsichtigen Handelns zu überzeugen.«

Am Morgen des 25. April 1901 wurde Akhun von den Männern des *amban* in einem benachbarten Dorf aufgespürt, wo er den Winter über als *hakim* (einheimischer Arzt) praktiziert hatte. Völlig überrascht wurde er gefaßt und Stein vorgeführt, zusammen mit »einer kunterbunten Sammlung von Papieren«, die man bei ihm und in seinem Haus in Khotan gefunden hatte. Es überraschte Stein nicht, darunter Stücke künstlich gebleichten Papiers mit den ihm inzwischen vertrauten »unbekannten Schriftzeichen« zu finden. Trotz dieser ihn schwer belastenden Beweismittel beteuerte Akhun seine völlige Unschuld. »Das Verhör dieses verschlagenen Individuums erwies sich als langwierige

Angelegenheit«, schrieb Stein, »und zwei Tage hatte ich das Gefühl, die Luft eines indischen Gerichtshofs zu atmen.« Akhun verteidigte sich mit der Behauptung, er habe die Handschriften an Macartney und andere Leute in Kaschgar lediglich im Auftrag gewisser inzwischen verstorbener oder verschwundener Personen in Khotan verkauft, die ihm – zu Recht oder zu Unrecht – gesagt hätten, sie hätten sie in der Wüste entdeckt. Als er gemerkt habe, wie erpicht diese Europäer auf diese Bücher waren, habe er diese Personen einfach gebeten, ihm mehr davon zu beschaffen. Stein fügt hinzu: »Nun müsse er allein sich gegen den Vorwurf des Betrugs verteidigen – wenn es überhaupt ein solcher sei, jammerte er.«

Als verantwortlich dafür, daß er in diese peinliche Lage geraten war, bezeichnete Akhun zwei Männer mit Namen Muhammed Tari und Muhammed Siddiq, die nach Yarkand beziehungsweise nach Aksu geflohen seien, während ein dritter praktischerweise gestorben sei. Stein bemerkt dazu: »Das war eine schlaue Verteidigungstaktik, und Islam Akhun hielt an ihr mit der Beharrlichkeit und Umsicht eines Mannes fest, der bereits unerfreuliche Erfahrungen im Umgang mit den Gerichten gesammelt hat« – was auch der Fall war, denn Akhun war dafür, daß er sich als Bevollmächtigter Macartneys ausgegeben und andere Dorfbewohner erpreßt hatte, einmal mit Prügel und Gefängnis bestraft worden. Ein anderes Mal war er gezwungen worden, den gefürchteten großen Kragen aus schwerem Holz zu tragen, eine chinesische Strafe, die den Gefangenen daran hindert, ohne fremde Hilfe zu essen, weil er die Handschrift eines anderen Sahib gefälscht hatte, um zu Geld zu kommen.

Bevor Stein sein, wie er es nannte, »seltsames halb archäologisches und halb juristisches Verhör« begann, gab er Akhun sein persönliches Versprechen, die Angelegenheit nicht vor das Gericht des *amban* zu bringen, »... denn ich war mir bewußt, daß ein solcher Schritt in Übereinstimmung mit dem üblichen chinesischen Verfahren wahrscheinlich zur Anwendung wirksamer Methoden für die Erzwingung eines Geständnisses führen würde, das heißt zur Folter«. Stein fügte hinzu: »Das konnte ich natürlich nicht zulassen; auch konnte ein auf diese Weise erzwungenes

Geständnis keinen Wert für mich haben.« Aber wie sollte er Akhun zu dem Geständnis veranlassen, das er brauchte? Stein hielt noch einen Trumpf in der Hand – den Bericht Hoernles.

Zu seiner Verteidigung hatte Akhun immer wieder bestritten, selbst jemals einen der Orte besucht zu haben, von denen die Bücher angeblich stammten, und behauptet, nur seine drei Lieferanten seien dort gewesen. Er habe den jeweiligen Käufern bei der Übergabe der Funde nur gewisse Einzelheiten über diese Stätten mitgeteilt. Was er nicht wußte oder vielleicht vergessen hatte, war die Tatsache, daß Macartney seine oft recht lebendigen Schilderungen seiner eigenen Rolle bei diesen Beutezügen peinlich genau niedergeschrieben hatte. Diese sind dann wörtlich in Hoernles Bericht eingegangen, den Stein nun hervorzog. Als er begann, laut daraus vorzulesen, war Akhun sichtlich bestürzt. Er hätte nie daran gedacht, daß sich irgendjemand noch an die Geschichten erinnern würde, die er vor Jahren erzählt hatte, geschweige denn, daß sie für immer in einem offiziellen Dokument festgehalten sein könnten, das gegen ihn verwendet würde.

Nun brach Akhuns Verteidigung sehr rasch in sich zusammen. Zunächst räumte er ein, daß er gesehen habe, wie alte Bücher in einem verlassenen Heiligtum von drei Männern hergestellt worden seien, für die er sie dann verkauft habe. Aber schließlich mußte er erkennen, daß Stein ihn bereits als Lügner entlarvt hatte, und wurde immer gesprächiger. Am Ende gestand er alles. Bis 1894, erzählte er Stein, habe er nur mit Münzen, Siegeln und anderen Altertümern gehandelt, die er sich in den Dörfern in der Umgebung von Khotan besorgte. Doch dann habe er von afghanischen Kaufleuten von den hohen Preisen gehört, welche die Sahibs für die alten Bücher bezahlten, die Turdi und andere in Dandanuilik ausgegraben hatten. So habe er beschlossen, in dieses Geschäft einzusteigen. Stein schreibt: »Aber die Vorstellung, diese trostlosen Orte inmitten der Wüste aufzusuchen, dabei schwere Strapazen auf sich nehmen zu müssen und doch nur begrenzte Chancen zu haben, wirklich etwas zu finden, war für einen Mann mit solchen Geistesgaben wie Islam Akhun wenig verlockend.« So kam er auf den Gedanken, seine alten Handschriften selbst herzustellen.

Bald produzierten er und zumindest ein weiterer Partner in ihrer kleinen Fabrik einen steten Strom solcher Handschriften. Ihre besten Kunden waren die zwei Rivalen Macartney und Petrowski, die darauf erpicht waren, Altertümer zu kaufen – Macartney vor allem, nachdem Kalkutta seinen Vertretern in Zentralasien dahingehende Anweisungen erteilt hatte. Während sich nun Islam Akhun um den Engländer bemühte, belieferte einer seiner Partner, Ibrahim Mullah, den Russen. Ibrahim verfügte über oberflächliche russische Sprachkenntnisse, was sich (im nachhinein) an der Form einiger der unbekannten Schriftzeichen erkennen ließ, die von dieser unheiligen Allianz erfunden worden waren. Die Gelehrten hatten diese Verwandtschaft zwar bemerkt, aber angenommen, daß die an das Kyrillische erinnernden Schriftzeichen altgriechischen Ursprungs seien. Stein hätte gern auch Ibrahim Mullah vernommen und Akhun gegenübergestellt, aber der erstere war, als er von der Festnahme Akhuns erfuhr, wohlweislich aus Khotan verschwunden.

Das erste von den Fälschern geschriebene Manuskript wurde 1895 hergestellt und noch im selben Jahr verkauft. Wie Akhun bei seiner Vernehmung erzählte, hatte er zunächst versucht, die Brahmi-Kursivschrift zu imitieren, wie sie sich auf den echten Handschriften aus Dandan-uilik fand. Damit erzielten er und seine Partner in der Tat einen vollen Erfolg, denn viele dieser Fälschungen hatten ihren Weg in die Sammlungen der wichtigsten europäischen Museen gefunden, wo die Gelehrten noch immer an ihnen herumrätselten. Das Geschäft florierte, und die Partner gewannen Selbstvertrauen. In seinem Buch *Sand-Buried Ruins of Khotan* schreibt Stein: »Da Islam Akhun bald merkte, daß seine Bücher gern gekauft wurden, obwohl keiner der Europäer, die sie erwarben, die Schriftzeichen lesen oder sie von alten Schriften unterscheiden konnten, erübrigte es sich, sich die Mühe zu machen, die Zeichen echter Fragmente zu imitieren.« Jeder der Partner nahm sich deshalb die Freiheit, seine eigenen »unbekannten Schriftzeichen« zu erfinden. Stein fügt hinzu: »Das erklärt die verblüffende Vielfalt dieser seltsamen Schriftformen, von denen die Untersuchung der in der britischen Sammlung enthaltenen Texte einmal wenigstens ein Dutzend ergab – nicht gerade zur

Beruhigung der Orientalisten, die helfen sollten, sie zu entziffern.«

Akhun und seine Partner erkannten bald, daß sie die Nachfrage nicht befriedigen konnten, denn sie brauchten für die Herstellung dieser Fälschungen Zeit und mußten dabei sehr sorgfältig vorgehen. Deshalb beschlossen sie, die Produktion mit Hilfe der einzigen Technologie zu steigern, die ihnen zur Verfügung stand – das war der Blockdruck. 1896 stellten sie ihre ersten Blockbücher her. Sie waren damit so erfolgreich, daß 45 dieser Drucke in Dr. Hoernles wissenschaftlichem Bericht ausführlich beschrieben und abgebildet wurden. Stein schreibt: »Auch sie zeigten eine außergewöhnliche Vielfalt von Schriften in immer wiederkehrenden Ausformungen. Dazu waren diese Bücher oft erstaunlich dick und umfangreich.«

Nachdem seine Verteidigung einmal zusammengebrochen war, erhielt Stein von Akhun jede gewünschte Auskunft über die Arbeitsweise der seltsamen kleinen Fabrik in diesem entlegenen Winkel Chinas, der es so lange gelungen war, Hoernle und andere Wissenschaftler zu täuschen. Stein schreibt: »Er schien sogar zu genießen, daß ich mich so sehr dafür interessierte.« Das Papier, das sie verwendeten, erzählte er Stein, kauften sie am Ort. Es wurde dann mit *toghruga* gelb oder hellbraun gefärbt, einem Farbstoff, der aus einem in dieser Gegend wachsenden Baum gewonnen wird. Wenn die Schriftzeichen entweder mit der Hand oder im Blockdruckverfahren aufgetragen waren, wurden die Blätter über ein Feuer gehängt, »um ihnen durch den Rauch die rechte altertümliche Tönung zu geben«. Manchmal waren die Fälscher dabei zu unvorsichtig gewesen, denn Stein berichtet, einige Bücher der Sammlung in Kalkutta seien angesengt gewesen. Aber selbst dieser Umstand hatte Hoernle nicht mißtrauisch gemacht. Als nächstes wurden die einzelnen Blätter zusammengebunden. Wie das geschehen war, hätte die Frage der Echtheit der Bücher endgültig entscheiden müssen, denn die Fälscher imitierten dabei grob das Verfahren europäischer Buchbinder, besonders bei den späteren »Entdeckungen«. Aber auch diese Ungereimtheit vermochte Macartney, Petrowski, Hoernle und andere nicht davon zu überzeugen, daß sie getäuscht wurden. Abschließend wurden die Fälschungen, bevor sie nach Kaschgar gebracht und ihren ahnungslosen Käufern abgeboten wurden, gründlich mit dem feinen Sand der Taklamakan überzogen, um ihnen ein Aussehen zu geben, als ob sie in den vom Treibsand überwehten Ruinen gefunden worden seien. Stein berichtet: »Ich kann mich noch sehr gut daran erinnern, wie ich im Frühjahr 1898 einen dieser gefälschten Blockdrucke, der in die Hände eines Sammlers in Kaschmir gelangt war, mit der Kleiderbürste hatte bearbeiten müssen, bevor ich ihn untersuchen konnte.«

Stein hatte beschlossen, keinen Strafantrag gegen Akhun zu stellen, und hatte ihm das auch zugesagt, um ihn zu einem offenen Geständnis zu bewegen. Er war ohnedies der Meinung, daß die, welche den kaum des Lesens und Schreibens kundigen Fälschern ihre Produkte so gierig und unkritisch aus der Hand gerissen und sie dadurch in ihrem Tun ermutigt hatten, mindestens genauso zu tadeln waren, wie jene, denen sie auf den Leim gegangen waren. In *Sand-Buried Ruins of Khotan* nennt Stein keine Namen, aber es besteht kein Zweifel daran, daß sein Freund Macartney und der Russe Petrowski gemeint sind. Doch angesichts der wertvollen Zeit, die Hoernle und andere Gelehrte mit der Prüfung dieser wertlosen Arbeiten verschwendet hatten, war er doch ganz froh darüber, daß Akhun von den chinesischen Behörden bestraft worden war, wenn auch für andere Schurkereien.

Trotz allem war Stein offensichtlich von diesem ungewöhnlichen und unternehmungslustigen Gauner fasziniert. Stein bezeichnete ihn als »einen Mann von für jene Gegend erstaunlicher Intelligenz, der zudem über ein rasches Auffassungsvermögen und Humor verfügte«. Er vermutete, Akhun könnte vielleicht aus Kaschmir stammen, und glaubte, damit ließe sich seine Verschlagenheit erklären, und fügte hinzu: »Besonders amüsierten mich seine witzigen und schlagfertigen Bemerkungen über den ehrlichen alten Turdi, den er mit lächelnder Unverfrorenheit ein lebendes Beispiel dafür nannte, daß ›es in der Wüste nichts zu holen gibt‹ ...« Wie Stein erzählt, war Akhun tief beeindruckt zu sehen, wie genau seine Schöpfungen im Kupfertiefdruck des Hoernle-Berichts wiedergegeben waren, und interessierte sich lebhaft für diese Technik. Stein schreibt: »Ich zweifelte nicht daran, daß er sich sehr wohl bewußt war, welche großartigen

Möglichkeiten diese »Wilayeti« [städtische Kunst] einem Fälscher eröffnete. Wieviel stolzer wäre er gewesen, wenn er – wie ich einige Monate später – die vornehmen Einbände aus Saffianleder gesehen hätte, mit denen seine Blockdruck-Kodizes in einer bedeutenden europäischen Bibliothek geehrt worden waren!«

Stein war begierig, einige der hölzernen Druckstöcke zu bekommen, welche die Fälscher bei der Herstellung ihrer Bücher benutzt hatten, denn das wäre eine unwiderlegbare Bestätigung der Geschichte Akhuns gewesen, vor allem wenn sich hätte nachweisen lassen, daß eine Seite in einer der Fälschungen mit einem dieser Druckstöcke übereinstimmte. Akhun, der zwischen den Verhören im Gefängnis des *amban* eingesperrt war, wurde auf freien Fuß gesetzt, um ihm die Möglichkeit zu geben, einige dieser Drucktafeln herbeizuschaffen. Aber am nächsten Morgen brachte er nur einen einzigen an, und den aus seinem eigenen Haus. Die Nachricht von seiner Schande hatte sich rasch durch die Basare von Khotan verbreitet, und er stand überall vor verschlossenen Türen – besonders vor denen seiner ehemaligen Komplizen. Im Verlauf des zweitägigen »Gerichtsverfahrens« hatte Stein Akhun etwas leichtfertig gesagt, er sei doch viel zu begabt, um sein ganzes Leben unter den unwissenden Bewohnern von Khotan zu vergeuden. Stein hatte diese Äußerung eigentlich nur im Scherz getan, aber Akhun nahm sie offensichtlich ernst. Am Vorabend seiner Abreise aus Khotan kam Akhun zu ihm und bat ihn, nach Europa mitkommen zu dürfen, eine Idee, hinter der, wie Stein glaubte, die Vorstellung stand, es gebe dort bessere Möglichkeiten, seine besonderen Gaben nutzbringend anzuwenden, als in Chinesisch-Turkestan.

Nun war es Zeit für Stein, Khotan zu verlassen und sich von denen zu verabschieden, die ihm während des harten Winters in der Wüste so treu gedient hatten. Am schmerzlichsten war für ihn der Abschied von Turdi, der ihn bis nach Zawa, dem letzten Dorf im Bezirk von Khotan, begleitete. Turdis Erfahrung und Ortskenntnis hatten entscheidend zum Erfolg der Expedition beigetragen. In Dandan-uilik hatte er Stein wahrscheinlich das Leben gerettet. Stein belohnte ihn mit mehr »Schätzen«, wie er es formulierte, als der alte Schatzsucher von all seinen eigenen bescheidenen Expeditionen in die Wüste mitgebracht hatte. Er hatte Turdi, der glaubte, inzwischen zu alt zu sein, um die Taklamakan noch länger auf der Suche nach Gold zu durchstreifen, auch einen festen Arbeitsplatz besorgt. Es war ein bewegender Abschied, und Turdi, den Stein nie wiedersehen sollte, fing an zu weinen. »Ich konnte sehen, wie echt die Tränen waren, die dem alten Schatzsucher über das vom Wetter gegerbte Gesicht liefen, als wir uns trennten«, schrieb Stein später. Auch ihm fiel diese Trennung offensichtlich schwer. Doch schon bald näherte er sich dem Tempel der heiligen Tauben, an dem er vor sieben Monaten vorübergekommen war, und seine Gedanken wendeten sich einem erfreulicheren Gegenstand zu – »den Früchten meiner Bemühungen, die ich aus Khotan mitbrachte«. Diese seine erste Expedition war erfolgreicher gewesen, als er je zu träumen gewagt hatte. Stein legte am Heiligtum eine kurze Pause ein und opferte den Vögeln »eine gehörige Portion Mais und Getreide als Votivgabe und Ausdruck der Dankbarkeit, mit der ich Khotan verließ«.

Zwölf Tage nach dem Abschied von Turdi war Stein wieder in Kaschgar und genoß die Gastfreundschaft des Ehepaars Macartney. In den vergangenen acht Monaten hatte er keinen einzigen Europäer gesehen und fürchtete nun, seine Gastgeber »mit seinem nachgeholten Redeschwall« zu ermüden. In den folgenden zwei Wochen war er damit beschäftigt, seine Karawane aufzulösen, die Kamele und Ponys zu verkaufen und die mitgebrachten Schätze für den Transport nach London über die russische Kopfstation Andischan, den am weitesten östlich gelegenen Bahnhof der Transkaspischen Eisenbahn, umzupacken. Stolz berichtet er, daß er seine Ponys praktisch ohne Verlust verkaufen konnte, obwohl sie ihm acht Monate auf anstrengenden Märschen gedient hatten. Beim Verkauf der Kamele verlor er nur ein Viertel des ursprünglichen Kaufpreises. Hätte er bis zum Beginn der Hauptreisezeit der Karawanen nach Rußland warten können, »hätte ich der Regierung wahrscheinlich die gesamten Transportkosten in Turkestan zurückgeben können.«

Genau ein Jahr nach seinem Aufbruch von Indien wurde es schließlich Zeit für ihn, von seinen Gastgebern Abschied zu nehmen und sich mit seinen in zwölf Kisten verpackten Schätzen auf den Weg nach London zu machen. Am 29. Mai 1901 verließ er mit seinen acht mit Altertümern bepackten Ponys und dem übrigen Gepäck Kaschgar in Richtung Osch, der nächstgelegenen russischen Stadt jenseits der Grenze. Doch vor dem Abmarsch gab es noch einen letzten schmerzlichen Abschied, diesmal von dem kleinen Foxterrier Dash, der ihn auf allen seinen Reisen begleitet hatte. Der Hund konnte ihn unter keinen Umständen nach England begleiten, und deshalb beschloß er, ihn Ram Singh nach Indien mitzugeben. Stein schrieb: »Mein kleiner Begleiter hatte sich bei allen Strapazen im Gebirge und in der Wüste so hervorragend bewährt, daß es grausam gewesen wäre, ihm auch noch die wochenlange ermüdende Eisenbahnfahrt zuzumuten, nur um ihn schließlich in England in Quarantäne sperren zu lassen. Doch ich muß gestehen, daß mir die Trennung von meinem treuen Reisegefährten schwerfiel, bis wir an einem Abend im November auf einem Bahnsteig im Pandschab freudiges Wiedersehen feierten.« (Der zwei Monate dauernde Treck von Kaschgar über den Karakorum nach Indien war die letzte große Reise des kleinen Hundes. Er starb – offenbar an gebrochenem Herzen – als Stein Indien erneut verließ und nach London ging. Er liegt im gebirgigen Kaschmir begraben, das er, wie Stein schreibt, »ebenso liebte wie sein Herr«.)

*

Steins erste Aufgabe nach seiner Ankunft in England war äußerst heikel. Er mußte Hoernle aufsuchen, der jetzt in Oxford lebte, und ihm beibringen, daß er von einer Gruppe kaum schreibkundiger Dorfbewohner zum Narren gehalten worden war. Da Stein wußte, daß der große Gelehrte bereits an dem angekündigten zweiten Teil seines Berichts über die Sammlung von Kalkutta arbeitete, der noch im selben Jahr erscheinen sollte, hatte er ihn schon brieflich gewarnt. Aber jetzt hatte er die sehr peinliche Aufgabe, ihm die Wahrheit ins Gesicht zu sagen. Die Sache war um so schwieriger für ihn, als er gute Gründe hatte, Hoernle dankbar zu sein, denn schließlich war dieser Gelehrte es gewesen, der ihn, mehr als irgendein anderer, zu seinem Unternehmen ermutigt und ihm seine ganze offizielle Unterstützung gewährt hatte. Darüberhinaus war Hoernle der führende Wissenschaftler auf Steins eigenem Fachgebiet – der indischen und zentralasiatischen Sprachwissenschaft – sowie seit der gemeinsamen Zeit in Kalkutta sein persönlicher Freund. Und nun war es ausgerechnet Steins Triumph, der Hoernle demütigen sollte. Es waren daher alles andere als freudige Gefühle, mit denen Stein an jenem Julimorgen den Zug nach Oxford bestieg.

*

Augustus Frederic Rudolf Hoernle wurde 1841 als Sohn eines anglikanischen Missionars deutscher Abstammung in Indien geboren, war also 21 Jahre älter als Stein. Nach Abschluß seines Studiums in der Schweiz ging er nach London, wo er mehrere Jahre bei dem Gelehrten Goldstucker Sanskrit studierte. 1865 kehrte er nach Indien zurück, zunächst um an einem College in Benares Philosophie zu lehren. Von dieser Zeit an widmete er sein ganzes Leben der Erforschung indo-arischer und anderer Sprachen sowie der Entzifferung alter indischer Handschriften. (Insgesamt veröffentlichte er mehr als 115 Bücher, Aufsätze und wissenschaftliche Abhandlungen, darunter seine *Comparative Grammar of the North Indian Vernaculars,* an der er fünf Jahre gearbeitet hatte.) Nachdem er nach Kalkutta gegangen war, der damaligen Hauptstadt von Britisch-Indien, wurde er der führende Kopf der Asiatic Society of Bengal, deren Präsident er schließlich wurde, bevor er sich endgültig nach Oxford zurückzog.

1881 gehörte er bereits zu den bedeutendsten Orientalisten seiner Zeit, als man ihm Fragmente einer in einer archaischen indischen Schrift verfaßten Handschrift vorlegte, die in einem Dorf an der Nordwestgrenze Indiens gefunden worden waren. Die Handschrift hatte unter Indologen ziemliches Aufsehen erregt, aber keinem war es gelungen, sie zu lesen, bis sie an Hoernle geschickt wurde. Ein Zeitgenosse schrieb: »Er machte sich sofort mit verblüffendem Erfolg an die Arbeit. Obwohl sie weder einen Anfang noch ein Ende hatte, nur aus unzusammenhängenden Fragmenten bestand und kein einziges Blatt vollständig war, gelang es ihm, sie größtenteils zu entziffern.« Hoernle konnte nachweisen, daß es sich um eine alte mathematische Abhandlung eines unbekannten Verfassers handelte. Obwohl die Handschrift keinen großen literarischen Wert besaß, wies ihre Entzifferung Hoernle als ungewöhnlich begabten Philologen aus. Deshalb wandte man sich genau zehn Jahre später selbstverständlich an ihn, als es darum ging, die berühmte und unvergleichlich bedeutendere Bower-Handschrift zu entziffern. Es war seine glänzende Arbeit an dieser Handschrift, die dazu führte, daß Hoernle die sogenannte Britische Sammlung von Altertümern aus Zentralasien anvertraut wurde, was wiederum indirekt die internationale Jagd nach weiteren Handschriften und Altertümern aus dieser Region auslöste.

Welchen Verlauf die Begegnung zwischen Stein und Hoernle im einzelnen genommen hat, werden wir nie erfahren. Stein vermied es taktvoll, dieses Treffen in seinem im übrigen detaillierten Bericht über die Expedition, *Sand-Buried Ruins of Khotan,* zu erwähnen. Auch seine Fachkollegen waren sich offenbar darin einig, Hoernles Gefühle nicht zu verletzen. Außer im zweiten Teil des von Hoernle selbst verfaßten Berichts über die Sammlung in Kalkutta fand Steins sensationelle und peinliche Entdeckung scheinbar weder in einer zeitgenössischen wissenschaftlichen Veröffentlichung noch in einer Zeitung Erwähnung. Als Hoernle 1918 im Alter von 77 Jahren starb, enthielt auch der sechsseitige Nachruf im »Journal of the Royal Asiatic Society« keinen Hinweis auf diese demütigende Episode.

Das Zusammentreffen der beiden Männer fand offenbar in freundschaftlicher Atmosphäre statt, denn Stein blieb mehrere Tage als Gast bei Hoernle und dessen Familie. In einem Brief an seinen damals in Ungarn lebenden Bruder Ernst bringt Stein jedoch recht deutlich zum Ausdruck, welchen Schock seine Enthüllungen dem großen Indologen versetzt haben müssen: »Verständlicherweise sind die Fälschungen von Islam Akhun eine schwere Enttäuschung für ihn, aber zu meiner Genugtuung hat er sich davon erholt, und peinliche Diskussionen sind mir erspart geblieben.« Zweifellos boten die sprachwissenschaftlich bedeutenden Funde Steins einen gewissen Trost für den enttäuschten

Hoernle, da sie es ihm ermöglichten, sich ganz neuen Problemen zuzuwenden. Tatsächlich führte seine Arbeit an den von Stein mitgebrachten Handschriften unter anderem zur Entdeckung der lange in Vergessenheit geratenen khotanesischen Sprache.

Aber Hoernle stand zunächst vor einem viel dringlicheren Problem. In seinem 1899 erschienenen Bericht über die Sammlung in Kalkutta hatte er davon gesprochen, daß die »alten Bücher« Fälschungen sein könnten, diese Möglichkeit aber entschieden ausgeschlossen. Wie sollte er sich nun von diesem beschämenden Fehlurteil befreien? In einem vertraulichen Gespräch mit Stein sagte er, daß es ihm am liebsten wäre, wenn sein Bericht eingestampft würde. Wir wissen das aus einem zweiten Brief Steins an seinen Bruder. Doch Hoernle muß sofort erkannt haben, daß dies unmöglich war. Der Bericht war als Sondernummer des »Journal of the Asiatic Society of Bengal« veröffentlicht und von vielen Leuten gelesen worden. Das Erscheinen des Berichts konnte also nicht mehr rückgängig gemacht werden. Es blieb jedoch noch das heikle Problem der Herausgabe des angekündigten zweiten Teils. Hoernle hatte keine andere Wahl; er mußte sein Versprechen einlösen. Hier gab es zwei Alternativen. Entweder konnte er seinen Irrtum freimütig eingestehen, oder er konnte versuchen, die Angelegenheit irgendwie zu vertuschen und dabei hoffen, daß seine Leser den zweiten Teil seines Berichts nicht allzu genau mit dem ersten vergleichen würden. Auch er war schließlich nur ein Mensch und entschied sich für die letztere Möglichkeit.

Er entledigte sich dieser Aufgabe mit solchem Geschick, daß der Leser des zweiten Teils nicht auf den Gedanken kommen konnte, Hoernle habe sich täuschen lassen, es sei denn, er las noch einmal den ersten oder erinnerte sich im einzelnen an die Lektüre. Hoernle vermied es geflissentlich zuzugeben, daß er die Handschriften und Bücher ursprünglich für echt gehalten hatte und erwähnte sein Fehlurteil mit keinem Wort. Er vermied dies schlauerweise, indem er im zweiten Teil erklärte, bei der Abfassung des Berichts vom Jahre 1899 sei »die Frage, ob es sich um Fälschungen handelte, noch ungeklärt« gewesen. (Das war nur allzu wahr, wenngleich jeder, der Hoernles ursprüngliches Urteil gelesen hatte, einen anderen Eindruck gewonnen haben mochte.) Der neue Bericht enthielt zwar eine Richtigstellung, aber ohne zuzugeben, daß Hoernle es gewesen war, der zunächst ein Fehlurteil abgegeben hatte, indem er erklärte, daß »... Dr. Stein den schlüssigen Beweis dafür erbracht hat, daß alle seit 1895 aus Khotan gelieferten ›Blockdrucke‹ und alle Handschriften in ›unbekannten Schriftzeichen‹ moderne Fälschungen von Islam Akhun und einiger anderer sind, die mit ihm zusammengearbeitet haben«. Den Leser, der sich dafür interessieren mochte, wie diese Fälschungen aussehen, verwies er auf eine Veröffentlichung des russischen Gelehrten Dimitri Klementz (vielleicht um zu zeigen, daß sich auch die Russen hatten täuschen lassen) sowie auf einen von ihm selbst stammenden, ebenfalls mit Abbildungen versehenen Artikel im »Journal of the Asiatic Society of Bengal«. Damit ließ er die Angelegenheit auf sich beruhen, denn der zweite Teil seines Berichts beschäftigte sich verständlicherweise vor allem mit echten Handschriften, Tongefäßen und Keramiken in der britischen Sammlung.

Im übrigen dürfen wir sagen, daß Hoernle Glück gehabt hat, noch in einer ganz anderen Zeit gelebt zu haben. Würde ein so angesehener Gelehrter heute von einem kaum des Schreibens kundigen Oasenbewohner in Zentralasien so hinters Licht geführt, würde sich schon am nächsten Morgen die halbe Fleet Street vor seiner Haustür versammeln und eine öffentliche Erklärung von ihm verlangen.

*

Inzwischen erregten die Entdeckungen, die Stein auf seiner ersten Expedition gemacht hatte, in den archäologischen Kreisen ganz Europas ungeheures Aufsehen. Sie erbrachten den Nachweis, daß es in einer der entlegensten Gegenden dieser Welt eine bis dahin unbekannte buddhistische Zivilisation mit einer ganz eigenständigen, bedeutenden Kunst und Literatur gegeben hatte. Bisher hatten sich die Archäologen fast ausschließlich mit der Erforschung des klassischen Altertums sowie altägyptischer und biblischer Stätten beschäftigt. Die zentralasiatische Archäologie war etwas ganz Neues. Auf dem im folgenden Jahr in Hamburg veranstalteten 13. Internationalen Orientalistenkongreß wurde eigens eine Resolution verabschiedet, mit der die Versammlung Stein zu seinen erstaunlichen Entdeckungen beglückwünschte. Dies bedeutete für ihn nicht nur eine Unterstützung seiner Arbeit, sondern auch eine Verpflichtung. Zweifellos hat es ihm geholfen, von der indischen Regierung die Erlaubnis und die finanziellen Mittel für eine zweite Expedition zu bekommen (wenn auch erst nach einem langen Hin und Her), aber es lenkte auch das Interesse der Orientalisten in Paris, Berlin und St. Petersburg auf die Möglichkeiten, die diese Region bot. Die Gelehrten dort hatten ihre Regierungen schon seit einiger Zeit gedrängt, archäologische Expeditionen in diesen entlegenen Winkel Chinas zu entsenden. Dies war der entscheidende Ansporn, den sie brauchten.

Doch seltsamerweise war es keine von Europa ausgehende Expedition, die als nächste die Entbehrungen einer Reise durch die Taklamakan auf sich nahm, sondern ein Unternehmen, das aus einem Land kam, das dem zu erforschenden Gebiet viel näher lag. Es war sogar nicht einmal eine richtige Expedition, sondern eine kleine, keineswegs straff organisierte Gruppe buddhistischer Mönche aus Japan, die im August 1902 nach Zentralasien aufbrach. Weit wichtiger jedoch war das Interesse, das die Funde Steins in Deutschland fanden, denn seine ersten ernstzunehmenden Konkurrenten sollten aus dem Völkerkundemuseum in Berlin kommen. Nur zwei Monate nach der Konferenz in Hamburg begab sich eine starke deutsche Expedition unter der Leitung von Professor Albert Grünwedel auf die Reise, um in Chinesisch-Turkestan ihr Glück zu versuchen.

8. Kapitel

DAS EIGENTLICHE WETTRENNEN BEGINNT

Mit dem Erscheinen der Deutschen und der Japaner in Chinesisch-Zentralasien begann im Jahre 1902 das sogenannte »Internationale Wettrennen« um die alten buddhistischen Kulturschätze in den Wüstengebieten der Taklamakan und der Gobi. Es sollte ein Vierteljahrhundert dauern, und als es zu Ende war, hatten sich die Archäologen aus sieben Nationen daran beteiligt. Die gewaltigen Mengen von Altertümern, die sie fortschafften, landeten in mehr als 30 Museen und anderen Institutionen in Europa, Amerika, Rußland und dem Fernen Osten. Im großen und ganzen – jedenfalls nach außen hin – sind die rivalisierenden Expeditionen dabei miteinander umgegangen, wie es sich unter gebildeten Menschen gehört. Nur gelegentlich gewannen die Gefühle die Oberhand, und als es einmal zum Streit darüber kam, wer das Recht habe, eine bestimmte Stätte auszugraben, kam es zwischen Deutschen und Russen fast zu einer Schlägerei, wobei die letzteren damit drohten, die ersteren mit Waffengewalt zu vertreiben.

Stein dagegen begnügte sich damit, seine Konkurrenten gelegentlich zu verspotten, gewöhnlich in seiner privaten Korrespondenz. »Die Deutschen«, schrieb er an einen Freund, »jagen meist in Rudeln.« Angesichts der bescheidenen Größe ihrer Expeditionen (wenngleich nicht ihrer Beute) war es völlig absurd, von »Rudeln« zu sprechen. Seine Äußerung läßt jedoch erkennen, wie sehr es ihn irritierte, daß sie sich auf einem Gebiet betätigten, auf dem er Pionierarbeit geleistet hatte und das er offenbar gern noch ein paar Jahre für sich allein beansprucht hätte. In diesem weiten, archäologisch noch unberührten Gebiet mit seiner Vielzahl historischer Stätten war jedoch genug Platz für alle. Dennoch ist es offenkundig, daß die rivalisierenden Gruppen viel Zeit damit verbrachten, argwöhnisch einander zu beobachten.

Die erste der vier deutschen Expeditionen, die sich in den Jahren von 1902 bis 1914 in Chinesisch-Turkestan betätigen sollten, bestand aus drei Europäern, alle Mitarbeiter des Völkerkundemuseums in Berlin. Sie stand unter der Führung des Leiters der indischen Abteilung des Museums und Verfassers eines bedeutenden Werkes über buddhistische Kunst, Professor Albert Grünwedel. Sein Stellvertreter war Dr. Georg Huth, der bald nach der Rückkehr aus Zentralasien sterben sollte – nicht zuletzt an den Folgen der Strapazen dieser Expedition. Und schließlich war da der lebhafte, immer voller Einfälle steckende Theodor Bartus, das Faktotum des Museums, der alle vier Expeditionen begleitete.

Grünwedel und seine Kollegen von der indischen Abteilung hatten schon seit langem ihre Blicke auf Chinesisch-Turkestan gerichtet und sich überlegt, was es an archäologischen Möglichkeiten barg. Wie Stein hatten auch sie aus in jüngster Zeit bekanntgewordenen Hinweisen geschlossen, daß es hier schon früh zu einer Begegnung der klassischen Kunst Griechenlands mit der des buddhistischen Asien gekommen sein könnte. Doch die Gefahren und Unbequemlichkeiten, mit denen jemand, der sich dorthin wagte, voraussichtlich zu kämpfen haben würde, hatten sie bisher von einem solchen Unternehmen abgehalten. Nachdem jedoch der kühne Sven Hedin glücklich zurückgekehrt war, um seinen dramatischen Bericht zu veröffentlichen, und Stein ihm wenig später mit seiner eindrucksvollen Beute gefolgt war, hielten es die Deutschen für an der Zeit, sich an der Jagd zu beteiligen.

Als Ziel wählten sie die Gegend um Turfan an der Nordroute der Seidenstraße. Etwa fünf Jahre zuvor war der russische Gelehrte Klementz dort gewesen, der Fresken, Handschriften und Inschriften nach St. Petersburg mitgebracht und berichtet hatte, mindestens 130 buddhistische Höhlentempel gesehen zu haben, von denen viele gut erhaltene Wandgemälde enthielten. Anders als Stein, dessen erste Expedition weitgehend ein Glücksspiel gewesen war, wußten die Deutschen, daß sie, wenn man dem Bericht von Klementz glauben konnte, aller Wahrscheinlichkeit nach mit einer reichen Ausbeute an Kunstschätzen aus der Umgebung von Turfan rechnen konnten. Zudem war dieses Gebiet leichter zugänglich als Steins weit auseinander liegende Ausgrabungsstätten an der südlichen Route der Seidenstraße, und die Ruinen waren hier scheinbar noch nicht so stark von einheimischen Schatzsuchern ausgeplündert worden.

Die Stadt Turfan liegt 240 Kilometer nördlich des streng abgeschirmten Versuchsgeländes bei Loulan, wo China die erste Generation seiner Kernwaffen erprobt hat. Die grüne, fruchtbare Oase liegt in einer riesigen, etwa 78 000 Quadratkilometer großen Senke, der tiefsten der Erde, wie die Geographen behaupten. Die Stadt ist umgeben von unfruchtbaren Wüsten und durch Erdbeben zerklüfteten Bergen, in denen es keinerlei Leben gibt. Im Norden liegt der schneebedeckte Bogdashan (»Berg Gottes«), der höher ist als irgendein Gipfel in Europa und den östlichsten Ausläufer des gewaltigen Tianshan-Gebirges bildet. Als der britische Forschungsreisende Sir Eric Teichman im Winter 1935 hier vorbeikam, erinnerte ihn die kahle, dramatische Landschaft an den Grand Canyon. Es war so kalt, daß er und seine Mitreisenden jeden Morgen unter den Motoren ihrer Fahrzeuge Feuer anzünden mußten, um sie anzulassen – »ein«, wie er betonte, »sehr gefährliches Verfahren«, das jedoch in jenem Teil der Welt für ganz normal gehalten wird. Im Sommer ist die Hitze im Gegensatz dazu so stark, daß das Thermometer oft 45 Grad Celsius anzeigt und sogar die Einheimischen zwingt, in speziell hierfür gegrabenen Kellern Schutz zu suchen. Und doch liegen verstreut über diese unfruchtbare, regenlose Landschaft einige der fruchtbarsten Oasendörfer von ganz Chinesisch-Turkestan. Zur Blütezeit der Seidenstraße wurde der kaiserliche Hof in Chang'an von hier aus mit Wein, Melonen und frischen Trauben beliefert. Das Geheimnis dieser überraschenden Üppigkeit liegt in einem kunstvoll angelegten, ursprünglich von Persien übernommenen Bewässerungssystem, welches das Schmelzwasser von den im Norden gelegenen Gebirgen mittels tiefer unterirdischer Kanäle zu diesen Siedlungen bringt, die sonst nicht existieren könnten.

Die beiden unerschrockenen Missionarinnen Mildred Cable und Francesca French, die in den 20er und 30er Jahren unseres Jahrhunderts viele Monate in dieser Gegend verbracht haben, geben in ihrem Buch *The Gobi Desert* eine lebendige Beschreibung der Oase: »... Turfan liegt in einer sandigen Wildnis wie eine grüne Insel, deren Küsten nicht vom Wasser eines Ozeans, sondern von Kies und Geröll umspült werden, denn die Trennungslinie zwischen trockener Wüste und fruchtbarem Boden ist genauso scharf wie die zwischen Ufer und Meer. Die Insel ist von einer wunderbaren Fruchtbarkeit und der Reisende, der aus der Sterilität und Dürre der Wüste kommend in die Üppigkeit Turfans tritt, ist überwältigt.« Doch nicht alle Oasen in der Umgebung von Turfan haben die Jahrhunderte so glücklich überdauert, viele von ihnen wurden von ihren Bewohnern aufgegeben. In den verstreuten Ruinen dieser ehemals bewohnten Orte sollten die Deutschen in den Jahren zwischen 1902 und 1914, als der Krieg ihren Unternehmungen ein Ende setzte, reiche Entdeckungen machen.

Die erste, von Grünwedel geleitete Expedition brauchte mehr als ein Jahr, bis sie nach Berlin zurückkehrte, brachte jedoch weniger als fünf Monate mit Forschungen und Ausgrabungen in der Umgebung von Turfan zu. Die übrige Zeit brauchte sie für die Hin- und Rückreise. Dieser erste Beutezug, größtenteils finanziert von dem Rüstungsmagnaten Friedrich Krupp, diente vor allem der Erkundung. Die Funde Grünwedels (insgesamt 46 Kisten) waren zwar bescheiden verglichen mit jenen der folgenden drei Expeditionen, verursachten jedoch unter den deutschen Asienkennern große Aufregung und beflügelten sogar die Phantasie des Kaisers. Zu den Funden gehörten buddhistische Fresken, Handschriften und Skulpturen. Der Erfolg der Expedition führte zur Gründung eines Komitees, das den Auftrag erhielt, ein längeres und ehrgeizigeres Programm zu entwickeln, sowie zur Schaffung eines Fonds für die Finanzierung des Unternehmens, zu dem sowohl Krupp als auch der Kaiser persönlich beisteuerten. Der vorzeitige Tod Huths und Grünwedels schlechter Gesundheitszustand bedeuteten jedoch, daß ein interimistischer Expeditionsleiter gefunden werden mußte. Das Komitee wählte Albert von Le Coq, einen Mann, der sich auf seine Art als eine ebenso ungewöhnliche und willensstarke Persönlichkeit wie Hedin oder Stein erweisen sollte.

Am 8. September 1860 als Sohn eines wohlhabenden hugenottischen Weinhändlers in Berlin geboren war er zunächst dazu bestimmt, das Geschäft seines Vaters zu übernehmen. Doch dann ging er, – er war damals noch ein Schüler –, »eine unerlaubte Verbindung« ein, wie es in seinem Nachruf heißt, was dann jedoch als »harmlose kleine Jugendsünde« abgetan wird. Was immer es gewesen sein mag, es führte dazu, daß er von der Schule verwiesen wurde. Sein Vater, der in einem englischen Internat erzogen worden war, reagierte wütend. Wir wissen allerdings nicht ganz genau, welche Folgen die Affäre im einzelnen hatte. In seinem Nachruf wird die ganze Angelegenheit diskret und nur sehr oberflächlich behandelt. Der Verfasser nimmt den Faden seiner Erzählung erst wieder auf, als der junge Mann 21 Jahre alt geworden ist. Um diese Zeit scheinen sich die Beziehungen zu seinem Vater wieder normalisiert zu haben, denn Le Coq wird zunächst nach London geschickt und dann nach Amerika, um ihn für die Übernahme des Familiengeschäfts kaufmännisch ausbilden zu lassen. In den Vereinigten Staaten studierte er außerdem Medizin. Später sollte sich dies bei mehr als einer Gelegenheit als nützlich erweisen. Im Alter von 27 Jahren kehrte er nach Deutschland zurück und trat in die von seinem Großvater gegründete Weinhandlung A. Le Coq in Darmstadt ein. Doch er war offenbar nicht mit dem Herzen dabei, denn 13 Jahre später verkaufte er das Geschäft und zog nach Berlin. Dort studierte er am Seminar für Orientalische Sprachen mehrere Jahre Arabisch, Türkisch und Persisch sowie bei Professor Pischel Sanskrit. 1902, im Alter von 42 Jahren, ging er – zunächst als unbezahlter Volontär – an die indische Abteilung des Völkerkundemuseums in Berlin, zur selben Zeit, als Grünwedel mit der ersten deutschen Expedition nach Chinesisch-Zentralasien aufbrach.

Und jetzt, nur zwei Jahre später, war die Reihe an ihm. Seine Expedition bestand nur aus ihm selbst und aus Theodor Bartus. Sie verließen Berlin im September 1904 und besuchten zuerst St. Petersburg, um sich dort die notwendigen Ausweise für die Fahrt durch Sibirien zu besorgen. Wissenschaftler der russischen Akademie der Wissenschaften, die bald eine eigene Expedition in dieses Gebiet schicken sollte, gaben ihnen Empfehlungsschreiben mit. Ihr Plan sah vor, bis Omsk den transsibirischen Expreßzug zu nehmen, von dort mit dem Dampfer auf dem Irtysch nach Semipalatinsk zu fahren und dann in einem von Pferden gezogenen Tarantaß die Grenzstation bei Bachty zu erreichen, um von hier aus die Reise über Urumqi nach Turfan fortzusetzen. Doch in Moskau stießen sie auf Schwierigkeiten. Der dortige Stationsvorsteher beanstandete die Menge des Begleitgepäcks (es wog mehr als eine Tonne) und beharrte darauf, daß er dafür einen zusätzlichen Gepäckwagen anhängen müßte. In *Auf Hellas Spuren in Ost-Turkistan*, dem Expeditionsbericht von Le Coq, beschreibt er mit besonderem Vergnügen, was nun folgte (denn er hatte in Rußland keine Zeit zu verlieren): »Ich sah, worauf es ankam und nahm eine 50-Rubelnote in meine Hand, die ich auf den Rücken hielt, und sanft mit diesem Schein wedelnd, ging ich mehrmals an dem Cerberus vorbei. Als ich drei- oder viermal vorbeigegangen war, fehlte der Schein und der Stationschef sagte: ›Nun, man wird machen!‹ Und richtig, ›man hat gemacht‹ ...«

Nach einer fünftägigen Eisenbahnfahrt in Gesellschaft russischer Offiziere (»Sie entsprachen nur in einzelnen Personen der Vorstellung, die wir von Offizieren haben.«), die sich auf dem Wege zur Front im Russisch-Japanischen Krieg befanden, erreichten sie Omsk. Der Dampfer brachte sie bis nach Semipalatinsk (»ein schauderhaftes Nest«), wo sie den Tarantaß mieteten, der sie durch die melancholische sibirische Landschaft an die chinesische Grenze bringen sollte. In Tschughutschaq, der ersten Station auf chinesischem Gebiet, warnte sie der russische Konsul, in der Gegend herrsche Bürgerkrieg, und deshalb sei es gefährlich, weiterzufahren. Le Coq, der 12 000 Rubel in Gold mit sich führte, saß mit dem Gewehr in der Hand die ganze Reise auf dem Geld bis Urumqi, der damaligen Hauptstadt von Chinesisch-Turkestan. Nur wenige europäische Reisende haben ein gutes Wort übrig für diese schmutzige, von Fliegenschwärmen heimgesuchte Stadt mit ihrer blutigen Vergangenheit. Mildred Cable und Francesca French, die eine Zeitlang dort gelebt haben, erinnerten sich später an deren »abgestumpfte, ungesund aussehende Bevölkerung« und »häßliche Straßen ... ein Sinnbild für das garstige Leben in dieser Stadt«. Zu ihrer Zeit hatte es in Urumqi nur so von Polizeispitzeln gewimmelt. In ihrem Buch *The Gobi Desert* schrieben die beiden Missionarinnen: »Eine heimliche Denunziation kann immer eine Belohnung einbringen, und da oft die Beförderung davon abhängt, traut niemand seinem Nächsten.« Und weiter: »Niemand freut sich in Urumqi seines Lebens, niemand verläßt die Stadt mit Bedauern, und sie ist voller Leute, die nur deshalb dort sind, weil sie nicht die Erlaubnis bekommen, sie zu verlassen ...«

In Urumqi, stellte Peter Fleming in *News from Tartary* fest, herrschen »ganz eigene« Bräuche der Gastfreundschaft, um dann erklärend hinzuzufügen: »die Sterblichkeitsrate bei den Festessen ist erschreckend«. Dies ist kein Hinweis auf Speisevergiftungen, sondern spielt auf zwei berühmt-berüchtigte Gastmahle an, die dort im Abstand von zwölf Jahren stattgefunden hatten und beide von dem tüchtigen, aber selbstherrlichen Gouverneur, General Yang Zengin, veranstaltet worden waren. Zu dem ersten hatte er im Jahre 1916 alle Personen eingeladen, die er verdächtigte, an einer Verschwörung zu seinem Sturz beteiligt zu sein. Als seine Gäste betrunken waren, hatte Yang den Henker kommen und einem nach dem anderen den Kopf abschlagen lassen, während im Nebenraum die Musik spielte. Dann hatte er in aller Ruhe seine Mahlzeit fortgesetzt. Das zweite Bankett hatte 1928 stattgefunden. Diesmal war die Reihe an dem General. Er starb – gemeinsam mit anderen Beamten – im Kugelhagel, während gerade ein Toast auf den sowjetischen Generalkonsul ausgebracht wurde, der eilig mit seiner Frau in einer Toilette Zuflucht suchte.

Obwohl die Chinesen ihnen ein Festmahl mit 86 Gängen boten (das alle glücklich überlebten), fanden die beiden Deutschen Urumqi um keinen Deut weniger abstoßend als die meisten anderen europäischen Reisenden. Eines der ersten Dinge, dessen Augenzeugen sie nach ihrer Ankunft wurden, war eine besonders grausame Art der Hinrichtung auf der Hauptstraße der Stadt. Der Delinquent war in einen speziell für diesen Zweck gebauten Käfig gesperrt, einem sogenannten *kapas*. Sein Kopf, der so festgemacht war, daß er ihn nicht bewegen konnte, ragte oben aus dem Käfig heraus, während er mit den Füßen auf einem Brett stand, das Tag für Tag ein wenig gesenkt wurde, bis sich der Mann etwa am achten Tage das Genick brach. Le Coq machte ein Foto von dem sterbenden Mann in seinem Käfig, das in seinem Buch *Auf Hellas*

Spuren in Ost-Turkistan erschien. »Neben diesem barbarischen Apparat«, schrieb er, »wälzt sich der Verkehr einher ...« Das Foto zeigt unmittelbar daneben einen Melonenhändler inmitten seiner Früchte sitzen, »ohne durch das Elend dieses Nachbarn sich stören zu lassen.« »Sehr unangenehm berührte mich der Anblick dieses chinesischen Hinrichtungsinstrumentes«, schrieb Le Coq. Die beiden Deutschen waren auch entsetzt über das Verhalten des russischen Konsuls. Dessen Gewohnheit war es, herrisch in einem offenen Wagen durch die Stadt zu fahren, wobei die ihn eskortierenden 40 berittenen Kosaken jeden, der nicht zur Seite sprang, mit ihren Peitschen über Gesicht und Schultern schlugen. Le Coq brachte sein Mißfallen darüber zum Ausdruck, aber der Konsul sagte ihm, dies sei die einzig mögliche Art, solche Leute zu behandeln.

Dann setzten die beiden Deutschen ihre Reise nach Turfan fort, die sie 160 Kilometer weiter nach Chinesisch-Turkestan hineinführte, wo sie es bald mit mancherlei ekelhaften Insekten zu tun bekamen. Außer Mücken, Flöhen, Sandflöhen, Skorpionen und Läusen gab es zwei besonders unangenehme Sorten von Spinnen. Die eine, angeblich giftige Art mit einem taubeneigroßen Körper und Kauwerkzeugen, die einen unangenehm knirschenden Laut von sich gaben, konnte springen. Die andere, kleinere Art war schwarz und behaart und lebte in Erdlöchern. Der Biß dieser schwarzen Spinnen war besonders gefürchtet und konnte, wenn nicht tödlich, so doch äußerst gefährlich sein. Am abstoßendsten jedoch fanden die Deutschen die großen Schaben. »Wenn man morgens erwachte und solch ein Tier einem auf der Nase saß, mit den großen Augen herabstierte und mit den Fühlern nach den Augen des Opfers suchte, so packte einen ein unwillkürlicher Ekel«, schrieb Le Coq. »Angstvoll ergriff man das Tier und zerquetschte es, worauf es einen höchst unangenehmen Geruch von sich gab.« Eine angenehme Überraschung war dagegen der begeisterte Empfang, den die Einheimischen Bartus bereiteten, an den sie sich von Grünwedels Expedition vom Vorjahr her erinnerten. Zuerst hatte man die beiden Deutschen irrtümlicherweise für Russen gehalten, die hier sehr unbeliebt waren. Doch dann erkannte ein hünenhafter uighurischer Fleischer Bartus wieder und begrüßte ihn mit dem Ruf »*Bātúr! Bātúr!*«, was soviel bedeutet wie »Held! Held!« – ein Wortspiel mit seinem Namen.

Am 18. November 1904 erreichten die beiden Männer die alte, östlich von Turfan in der Wüste gelegene, aus Lehm erbaute Ruinenstadt Karakhoja, wo sie einige Zeit graben wollten. Im Verlauf ihrer Arbeit sollten sie hier reiche Funde machen. Doch am ersten Tag bot sich ihnen kein sehr verheißungsvolles Bild. Ein großer Teil der alten Stadt war von den Dorfbewohnern dem Erdboden gleichgemacht worden, damit sie den fruchtbaren Boden landwirtschaftlich nutzen konnten. Die Bauern hatten manche der Gebäude auf der Suche nach Fresken zerstört, da sie deren leuchtende Farben für besonders wirksamen Dünger hielten. Alte Balken und anderes Holz hatten sie in Massen fortgeschafft, um es als Baumaterial oder Feuerholz zu verwenden. Wo die Bilder, die Menschen und Tiere darstellten, den Düngersuchern nicht zum Opfer gefallen waren, hatte man ihnen Augen und Münder herausgekratzt. Le Coq schreibt: »Herrscht doch der Glaube, daß die gemalten Menschen und Tiere, wenn man nicht wenigstens Augen und Mund zerstört, des Nachts sich beleben, heruntersteigen und allerhand Unfug an Menschen, Vieh und Ernten verüben!« Selbst in der kurzen Zeit seit dem Besuch Grünwedels schien vieles neu beschädigt worden zu sein.

Doch diese anfängliche Enttäuschung sollte nicht lange dauern, denn die Bauern führten sie im Herzen dieser großen, aus Lehm erbauten Totenstadt zu den Resten eines etwa zwei Meter hohen Freskos, das sie eben erst entdeckt hatten. Eine imposante männliche Gestalt mit einem Heiligenschein beherrschte, umgeben von Akolythen beiderlei Geschlechts, das Bild. So begann die Expedition unter einem günstigen Vorzeichen, denn das Gemälde stellte höchstwahrscheinlich Mani dar, den Stifter des Manichäismus. Wenn dies der Fall war, dann war dies die erste bildliche Darstellung dieser mysteriösen Gestalt, die je entdeckt worden war. 1926, vier Jahre vor seinem Tode und angesichts der überwältigenden Menge von Kunstschätzen, die er, Grünwedel und Bartus von der Seidenstraße mitgebracht hatten, glaubte Le Coq noch immer, daß dieses Wandgemälde aus dem 9. Jahrhundert einer ihrer bei weitem bedeutendsten Funde gewesen war.

Die nun folgenden Entdeckungen zeigten deutlich, daß Karakhoja (oder Khocho, wie sein alter Name lautete) um die Mitte des 8. Jahrhunderts ein blühendes manichäisches Gemeinwesen beherbergt hat. Dieser eigenartige, asketische Glaube war etwa fünfhundert Jahre zuvor von Mani in Persien gestiftet worden. Seine häretischen Ideen hatten den Haß von Gläubigen rivalisierender Religionsgemeinschaften wie Christen und Zoroastriern erregt, und nachdem Mani in einem Streitgespräch mit zoroastrischen Priestern unterlegen war, war er als Ketzer gekreuzigt worden. Im Nahen Osten und auf dem Balkan hatte diese Religionsgemeinschaft unter schweren Verfolgungen zu leiden und wurde praktisch ausgerottet, was dazu führte, daß dort keine Spuren ihrer Schriften oder religiösen Literatur erhalten geblieben sind. Um den Verfolgungen zu entkommen, flohen etwa fünfhundert Manichäer nach Osten in das im heutigen sowjetischen Zentralasien gelegene Samarkand, wo sie Zuflucht fanden. Von dort verbreiteten sich ihr Glauben und ihre Kunst (Mani selbst war ein berühmter Künstler) entlang der Seidenstraße allmählich weiter nach Osten und nahmen auf diesem Wege buddhistische Einflüsse auf, bis sie schließlich nach Karakhoja gelangten. Es ist das Fehlen von Zeugnissen der manichäischen Kultur in anderen Gegenden, was Le Coqs Entdeckungen so wichtig machte.

Zu seinen Funden gehören schöne, mit leuchtenden Farben illuminierte Handschriften sowie Fresken, Hängebilder auf Stoff und andere Textilien. Wie nicht anders zu erwarten war, wiesen sie alle starke persische Einflüsse auf. Die Handschriften – auf Seide, Papier, Pergament und Leder, ausgeführt in prachtvoller Kalligraphie – sollten viel dazu beitragen, die bis dahin nur spärlichen Kenntnisse der Gelehrten von diesem längst untergegangenen Glauben zu erweitern. Le Coq meint, dieser Beitrag hätte noch viel bedeutender sein können, wären die deutschen Expeditionen rechtzeitig nach Karakhoja gekommen, um die völlige Zerstörung eines großen Teils der alten Stadt zu verhüten. Denn hier hörte er auch von der manichäischen Bibliothek, die ein verängstigter Bauer in den Fluß geworfen hatte. Er selbst entdeckte hier in einem manichäischen Heiligtum eine weitere Bibliothek, die durch schlammiges Berieselungswasser nicht wiedergutzumachenden Schaden erlitten hatte. Er schreibt: »Das Löß-Wasser war in das Papier eingedrungen, hatte alles verklebt und bei der furchtbaren Hitze, die des Sommers dort zu herrschen pflegt, hatten sich alle diese kostbaren Bücher in Löß verwandelt. Ich nahm Proben davon, trocknete sie sorgfältig und hoffte, etwas von diesen Handschriften retten zu können. Aber die einzelnen Papierblätter schilferten ab und lösten sich in kleine Fragmente auf, auf denen die Reste kalligraphisch geschriebener Zeilen, unterbrochen von Spuren der in Gold, Blau, Rot, Grün und Gelb ausgeführten Miniaturen, noch hier und da erkenntlich waren.« Traurig fügt er hinzu: »Hier ist ein ungeheurer Schatz verlorengegangen.« Denkt man an die gewaltigen Fortschritte, welche die moderne Technologie in den letzten Jahren auf dem Gebiet der Restauration gemacht hat, dann darf man annehmen, daß heutzutage einige dieser durch den Schlamm verdorbenen Handschriften hätten gerettet werden können. Einen fast kriminalistischen Beigeschmack bekommt dieser Fund durch den Umstand, daß am Eingang zu der Bibliothek die vertrocknete Leiche eines noch immer in seine blutbefleckte Robe gehüllten buddhistischen Mönchs gefunden wurde. Buddhismus und Manichäismus, so scheint es, haben hier friedlich nebeneinander existiert.

Dieser Mann war nicht das einzige Opfer eines Mordes, auf das sie in Karakhoja stießen. Le Coq schreibt: »In einem der südlichen Kuppelräume ... machten wir eine grauenhafte Entdeckung.« Nachdem sie die Tür aufgebrochen hatten, fanden sie die übereinandergehäuften Leichen von wenigstens hundert buddhistischen Mönchen, von denen viele noch immer gräßliche Wunden aufwiesen. »Ein Schädel besonders«, schreibt Le Coq, »war durch die Stirn bis auf die Zähne mit einem furchtbaren Säbelhieb gespalten«. Le Coq schreibt dieses vor tausend Jahren angerichtete Massaker der religiösen Verfolgung durch die chinesischen Behörden zu.

In seinem längst vergriffenen Buch *Auf Hellas Spuren in Ost-Turkistan* beschreibt Le Coq lebendig das beschwerliche Leben, das er und Bartus während ihrer Monate in Karakhoja führten. Bei Sonnenaufgang, manchmal schon um vier Uhr morgens oder noch früher, begannen sie und arbeiteten bei brütender Hitze wie bei Eiseskälte bis sieben Uhr abends. Dann erhielten die einheimischen Hilfskräfte ihren täglichen Lohn, und die beiden Deutschen schrieben auf und verpackten, was sie am Tage gefunden hatten. Eines der schlimmsten Dinge bei den Ausgrabungen in Karakhoja war der Staub, der in dichten, erstickenden Wolken aufwirbelte. Le Coq schreibt: »... abends husteten wir oftmals Lößabgüsse des Bronchus aus.« Die von Staub erfüllte Luft bot zwar einen gewissen Schutz gegen die Hitze der grausamen Sonne Turkestans, erschwerte aber auch das Fotografieren. So waren die ersten Aufnahmen, die sie machten, alle unterbelichtet. Die Verpflegung war äußerst eintönig – »Reis mit Hammelfett oder ... Hammelfett mit Reis«, berichtet Le Coq. Und im Sommer war das Hammelfett zudem immer ranzig. Diese unappetitliche Kost wurde das ganze Jahr über durch Trauben und frische Melonen sowie Trockenfrüchte und das ausgezeichnete, von ihrer Wirtin selbst gebackene Brot ergänzt. Nur bei seltenen Gelegenheiten erlaubten sich die Deutschen den Luxus, eine ihrer kostbaren Flaschen Veuve Clicquot Ponsardin zu öffnen, die sie zuerst, wie es in Turkestan üblich war, zur Kühlung in ein Stück nassen Filz wickelten. Le Coqs Schwestern hatten ihrem Bruder als Abschiedsgeschenk eine Kiste davon mitgegeben.

Doch selbst nachdem die Tagesarbeit getan war, fand Le Coq noch keine Ruhe. Bald füllte sich der Hof des Hauses, in dem sie untergebracht waren, mit Kranken, die zum Teil von weit herkamen und alle erwarteten, daß der »fremde Herr« sie sofort heile. Da die meisten von ihnen an Rheumatismus oder Malaria litten, erwarb sich Le Coq mit Hilfe von Aspirin, Chinin und den medizinischen Kenntnissen, die er sich in Amerika erworben hatte, bald ungewollt den Ruf eines Wunderheilers, und so vervielfachte sich natürlich die Zahl der Patienten. Eines Abends fiel ihm zufällig eine alte Frau auf, die weinend am Haustor stand. Sie erklärte, sie könne die »Gebühr« nicht aufbringen. Als er der Sache nachging, stellte er zu seinem Entsetzen fest, daß sein Wirt Saut ein einträgliches Nebengeschäft daraus gemacht hatte, von jedem Kranken ein Eintrittsgeld zu verlangen, bevor er ihn in den Hof ließ. Le Coq war so wütend, daß er ihm ein paar tüchtige Hiebe mit der Reitpeitsche überzog – »das einzige Mal, daß ich einen Eingeborenen geprügelt« habe. Er drohte dem Übeltäter außerdem, ihn beim Wang von Luktschun, dem örtlichen Potentaten, anzuzeigen, der ihn, wie Saut wußte, mit dem »großen Stock« bestrafen würde, einem »langen Bambus mit ruderartig geschweiftem Ende«. Nach einem einzigen Hieb damit spritzte das Blut, und 25 Schläge töteten einen Menschen. Kaum waren die beiden Deutschen an diesem Abend zu Bett gegangen, als sich draußen ein lautes Wehklagen erhob. Der schlaue Saut hatte seine Großmutter, seine Mutter, seine Ehefrau, seine hübsche Tochter und alle anderen weiblichen Verwandten geschickt, damit sie sich mit Schluchzen und Geschenken für ihn einsetzten. Le Coq ließ sich durch das Versprechen umstimmen, Saut werde sich in Zukunft besser benehmen.

Als die Deutschen schon einige Zeit in Karakhoja gearbeitet hatten, erschienen eines Tages zwei Würdenträger bei ihnen und erklärten: »Herr, es ist nicht gut, daß ihr allein lebt. Ihr müßt heiraten.« Le Coq erwiderte, sie seien schon verheiratet, aber die beiden Würdenträger wollten das nicht gelten lassen. Ihre eigenen Töchter, sagten sie, seien bereit, die deutschen Herren zu heiraten. »Dies«, schrieb Le Coq, »war eine unangenehme Eröffnung.« Um die Gefühle der Einheimischen nicht zu verletzen, bedankte er sich zutiefst, sagte aber, er und Bartus würden in Berlin 25 Schläge mit dem großen Stock aufgezählt bekommen, wenn der Kaiser erführe, daß sie hier ein zweites Mal geheiratet hätten.

Trotz solcher aufregender Zwischenfälle ging die Arbeit in Karakhoja stetig weiter und erbrachte eine große Zahl interessanter, wenn nicht sogar sensationeller Funde. Neben dem bedeutenden Wandgemälde des Mani war das eindruckvollste Fundstück eine schöne, fast lebensgroße Statue des Buddha im Gandhāra-Stil, der jedoch leider der Kopf fehlte. Sie war ursprünglich mit leuchtenden Farben bemalt gewesen, die jedoch im Lauf der Jahrhunderte durch Schmelzwasser und die hier nur seltenen, dann aber wolkenbruchartigen Regenfälle zum größten Teil abgewaschen waren. Le Coqs Beschreibung der Statue verrät, daß er der Kunst der klassischen Antike gegenüber der orientalischen entschieden den Vorzug gibt. Er schrieb: »Der Faltenwurf ist edel und noch nicht durch ostasiatisches Mißverstehen der klassischen

Formen entstellt.« Dieser unter dem Einfluß der griechischen Klassik entstandene Buddha und andere hellenistische Skulpturen, die hier und anderswo gefunden wurden, haben Le Coq erhebliches Kopfzerbrechen gemacht. Wie war es möglich, fragte er sich, daß die Skulpturen ihren griechischen Charakter zu bewahren vermochten, während die Wandgemälde bereits chinesische Einflüsse aufgenommen hatten. Des Rätsels Lösung ergab sich Monate später, als Bartus an einer anderen Ausgrabungsstätte auf eine alte Werkstatt stieß und dort zahlreiche Gußformen aus Stukko für die Massenproduktion von Teilen großer Skulpturen fand. Sie waren offensichtlich dazu bestimmt, immer wieder benutzt zu werden. Dies erklärte das Überleben eines archaischen Stils in der Plastik. Spätere Funde deuteten darauf hin, daß die Gußformen um das 9. Jahrhundert neu entworfen wurden, um nun orientalische Gesichter mit Schlitzaugen, kürzeren Nasen und glatterem Haar darzustellen.

Ein weiterer überraschender Fund in Karakhoja war eine kleine nestorianische Kirche außerhalb der Mauern der alten Stadt. In ihr fanden sich Reste eines eindeutig byzantinischen Wandgemäldes, das einen Priester und Menschen zeigte, die Zweige trugen – vielleicht eine Darstellung eines Palmsonntag-Gottesdienstes. Doch zum größten Teil bestanden die Funde in Karakhoja aus Münzen, Resten seidener und anderer Gewebe sowie zahlreichen Fragmenten heiliger Texte. Die letzteren waren offenbar absichtlich zerrissen worden, allerdings ist nicht klar, von wem. In den Handschriften, die solchem Vandalismus entgangen waren, wurden später 24 verschiedene Schriftarten identifiziert.

Die Expedition hatte jetzt schon fast vier Monate ununterbrochen in Karakhoja gearbeitet. Zwar war es erst Ende Februar, aber in der Turfan-Senke wurde es bereits heiß. Da die beiden Männer den Eindruck hatten, die Möglichkeiten dieser Fundstätte erschöpft zu haben, beschlossen sie, sich den weiter nördlich gelegenen Stupas hoch oben über den wilden Schluchten des Sangim zuzuwenden. Hier war es zwar kühler, doch waren sie durch die häufigen, von der Schneeschmelze in den Bergen ausgelösten Stein- und Schlammlawinen gefährdet. Es zeigte sich jedoch bald, daß es sich lohnte, diese Risiken einzugehen, denn sie fanden schon nach kurzer Zeit in den Stupas zwei vollständige Bibliotheken mit Handschriften. Die eine wurde von Bartus, die andere von Le Coq entdeckt. Wie der letztere berichtet, war eine dieser Bibliotheken so umfangreich, daß sie »mehrere Maltersäcke« füllte.

Zu ihrer Überraschung stellten die beiden Deutschen eines Tages fest, daß sie nicht die einzigen waren, die sich hier als Ausgräber betätigten. Auf der gegenüberliegenden Seite eines Gebirgsbaches erblickten sie zwei alte Frauen, die eifrig damit beschäftigt waren, in einem Erdhügel nach Schätzen zu graben. Bartus und Le Coq hatten an diesem Tag noch nichts gefunden. Zu ihrem Kummer beobachteten sie, daß die beiden Schatzsucherinnen gegenüber beachtlichen Erfolg hatten, denn sie fanden Plastiken von Dämonenköpfen sowie eine Menge gut erhaltener Handschriften. Noch ärgerlicher war es, daß die beiden alten Weiber für die Herausgabe ihrer Beute einen übermäßig hohen Preis verlangten.

Seit seiner Ankunft in Karakhoja hatte Le Coq regelmäßig Berichte über den Fortgang ihrer Arbeit nach Berlin geschickt. Nun verwirrte es ihn, daß, wie er den Antwortschreiben entnahm, der Förderungsausschuß die Bedeutung der bisher gemachten Funde scheinbar aufgebauscht hatte. Selbst der Kaiser zeigte allzu große Begeisterung für Altertümer, die, wie Le Coq wußte, weitgehend von nur akademischem Interesse waren. Zudem darf man nicht vergessen, daß er selbst der Erkrankung Grünwedels wegen nur interimistisch Expeditionsleiter war. Er wußte, daß er jederzeit abgelöst werden konnte, und hatte daher nur eine begrenzte Zeit zur Verfügung, um sich einen Namen zu machen. Dabei behinderte ihn jedoch die Anweisung Grünwedels, die aussichtsreichsten Fundstätten zunächst unberührt zu lassen. Zusätzlich belastete Le Coq die Tatsache, daß sich die Pläne seiner Vorgesetzten mit jedem neuen Brief zu ändern schienen. Als ihm nun mitgeteilt wurde, daß Grünwedel noch immer nicht kommen werde, um ihn als Expeditionsleiter abzulösen, beschloß er, das Risiko auf sich zu nehmen, dessen Unwillen auf sich zu ziehen und trotz gegenteiliger Anweisungen den buddhistischen Höhlenkomplex von Bezeklik (der Name bedeutet »der Ort, an dem es

Gemälde gibt«) aufzusuchen. Damit ließ er sich auf ein Glücksspiel ein, das jedoch reichen Gewinn abwerfen sollte, denn er und Bartus sollten bald mit einer Reihe großartiger Funde belohnt werden.

9. Kapitel

LE COQ LÄSST DEN ZUFALL ENTSCHEIDEN

Die buddhistischen Mönche, die vor tausend Jahren die große Klosteranlage in Bezeklik bauten, hatten ihren Standort sehr sorgfältig ausgewählt. Noch zu Le Coqs Zeiten konnte ein Reisender in dieser abgelegenen und äußerst unfruchtbaren Gegend in unmittelbarer Nähe der Anlage vorüberziehen, ohne sie zu bemerken. Ihre etwa hundert, meist in den Fels gehauenen Tempel befanden sich auf einer langen, schmalen Terrasse am oberen Rand einer Steilwand. Der Zugang war nur möglich über einen gewundenen Pfad, der zunächst zum oberen Rand der Felswand hinauf und dann an ihr entlangführte. Von dort ging eine steile Treppe zum etwa zehn Meter unterhalb des Klippenrandes gelegenen Kloster hinunter. Es war nur von einer Stelle aus zu sehen, und, um die Sicherheit und Einsamkeit der Anlage zu gewährleisten, hatten die Architekten eine Mauer errichtet, die dem Vorüberziehenden auch diesen Blick versperrte. Heute ist dieser große, wabenartige Tempelkomplex noch immer erhalten und hinterläßt bei dem Besucher, der tapfer genug ist, die holperige Anfahrt auf sich zu nehmen, einen tiefen Eindruck. Den Namen Albert von Le Coq sollte man dort oben lieber nicht erwähnen.

In Bezeklik angekommen richteten die beiden Deutschen ihr Standquartier in einem alten, am Südende des Klosterkomplexes gelegenen Tempel ein, der zeitweilig Ziegenhirten als Unterkunft gedient hatte. Die Wände dieses und anderer Tempel waren einst bemalt gewesen, doch die Bilder waren vom Rauch des Herdfeuers der Ziegenhirten zerstört worden. Le Coq und Bartus beschlossen daher, zunächst die Tempel am nördlichen Ende der Terrasse zu untersuchen, denn diese waren nicht als Unterkünfte benutzt worden, weil der Sand, der im Lauf der Jahrhunderte von den Bergen herunterrieselt, sie vom Boden bis zur Decke füllte. Als Le Coq einen der größeren Räume betrat und mit unsicheren

Schritten den gegen die Wand gewehten lockeren Sandhaufen hinaufkletterte, lösten seine Füße sogleich eine kleine Lawine aus. »Plötzlich« schrieb er, »wie durch eine Geistererscheinung, erblickte ich auf den auf diese Weise freigelegten Mauern rechts und links von mir prachtvolle Gemälde in so frischen Farben, als ob der Maler sie soeben erst vollendet hätte.« Aufgeregt rief er Bartus zu sich, um ihm seine erstaunliche Zufallsentdeckung zu zeigen. Nachdem sie die freigelegten Teile der Fresken näher untersucht hatten, reichten sich die beiden Männer feierlich die Hände, denn sie wußten, daß sie hier wohl eine äußerst bedeutende Entdeckung gemacht hatten. Le Coq schreibt in *Auf Hellas Spuren in Ost-Turkistan:* »Wenn wir diese Bilder retten konnten, war der Erfolg der Expedition gesichert.«

Nachdem sie gewaltige Massen von Sand mühsam fortgeschaufelt hatten, sahen sie sich sechs überlebensgroßen Darstellungen buddhistischer Mönche gegenüber, jeweils drei auf beiden Seiten des Eingangs. Und als sie sich weiter in den mit Sand gefüllten Tempel hineinarbeiteten, kamen weitere Figuren zum Vorschein. Einige von ihnen waren deutlich als Inder zu erkennen, denn sie trugen gelbe Roben, und daneben standen in zentralasiatischer Brāhmī-Schrift ihre Namen. Andere, in violetten Roben, stammten offensichtlich aus Ostasien. Ihre Namen waren in uighurischer und chinesischer Schrift geschrieben. Le Coq stellt in seinem Buch fest, daß diese tausend Jahre alten Porträts nicht die üblichen, mit Hilfe von Schablonen gezeichneten stereotypen Gesichter zeigten, sondern daß sich die Künstler um realistische Darstellung der Personen bemüht hatten.

Als sie weiter in den Korridor vordrangen, fanden sie unter dem Sand zunächst 15 riesengroße Darstellungen der Buddhas der verschiedenen Zeitalter. Andere Figuren, die vor den Buddhas knieten und ihnen Geschenke darbrachten, interessierten Le Coq besonders, denn sie trugen die Trachten verschiedener Nationalitäten. Indische Prinzen, Brahmanen, Perser waren darunter – und ein sonderbarer Mensch mit rotem Haar, blauen Augen und eindeutig europäischen Gesichtszügen.

In der Cella, dem Haupteiligtum des Tempels, stießen sie auf Fresken mit grotesken Darstellungen indischer Götter, sechshändiger Dämonen, von Vögeln mit Menschenköpfen, die ein Kind ergriffen hatten und von Jägern verfolgt wurden, sowie eines Königs mit seinem Gefolge auf einer Jagdexpedition. In den vier Ecken der Cella standen die vier legendären Weltenhüter in Kriegerrüstung. Unter den Dargestellten waren auch die Stifter des Tempels, die Männer auf der einen, die Frauen auf der anderen Seite, und neben ihnen standen noch immer in verblaßter Schrift ihre Namen.

Dies war der bisher aufregendste Erfolg der Expedition, und Le Coq war fest entschlossen, koste es, was es wolle, sämtliche Gemälde von den Wänden zu nehmen und nach Berlin zu bringen. »In langer und mühsamer Arbeit«, schrieb er später, »gelang es, diese Bilder sämtlich herauszuschneiden. Sie kamen nach zwanzigmonatiger Reise auch glücklich nach Berlin, wo sie einen ganzen Saal füllen.« Und er fügte hinzu: »Es ist einer der wenigen Tempel, dessen Gemälde in ihrer Gesamtheit nach Berlin gelangt sind.«

Der tschechoslowakische Gelehrte Professor Pavel Poucha, dem 1957 gestattet wurde, durch Chinesisch-Turkestan zu reisen, behauptet, die Deutschen hätten einen Säbel benutzt, um diese empfindlichen Wandgemälde abzulösen. Das entspricht gewiß nicht dem, was Le Coq uns berichtet. Ihm zufolge wurde zunächst um jedes Gemälde mit einem sehr scharfen Messer ein Schnitt geführt, der tief genug war, um alle Schichten aus Lehm, Kamelmist und gehacktem Stroh sowie den Stukko zu durchdringen, auf dem die Farbe aufgetragen war. Dann mußte unmittelbar neben dem Gemälde mit einer Hacke oder mit Hammer und Meißel ein Loch in das Gestein geschlagen werden, das es erlaubte, eine Fuchsschwanzsäge einzuführen. »Bei sehr schlechter Beschaffenheit des Verputzes wurden zuweilen Leute angestellt,« erklärte Le Coq, »die mit Filz bedeckte Bretter gegen die herauszusägende Gemäldeplatte pressen mußten. Dann wurde diese Platte von der Wand abgesägt und das Brett vorsichtig mit dem oberen Rand zuerst von der Wand abgerückt: die abgesägte Platte muß auf dem zuletzt horizontal mit dem unteren Rand noch an die Mauer anstoßenden Brett liegen.« Und er fügt hinzu: »Die mit dieser Arbeit verknüpfte körperliche Anstrengung ist ungemein groß.«

Der anstrengendste Teil dieser Arbeit war, wie sogar Bartus mit seinen »herkulischen Kräften« feststellte, der Gebrauch der Fuchsschwanzsäge.

Jedes Gemälde wurde dann mit der bemalten Schicht nach unten auf ein zuvor mit trockenem Schilf, dann mit Filz und schließlich mit Rohbaumwolle gepolstertes Brett gelegt. Auf die Rückseite dieses Gemäldes kam eine weitere Schicht Baumwolle, auf die dann ein zweites Fresko mit der bemalten Schicht nach oben gelegt wurde. Nachdem das ganze nocheinmal sorgfältig gepolstert worden war, wurde das zuoberst liegende Gemälde wieder mit einem Brett abgedeckt, und damit war das »Sandwich« fertig. Die Bretter mußten so lang sein, daß sie über den Rand der Gemälde hinausragten und ihnen damit einen zusätzlichen Schutz gewährten. In den Zwischenraum wurde Flachsstroh gestopft und das ganze Paket schließlich mit Stricken verschnürt. Auf diese Weise wurden manchmal bis zu sechs Wandgemälde sicher zwischen einem Paar Bretter verpackt. Dieses Paket wurde anschließend in eine mit Flachsstroh gepolsterte Kiste verpackt, um es vor Erschütterungen während des Transports zu schützen. »Wir haben bei so gepackten Kisten niemals den geringsten Bruch gehabt«, behauptete Le Coq stolz. Große Gemälde wurden zunächst in mehrere Stücke zersägt, wobei man darauf achtete, Gesichter und andere ästhetisch bedeutsame Stellen nicht zu beschädigen.

Es ist interessant, daß Sir Aurel Stein nach zahlreichen Versuchen im Verlauf seiner drei Expeditionen eine etwas andere Technik entwickelte. Ebenso wie die Deutschen verwendete auch er eine Säge, die vorsichtig hinter den Fresken eingeführt wurde, um sie von der Wand abzulösen. Dann wurden sie auf der Rückseite mit einer festen, leimgetränkten Leinwand überzogen. Danach wurden die durchschnittlich 2,4 bis 3,2 Zentimeter dikken Gemälde mit den Vorderseiten aufeinandergelegt, jedoch mit einem Polster aus Rohbaumwolle, einem Blatt Khotan-Papier und einer weiteren Lage Baumwolle dazwischen. Als Steins Vorrat an Baumwolle verbraucht war, verwendete er rohe Schafwolle. Jedes Gemäldepaar wurde anschließend mit Binsen umwickelt, bevor es zwischen hölzerne Latten geklemmt und mit Stricken zusammengebunden wurde. Am Schluß wurde es in mit Binsen gepolsterte Holzkisten gepackt. Die größeren von Stein abgelösten Gemälde – einige von ihnen waren bis zu drei Meter hoch – konnten ebenfalls nicht in einem Stück transportiert werden und mußten deshalb vorher in Stücke geschnitten werden, um später nach der langen und anstrengenden Heimreise auf Kamelen, Pferden, Jaks oder anderen Transportmitteln wieder sorgfältig zusammengefügt zu werden.

Bekümmert haben Beamte dem britischen Schriftsteller Basil Davidson ein halbes Jahrhundert später in Bezeklik die leeren Stellen gezeigt, wo Le Coq und Bartus Fresken entfernt hatten. Jedesmal, wenn sie an eine solche Lücke kamen, an der sich einst ein Fresko befunden hatte, stießen Davidsons Begleiter nur das eine Wort hervor: »Gestohlen!«

In seinem Buch *Auf Hellas Spuren in Ost-Turkistan* gibt Le Coq eine lebendige Beschreibung der herben Schönheit der Landschaft um Bezeklik. »In der Totenstille, die stets dort herrscht, hörte man dann das Plätschern des rauschenden Baches, der unten am Fuß des Ausschnittes in schnellem Gefälle einherbrauste, wie ein verspottendes Lachen.« Trotz ihrer Schönheit besaß die Gegend eine Atmosphäre, welche die beiden Deutschen zeitweilig bedrückte. Es gab da etwas, das sie als »das dämonisch Unheimliche« empfanden und das vielleicht die »Dämonenfratzen« beseelte, die sie von so vielen Tempelwänden anstarrten.

»Mitten in die Totenstille einer« Nacht in Bezeklik »erschallten plötzlich schauerliche Laute, als ob hundert Teufel auf einmal losgelassen seien«. Die beiden Männer sprangen aus den Betten, ergriffen ihre Gewehre und liefen auf die Terrasse. Le Coq fährt fort: »Da sahen wir zu unserem Schrecken den ganzen hufeisenförmigen Ausschnitt mit Wölfen besetzt, die die Nase in die Luft gehoben, mit langgezogenem Geheul den Mond begrüßten.« Doch ihm und Bartus wurde von ihren Leuten versichert, die Wölfe in dieser Gegend seien harmlos. Le Coq berichtet: »Nach einigen Schüssen, von denen einer einen der Besucher traf, verließen uns die Tiere, nachdem sie ihren angeschossenen Kameraden verzehrt hatten.« Sie hörten nur von einem einzigen Vorfall, bei dem Wölfe einen Menschen getötet hatten. Das Opfer war ein hübsches zwölfjähriges Mädchen aus Karakhoja, das die beiden Deutschen kannten und das gegen seinen Willen einem sechzigjährigen Mann versprochen worden war. Das Mädchen lief fort durch die Wüste in Richtung auf eine benachbarte Oase. Erschöpft machte es an einer Wasserstelle halt, schlief dort wahrscheinlich ein und wurde von den Wölfen entdeckt. Le Coq erzählt: »Man fand bloß noch die blutigen Fetzen ihrer Kleider und die langen Schaftstiefel, in denen die Beine noch steckten.«

Nachdem sie in einem anderen nahegelegenen buddhistischen Heiligtum, das sie kurze Zeit erforschten, weitere Fresken aus dem 7. Jahrhundert sowie Stickereien und Handschriften gefunden hatten, kamen sie in das Dorf Tuyuq, was »der Verhau« bedeutet. Wie Le Coq berichtet, war diese Gegend berühmt für ihre ovalen, kernlosen Trauben, die selbst noch im vier Monate entfernt liegenden Peking als Rosinen verkauft wurden. Von diesem Dorf stromaufwärts fanden sie zahlreiche, jedoch völlig verfallene Tempel. Außerdem stießen sie auf eine riesige Klosteranlage, die »wie ein Schwalbennest an den senkrechten Berghang geklebt ist«. Elf Jahre später, im Jahr 1916, als das Gebiet von einem schweren Erdbeben erschüttert wurde, sollte das ganze Kloster in die Schlucht stürzen. In dem sich durch das Gebirge windenden Tal fand Le Coq zudem in einem Höhlentempel eine Mönchszelle, deren architektonische Anlage eindeutig persische Einflüsse aufwies und die, wie Le Coq bei näherer Untersuchung feststellte, eine große Zahl religiöser Texte barg. Irgendjemand hatte vergeblich versucht, sie zu verbrennen, so daß die Deutschen genügend retten konnten, um damit zwei Säcke zu füllen. Viele dieser Texte stammten aus dem 8. und 9. Jahrhundert. Außerdem fanden sie, wie Le Coq schreibt, »wundervolle Stickereien«.

Erneut weiterziehend beauftragte Le Coq Bartus, einige Ruinen in Shuibang nördlich von Turfan zu untersuchen, während er selbst sich mit den vielen Kisten, die ihre bisherigen Funde enthielten, auf den Weg nach Urumqi machte. Dort hoffte er mit Hilfe des russischen Konsuls einen zuverlässigen Mann zu finden, der die schwer beladenen Wagen bis zur nächsten, jenseits der russischen Grenze gelegenen Kopfstation der Eisenbahn begleitete. Auf dieser Reise nahm er 6000 Rubel in Gold mit, die er in chinesische Währung wechseln wollte. Klugerweise legte er das Geld, als er in Dabancheng in einer Karawanserei übernachtete, unter sein Kopfkissen, denn hier wurden sie Opfer von Dieben, die in den Raum, in dem er schlief, eindrangen, indem sie zunächst die Lehmwand naß machten und dann ein Loch hineinschnitten. Zum Glück wurden die Diebe gestört und nahmen nur einige Sättel und Kleidungsstücke mit, für die Le Coq von den Behörden in Urumqi eine Entschädigung bekam.

Als er sich wie verabredet in Karakhoja wieder mit Bartus traf, erfuhr er, daß sein Kollege eine »fabelhafte Ausbeute« frühchristlicher Handschriften gemacht hatte, die er in den Ruinen von Shuibang ausgegraben hatte. Darunter befanden sich ein Psalter aus dem 5. Jahrhundert, Fragmente des Matthäusevangeliums und des nicäanischen Glaubensbekenntnisses in griechischer Sprache sowie Texte, die sich mit der Auffindung des Heiligen Kreuzes Christi durch die Kaiserin Helena und »den Besuch der Heiligen Drei Könige beim Christuskindlein« beschäftigten. Diese Funde hatten Bartus so begeistert, daß er die Handschriften kurzerhand auf eine *mappa,* den ungefederten, zweirädrigen chinesischen Karren gepackt hatte und ohne anzuhalten damit nach Karakhoja gefahren war.

Inzwischen war es Anfang August, und die glühende Hitze in der Turfan-Senke war unerträglich geworden. Beide Männer litten unter einem juckenden Hautausschlag, der Europäer in heißen Gegenden befällt. Um ihn loszuwerden, beschlossen sie, ihr Lager etwa 320 Kilometer weiter östlich nach Hami zu verlegen. Dort – noch am Rand der Gobi, aber bereits in den Vorgebirgen des Tianshan – würde es wenigstens kühler sein als in Turfan (obwohl Oberst Bell im Jahre 1887 berichtet hatte, daß die Temperaturen im Sommer auf bis zu 50 Grad Celsius im Schatten stiegen). Sie brauchten zwölf Tage, um die ehemalige Hauptstadt Dschingis-Khans zu erreichen, wobei sie jede Nacht in einem der verwanzten Rasthäuser am Wege verbrachten. Niemand weiß über diesen Teil der Gobi Gutes zu berichten. Für Mildred Cable und Francesca French, die wahrlich nicht zu Übertreibungen neigten, war es eines jener Gebiete, »die einen mehr als jedes andere in Furcht und Schrecken versetzen können«.

18 Jahre vor dem Besuch Le Coqs war Oberst Bell von chinesischen Beamten in Hami, die seine Verkleidung als Chinese durchschaut hatten, sehr unfreundlich behandelt und (vielleicht nicht ganz zu Unrecht) öffentlich als »fremder Teufel« beschimpft worden. Daß er sich nicht gerade wie ein Gentleman verhalten hatte, rechtfertigte er damit, daß er die Chinesen als »Abschaum« dieser Grenzstädte abtat. Doch Le Coq und Bartus machten in Hami sehr viel angenehmere Erfahrungen. Der Khan schickte ihnen, als er von ihrem Kommen hörte, in alle Raststätten, in denen sie unterwegs einkehrten, Proviant entgegen, unter anderem Eier, Fleisch und Obst. Das trug viel dazu bei, die Schrecken der Wanzenplage zu mildern.

In Hami angekommen wurden sie vom Khan in dessen prächtigem Palast empfangen. Einige der Räume, berichtete Le Coq, seien zum Teil außerordentlich schön ausgestattet gewesen, und er fährt fort: »Wir sahen überall prächtige, mit echten Farben gefärbte chinesische und chotäner Teppiche, schöne Seidenstickereien, sowohl im chinesischen Stil wie in der Art von Buchara; köstliche Jadeschnitzereien aus Chotän neben chinesischem Porzellan, französischen Stutzuhren und, o Schrecken! schauerlich häßliche russische Petroleumlampen der billigsten und geschmacklosesten Art. Auch eine Kuckucksuhr schmückte eine der Wände im Empfangsraum und erfreute uns durch den heimatlichen Klang.«

Der ehemalige Weinhändler aus Darmstadt war überrascht, im Haus dieses muslimischen Herrschers im innersten Zentralasien einen mit den besten französischen Champagnern und russischen Likören gefüllten Weinkeller vorzufinden. Mit diesen Getränken traktierte der Khan freigiebig sich selbst und seine Gäste und trank ihnen immer wieder zu, ohne daß der Alkohol bei ihm die geringste Wirkung zeigte. Die Bewohner von Hami genossen schon seit Jahrhunderten den Ruf, etwas von den Genüssen des Lebens zu verstehen und großzügige Gastgeber zu sein. Marco Polo schrieb über sie: »Sie leben vom reichen Ertrag ihrer Felder und verkaufen Eßwaren an die Durchreisenden. Sie sind fröhliche Leute, sie musizieren, singen und tanzen bei jeder Gelegenheit und freuen sich des Lebens.« Doch ein oder zwei Jahre nach dem Tode von Le Coq sollte dieser so reich gesegnete Ort dem Erdboden gleichgemacht und all seiner Schätze beraubt werden, denn nach einem gescheiterten Aufstand fiel diese Stadt der Lebenskünstler einer furchtbaren chinesischen Strafexpedition zum Opfer.

Der Aufenthalt Le Coqs in Hami war zwar eine angenehme Abwechslung, archäologisch jedoch war er enttäuschend. Zwar hatte Younghusband 18 Jahre zuvor berichtet, er habe in der Umgebung von Hami mehr Ruinen gesehen als bewohnte Gebäude, doch stellte sich heraus, daß die meisten jüngeren Datums waren (Opfer einer früheren Revolte) und nicht Überreste der buddhistischen Vergangenheit dieser Region. Trotzdem gelang es den Deutschen, in den Vorgebirgen nordöstlich der Stadt zwei buddhistische Tempel zu entdecken – aber sie kamen viel zu spät. Die Skulpturen und andere Kunstwerke, deren Reste noch aus dem durchnäßten Boden herausragten, waren im Lauf der Jahre vom Schmelzwasser aus den Bergen aufgeweicht und in formlose Klumpen verwandelt worden. Doch Le Coq durfte sich wahrlich nicht beschweren. Noch vor einem Jahr war er lediglich ein Volontär in der indischen Abteilung seines Museums gewesen. Rein zufällig – infolge des Todes von Huth und der Erkrankung von Grünwedel – war er mit der Leitung dieser Expedition nach Chinesisch-Zentralasien beauftragt worden. Der Kaiser, der sich persönlich an den Kosten beteiligt hatte, hatte bereits seine Zufriedenheit mit dem Verlauf der Expedition zum Ausdruck gebracht. Dazu war dann der Triumph von Bezeklik gekommen. Die Kisten mit den dort erbeuteten grandiosen Fresken rollten auf ihrem Weg nach Berlin gerade durch Sibirien. Le Coq konnte sicher sein, sich einen Namen gemacht zu haben.

Doch nun begann eine Kette von Ereignissen, die ihn um den bedeutendsten Fund entlang der Seidenstraße bringen sollte. Er und Bartus hatten während ihres Aufenthalts in Hami von einem turkmenischen Kaufmann eine erstaunliche Geschichte über eine vor fünf Jahren bei Dunhuang gemachte Entdeckung gehört. Diese Oase lag etwa 320 Kilometer südlich in der Wüste Gobi. Wie der Kaufmann berichtete, war ein chinesischer Priester zufällig auf eine umfangreiche Bibliothek aus alten Büchern und Handschriften gestoßen, die dort viele Jahrhunderte in einer verborgenen Kammer gelegen hatten. Le Coq wußte, daß Dunhuang seit frühester Zeit ein Zentrum buddhistischer Religion und Gelehrsamkeit gewesen war, wenngleich es bisher nur eine Handvoll europäischer Reisender besucht hatten. Anders als in Karakhoja und Bezeklik betrachteten die Einheimischen die reich geschmückten Kapellen noch immer als heilige Stätten. An einen Versuch, ihre Fresken herauszusägen, war daher nicht zu denken. Bei der Bibliothek jedoch, wenn sie wirklich existierte, mochten die Dinge anders liegen. Auf jeden Fall würde es sich lohnen, der Sache nachzugehen. Während Le Coq und Bartus noch darüber berieten, traf ein unwillkommenes Telegramm aus Berlin ein. Grünwedel war endlich doch abgereist. Er rechnete damit, in sechs Wochen in Kaschgar zu sein, und bat sie, sich dort mit ihm zu treffen. Le Coq befand sich damit in verzweifelter Lage. Nach Dunhuang würden sie 17 Tage brauchen. Wenn sie Dunhuang besuchten, konnten sie also mit Sicherheit das fast 2000 Kilometer weiter westlich gelegene Kaschgar nicht mehr rechtzeitig erreichen, um die Verabredung mit Grünwedel einzuhalten. Aber Grünwedel hatte sich monatelang nicht entscheiden können, und es war durchaus möglich, daß er seine Pläne erneut änderte. Was sollten sie tun? Le Coq beschloß, den Zufall entscheiden zu lassen und nahm einen chinesischen Silberdollar: »Kopf gewinnt, Schwanz verliert!« Es war der Schwanz. Also sattelte Bartus die Pferde, und sie brachen gemeinsam nach Kaschgar auf.

10. Kapitel

DIE MALEREIEN VON KYZIL

Die Reise nach Kaschgar dauerte anderthalb Monate. Le Coq, der vorausgeritten war, kam als erster an, während Bartus mit den langsamen *mappas* erst einige Tage später eintraf. Zu ihrem Ärger war jedoch weder etwas von Grünwedel zu sehen noch war irgendeine Nachricht von ihm eingetroffen. Erst zwei Wochen später erhielten sie von ihm die Botschaft, daß er irgendwo in Rußland sein Gepäck verloren hatte (offensichtlich hatte er es versäumt, den Stationsvorsteher in Moskau zu bestechen), und sich seine Ankunft deshalb um unbestimmte Zeit verzögern werde. Le Coq und Bartus waren wütend. Sie hatten nicht nur das ganze unwirtliche Chinesisch-Turkestan durcheilt, um rechtzeitig da zu sein, sondern hatten sich auch die Gelegenheit entgehen lassen, Dunhuang zu besuchen, um die versteckte Bibliothek zu suchen. So trösteten sie sich mit dem Gedanken, daß es wahrscheinlich gar keine solche Bibliothek gäbe. Sie hatten sich schon früher ein paarmal durch ähnliche Erzählungen Einheimischer täuschen lassen. Einmal hatte Le Coq einen weiten und zeitraubenden Umweg gemacht, um sich eine geheimnisvolle »Inschrift« anzusehen, von der ein Dorfbewohner ihm erzählt hatte, nur um festzustellen, daß die Kratzer von einem Gletscher stammten. Auch Bartus hatte einmal eine ganze Woche damit zugebracht, eine nicht existierende historische Stätte bei Turfan zu suchen, wobei der Hund seines Führers an Durst und Erschöpfung gestorben war und die Männer und Pferde fast dasselbe Schicksal ereilt hätte. Dennoch sollte die Tatsache, daß Grünwedel die Verabredung nicht einhielt, ihre Beziehungen zu ihm während der ganzen Expedition belasten.

Da es in Kaschgar keinen deutschen Konsul gab, wohnten Le Coq und Bartus bei den Macartneys, während sie auf die Ankunft von Grünwedel warteten. Es gab zwei Gründe dafür, daß sie die

Gastfreundschaft der Briten derjenigen der Russen vorzogen. Erstens sprach Le Coq Englisch, hatte in England gelebt und konnte kein Russisch. Zweitens gefiel ihm nicht, was er von Petrowski gehört hatte; er wollte sich »nicht einem so tyrannischen Gewalthaber anvertrauen«. Grünwedel und der unglückliche Huth hatten dagegen den Fehler begangen, sich zwei Jahre zuvor während der ersten deutschen Expedition bei Petrowski einzuquartieren. Das hatte sich als Katastrophe erwiesen. Huth war Jude, und der hochmütige Petrowski hatte nach einem Streit damit gedroht, »diesen Juden prügeln zu lassen«. In Chini-Bagh, der Dienstwohnung der Macartneys, gab es keine derartigen Szenen, und Le Coq schreibt wie alle anderen Reisenden mit großer Herzlichkeit über dieses außergewöhnliche Ehepaar, das so lange Zeit an diesem entlegenen Ort gelebt hat. Nachdem sich die Deutschen inzwischen an die Lebensweise in Turkestan gewöhnt hatten, brauchten sie eine gewisse Zeit, um sich an die Bequemlichkeiten zu gewöhnen, welche ihre Gastgeberin ihnen bot. »Als Lady Macartney mich in ein wohlausgestattetes Zimmer mit einem schönen englischen Bett einquartiert hatte, glaubte ich im Himmel zu sein«, schrieb Le Coq. »Als ich aber einige Zeit im Bett gelegen hatte, kam es mir vor, als müßte ich ersticken. Ich stand auf, nahm meinen Filz, breitete ihn auf der Veranda aus, benutzte den Sattel als Kopfkissen und schlief in einen leichten Pelz gehüllt wieder im Freien. Es hat einige Zeit gedauert, bis ich mich wieder an die Enge eines Zimmers gewöhnen konnte.«

Während Le Coq und Bartus auf das Eintreffen Grünwedels warten, sollten wir einen kurzen Blick auf die bemerkenswerten Talente und den Charakter von Bartus werfen. Er war der Sohn eines pommerschen Webermeisters und war viele Jahre auf Segelschiffen zur See gefahren. Eine Zeitlang hatte er zudem als Squatter im australischen Busch gelebt, wo er reiten und Unannehmlichkeiten zu ertragen gelernt hatte. Dies verbunden mit seiner angeborenen Erfindungsgabe und den vielen praktischen Fähigkeiten, die er sich auf einem Windjammer angeeignet hatte, machten ihn zum idealen Begleiter einer derartigen Expedition. Darüber hinaus war er ein großartiger Kamerad, gesegnet mit unverwüstlicher guter Laune, Mut, gewaltiger Körperkraft und

1 Sven Hedin

2 Sir Aurel Stein

3 Albert von Le Coq (*sitzend, links*) und Theodor Bartus (*sitzend, rechts*)

4 Paul Pelliot

5 Graf Kozui Otani

6　Langdon Warner　　　7　Islam Akhun (*Foto: Sir Aurel Stein*)

8   Am Rand der Wüste Taklamakan *(Foto: Sir Aurel Stein)*

9   Im Bazar von Yarkand

10 Der Abt Wang, der selbsternannte Wächter der Höhlen von Dunhuang (*Foto: Sir Aurel Stein*)

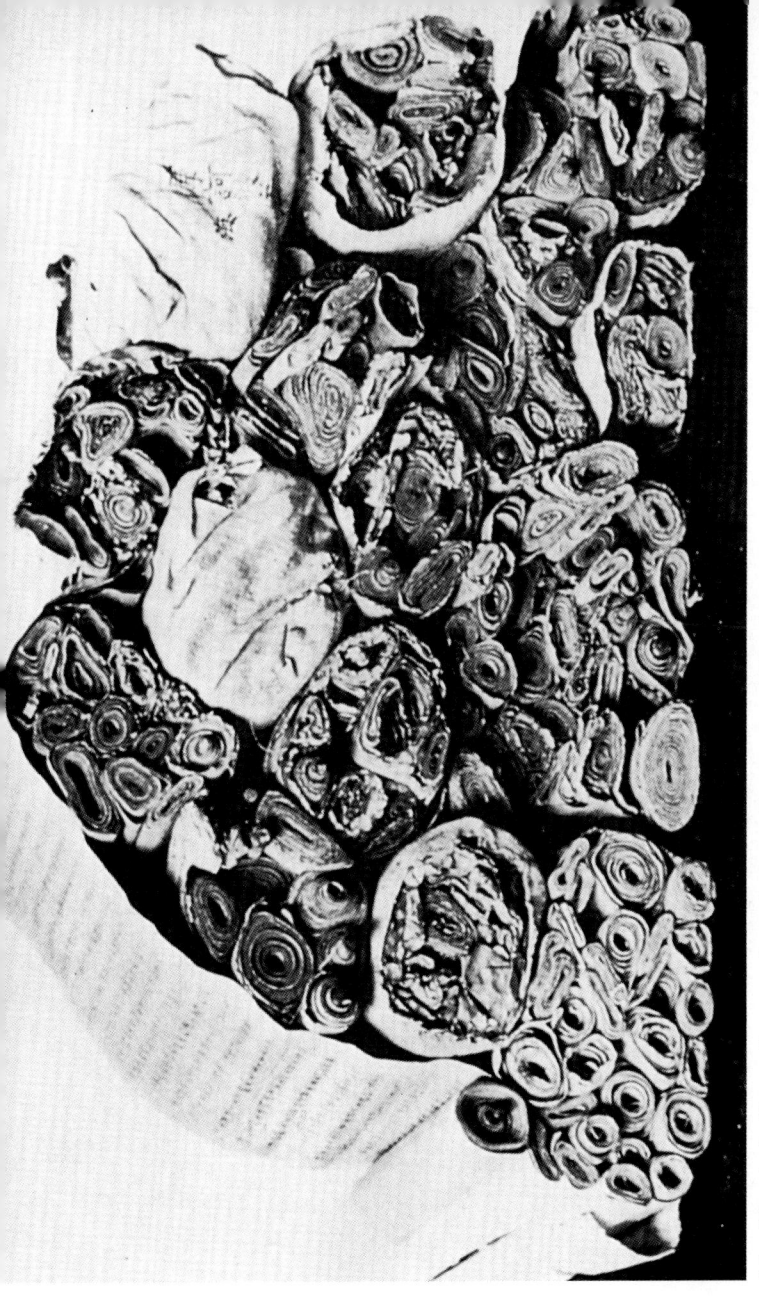

11   Handschriftenrollen aus der geheimen Kammer von Dunhuang

12 Buddhistische Höhlen bei Dunhuang

13 Eines der großen Wandgemälde (9. Jh.), die Le Coq aus Bezeklik
fortgeschafft hat und die während des Zweiten Weltkriegs in
Berlin zerstört wurden – ein typisches Beispiel für den serindischen Stil. Beachte die Schnittstellen.

14 Lebensgroße buddhistische Figuren von Bezeklik, chinesische Mönche darstellend. Während des Zweiten Weltkriegs zerstört.

15   Eine ähnliche Darstellung indischer Mönche. Ebenfalls zerstört.

16 Detail eines weiteren der Meisterstücke von Bezeklik, persische
Wohltäter des Tempels darstellend. Ebenfalls zerstört.

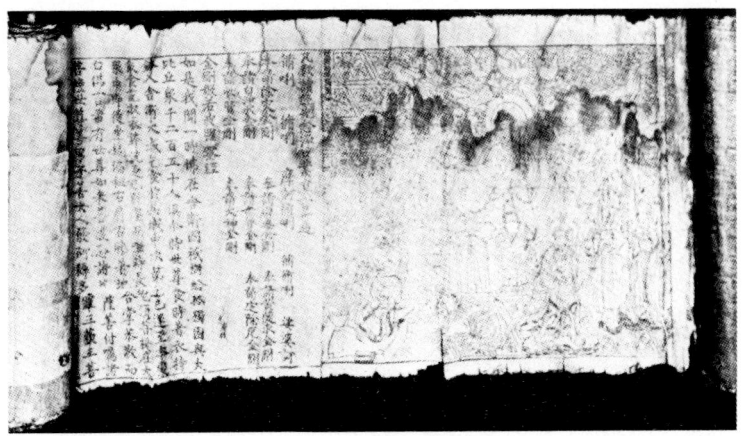

17　Der älteste erhaltene Buchdruck der Welt

18　Steins mit Schätzen beladene Karawane unmittelbar vor dem
Abmarsch von Abdal nach Kaschgar (*Foto: Sir Aurel Stein*)

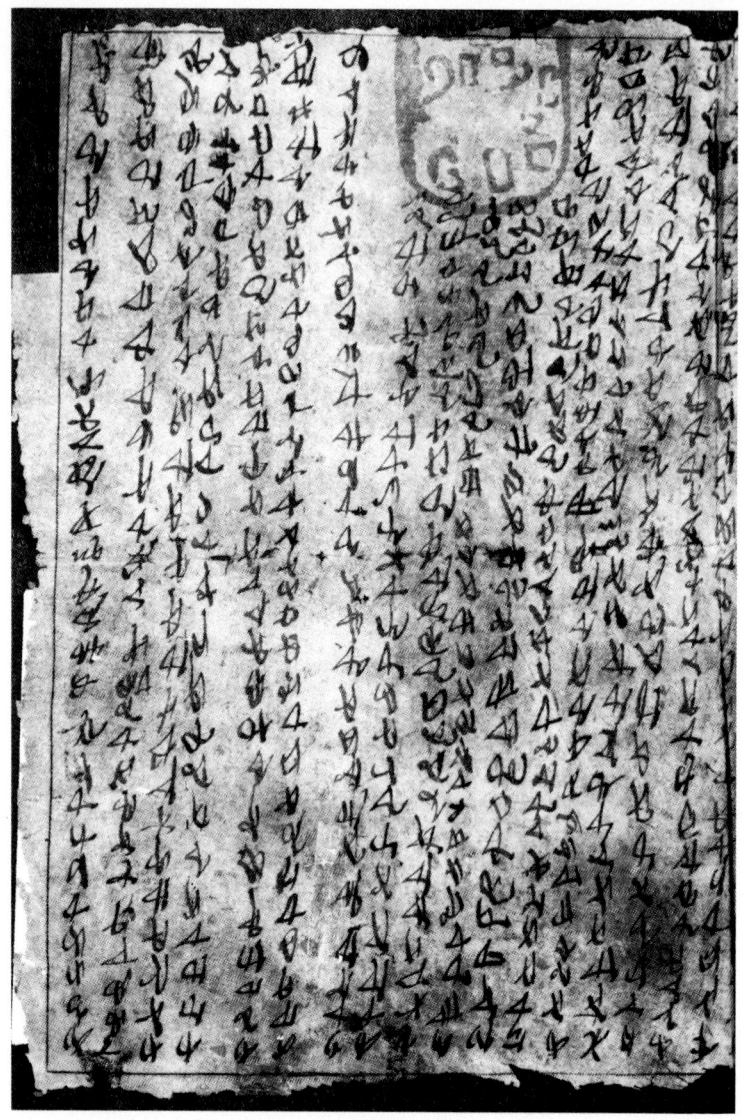

19 Ein Beispiel für die gefälschten Handschriften Islam Akhuns mit
»unbekannten Schriftzeichen«, die aus der Sammlung des Britischen Museums entfernt werden mußten.

20 Ausgrabung eines alten Hauses in der Fundstätte Niya
(*Foto: Sir Aurel Stein*)

21 Stein und seine Leute in der Taklamakan. Links von Stein, sitzend, Naik Ram Singh, der später erblindete.

22 Der von Langdon Warner aus Dunhuang fortgeschaffte kniende
    Buddha

Enthusiasmus. Er hatte die Stelle eines Mädchens für alles im Völkerkundemuseum angenommen, als er während eines Besuchs in Deutschland erfuhr, daß er seine gesamten Ersparnisse verloren hatte, weil eine australische Bank in Konkurs gegangen war. Er sollte alle vier deutschen Expeditionen nach Chinesisch-Turkestan begleiten, wobei er monatelang von früh bis spät mit großem Eifer und Geschick arbeitete. Wie wir gesehen haben, wurde er zu einem so begeisterten Ausgräber, daß Le Coq ihm gelegentlich eigene kleinere Grabungen anvertraute.

Mit einer Verspätung von 52 Tagen traf Gründwedel endlich am 6. Dezember in Kaschgar ein. Er kam »auf einem alten Pferdchen im Schritt einhergezogen«, schrieb Le Coq, wobei er kaum versuchte, seine Ungeduld zu verhehlen. Noch schlimmer aber war, daß Grünwedel krank war und es weitere drei Wochen dauerte, bevor die Expedition – offiziell hieß sie die Dritte Deutsche Expedition – aufbrechen konnte. Am ersten Weihnachtstag 1905 verließen die Deutschen schließlich Chini-Bagh, nachdem sie mit den Macartneys zu Mittag gegessen hatten. Auch die Russen waren eingeladen, hatten sich aber, wie Le Coq berichtet, seltsamerweise geweigert »auch nur einen Bissen anzurühren«, wobei sie die faule Ausrede gebrauchten, daß sie bereits gegessen hätten.

Grünwedel war noch längst nicht wieder gesund, aber die vier Deutschen (Grünwedel hatte einen Assistenten mitgebracht, der Chinesisch sprach) hatten das Gefühl, daß sie die Gastfreundschaft der Macartneys nicht länger in Anspruch nehmen konnten, und es waren wichtige Arbeiten zu tun. Außerdem bereitete sich Stein auf eine zweite Expedition vor, die Russen taten dasselbe, und es kursierten Gerüchte, daß auch die Franzosen eine Expedition planten. Es war also keine Zeit zu verlieren, wenn man die vielversprechenden Stätten für sich beanspruchen wollte. Grünwedel reiste daher auf einer Matratze liegend in einem mit Heu gefüllten Karren, über den eine Zeltplane gespannt war, um ihn vor der Sonne zu schützen. Ihr Ziel waren die Felsentempel bei Kyzil in den Ausläufern des Tianshan, etwa 50 Kilometer vor Kutscha an der Nordroute der alten Seidenstraße.

*

Indessen wartete Aurel Stein in Indien ungeduldig auf die behördliche Genehmigung seines Plans für einen zweiten großen Beutezug über den Karakorum. Ebenso wie die in Kaschgar aufgehaltenen Deutschen beunruhigten auch ihn die Absichten seiner Konkurrenten in einem Gebiet, das er bisher praktisch für sich allein gehabt hatte. Sein Freund Macartney hatte ihm geschrieben und ihn sowohl über die Verzögerung der deutschen Expedition als auch über die »Eifersüchteleien« zwischen Le Coq und Grünwedel unterrichtet. Stein stellte sich in diesem Punkt auf die Seite Grünwedels. Einem Freund gegenüber meinte er: »Grünwedel ist ein langsamer Arbeiter, der die Dinge gründlich tun will.« Er hoffe, fügte er hinzu, es werde Grünwedel gelingen, dafür zu sorgen, daß sich seine »jungen Museumsassistenten« auf Turfan beschränkten. Er war jedoch erleichtert, als er schließlich von Macartney hörte, die Deutschen hätten vor, im Gebiet von Kutscha zu bleiben. Stein hatte ganz andere Pläne, und deshalb sorgte er sich jetzt mehr darum, was die Franzosen unternehmen würden. Er schrieb: »Das eigentliche Wettrennen werden wir mit den Franzosen austragen müssen.« Er hatte gehört, daß der hochbegabte junge französische Sinologe Paul Pelliot sich im Frühjahr von Frankreich aus auf den Weg machen wollte. Stein war, wie er einem Freund gestand, »boshaft genug« zu hoffen, daß man Pelliot die Durchreise durch Rußland verweigern werde, was ihn zwingen würde, die wesentlich langwierigere Route durch Indien zu nehmen und damit Stein einen zeitlichen Vorsprung zu geben. Während sich die Bürokraten in Kalkutta und London mit ihrer Entscheidung über seine Anträge Zeit ließen, arbeitete Stein fieberhaft an den Druckfahnen seines zweibändigen Meisterwerks *Ancient Khotan*, eines umfangreichen wissenschaftlichen Berichts über seine erste Expedition, der anders als sein zuvor erschienenes Werk *Sand-Buried Ruins of Khotan* für Archäologen und Gelehrte bestimmt war, die sich mit der Geschichte Zentralasiens beschäftigten. Besorgt, daß seine Rivalen ihm zuvorkommen könnten (er hatte gerade gehört, daß auch die Russen eine Expedition vorbereiteten), klagte er einem Freund gegenüber: »Wenn diese große indische Maschine nur schneller arbeiten würde.«

Nachdem die Deutschen kurz die Ruinen bei Tumchuq untersucht und beschlossen hatten, später wiederzukommen (die Expedition von Pelliot sollte ihnen schließlich zuvorkommen), eilten sie nach Kyzil, wo es, wie sie wußten, zahlreiche archäologisch interessante Stätten gab. Einer ihrer einheimischen Begleiter hatte ihnen von einem riesigen, in den benachbarten Bergen versteckt gelegenen *ming-öi* erzählt, einem Komplex von Höhlentempeln, den einige japanische Reisende besucht hätten. Nachdem sie dort drei Monate gearbeitet hatten, waren die Japaner im April 1903 offenbar durch ein schweres Erdbeben vertrieben worden. Le Coq und Bartus machten sich auf den Weg, um sich den oberhalb der Stromschnellen des Flusses Muzart gelegenen *ming-öi* näher anzusehen – »eine fabelhafte Siedlung von vielen hundert Tempeln in den steilen Klippen eines Höhenzuges...« wie Le Coq schrieb. Da er wußte, daß auch andere Expeditionen auf dem Wege hierher waren, mietete er die einzige Unterkunft an diesem abgelegenen, einsamen Fleck, eine elende, von einem einheimischen Bauern errichtete Lehmhütte mit zwei Räumen. Nachdem die Deutschen auf diese Weise ihren Anspruch auf diese Ausgrabungsstätte dokumentiert hatten, zogen sie nach Kutṣcha weiter, wo sie dem dortigen chinesischen Gouverneur ihre Aufwartung machten. Dann ritten sie weiter nach Kumtura, um einen weiteren *ming-öi* zu untersuchen, wobei sie jedoch feststellten, daß er von Schatzsuchern völlig ausgeraubt worden war. Im weiteren Verlauf des Flußtals entdeckten sie einige einzelne Tempel mit noch unversehrten Wandgemälden, Skulpturen, Handschriften und anderen buddhistischen Altertümern. Le Coq berichtet: »Hier wurde mit freudiger Hingebung gearbeitet. Es verging kein Tag ohne eine neue, aufregende Entdeckung.« Grünwedel, der sich inzwischen fast ganz von seiner Krankheit erholt hatte, fertigte genaue Skizzen der Wandgemälde an und zeichnete Lagepläne der Höhlen.

Le Coq unternahm eine Reihe von Erkundungsritten zu anderen historischen Stätten in der Umgebung, stellte jedoch fest, daß die meisten durch Feuchtigkeit schwer gelitten hatten und es sich nicht lohnte, dort zu graben. In einem Dorf wurde er von einem chinesischen Beamten herzlich willkommen geheißen, der ihn in einem kleinen Gasthof unterbrachte. Er sei gerade zu Bett gegangen, erzählt er, da »erschien plötzlich eine hochgewachsene junge Frau, im chinesischen Jäckchen und prächtig bestickten Unterkleidern.« Sie wurde begleitet von zwei hübschen jungen Mädchen, die Saiteninstrumente spielten. »Auf genaueres Befragen erfuhr ich dann, daß die Schönheit eine berühmte Halbweltdame war, die dem fremden Herrn ihre Dienste anbieten wollte. Ich kaufte ihr ein Paar schöne Ohrringe ab, die ich sehr reichlich bezahlte, und entließ sie, freilich ziemlich gekränkt.«

Inzwischen waren auch zwei russische Ausgräber – die Brüder Beresowski – wie erwartet in der Gegend von Kutscha angekommen. Als sie dort die Deutschen antrafen, kam es fast zu Gewalttätigkeiten. Die Sache hatte eine Vorgeschichte. Zur Zeit der ersten deutschen Expedition hatte Grünwedel aus gewissen Gründen mit St. Petersburg eine Vereinbarung getroffen, derzufolge sich die Deutschen auf die jüngeren historischen Stätten in der Gegend von Turfan beschränken, die Russen dagegen die älteren im Bezirk von Kutscha bearbeiten sollten. Als Le Coq und Bartus jedoch das russische Konsulat in Urumqi aufsuchten, war Dr. Kochanowski überrascht zu erfahren, daß sie auf dem Weg nach Turfan waren. Er hatte nämlich von St. Petersburg briefe erhalten, die ihn, wie Le Coq berichtete, aufforderten, »er solle eiligst die Turfaner Siedlungen besuchen, um für die russische Wissenschaft alles, was an Bildern und Handschriften usw. zu finden sei, zu retten«. Tatsächlich hatte er aus Karakhoja bereits alles fortgeschafft, dessen er habhaft werden konnte, wenngleich es ihm nicht gelungen war, irgendwelche Wandgemälde mitzunehmen.

Le Coq hatte sich über diese Doppelzüngigkeit St. Petersburgs geärgert, zumal seiner Auffassung nach die Russen durch die getroffenen Vereinbarungen ohnedies im Vorteil waren. Er hatte versucht, Kochanowski zu erklären, daß Turfan innerhalb der vereinbarten deutschen Einflußsphäre lag, aber der Russe hatte erwidert, er wisse nichts von einer solchen Vereinbarung und müsse sich an seine Instruktionen halten. Angesichts dieser Anweisungen hatte Le Coq entschieden, daß die mit St. Petersburg getroffenen Vereinbarungen null und nichtig seien, und nun gelang es ihm, auch Grünwedel davon zu überzeugen. Zudem, betonte er, lägen Kumtura und Kyzil (das sie noch auszugraben hatten) genau genommen außerhalb des Gebiets von Kutscha, »und daher konnten sie vom Wortlaut des Vertrages nicht berührt werden«. Doch als die Russen schließlich eintrafen, stellten sie fest, daß Le Coq und Grünwedel mit Ausgrabungen an einem Tempelkomplex namens Simsim beschäftigt waren, der zweifelsfrei im Bezirk von Kutscha lag. Wütend darüber, ihre Rivalen dort bei der Arbeit zu sehen, was sie als ihr Gebiet betrachteten, protestierten sie empört. Le Coq gelang es, sie zu besänftigen, aber erst nachdem der ältere der beiden Russen gedroht hatte, sie mit Waffengewalt zu vertreiben. Da die Deutschen jedoch merkten, daß die Russen keine wirkliche Gefahr bedeuteten, da sie weder über die Mittel noch über Erfahrung verfügten, Wandgemälde abzulösen, räumten Le Coq und Grünwedel taktvoll das Feld und wendeten sich stattdessen der sehr viel reicheren Beute in Kyzil zu.

Der chinesische Reisende Xuanzang, der im 7. Jahrhundert auf seiner berühmten Pilgerfahrt nach Indien durch dieses Gebiet gekommen war, hat uns einen detaillierten Bericht über das Leben im Königreich Kutscha hinterlassen (zu dem damals auch Kyzil gehörte), mehr als tausend Jahre, bevor Grünwedel und Le Coq dort gruben. Er erzählte seinem getreuen Biographen Huili von der ungeheuren Größe dieses Reiches (es erstreckte sich über mehr als 480 Kilometer von Osten nach Westen und 360 Kilometer von Norden nach Süden) sowie von der großen Fruchtbarkeit seiner reichlich bewässerten Oasen, wo sogar Getreide und Reis angebaut wurden. Von ihm erfahren wir auch, daß in K'iu-chi, wie er es nannte, Trauben, Granatäpfel, Pflaumen und andere Obstsorten gediehen. Xuanzang berichtete: »Der Boden ist reich an Mineralien – Gold, Kupfer, Eisen, Blei und Zinn. Die Luft ist milde und die Menschen sind ehrlich… Sie übertreffen die Bewohner anderer Länder als Lauten- und Flötenspieler. Sie kleiden sich in reich verzierte Gewänder aus Seide und Stickereien [auch Le Coq bemerkte die hervorragende Qualität der Stickereien, die er in einem der Dörfer fand]. Beim Handel verwenden sie goldene, silberne und kupferne Münzen.«

Zu seiner Zeit erhoben sich vor dem Westtor von Kutscha zwei 30 Meter hohe Buddhafiguren, auf jeder Seite der Straße eine.

Hier versammelten sich alljährlich zur Tag- und Nachtgleiche im Herbst Priester aus dem ganzen Königreich zu einer zehn Tage dauernden rituellen Feier. »Der König und alle seine Untertanen, vom höchsten bis zum niedrigsten, enthalten sich während dieser Zeit jeder öffentlichen Tätigkeit und halten ein religiöses Fasten«, berichtete Xuanzang. Am 15. und am letzten Tag eines jeden Monats versammelt der König seine Minister um sich, um Angelegenheiten des Staates mit ihnen zu beraten, »und nachdem sie die Oberpriester um Rat gefragt haben, verkünden sie ihre Beschlüsse«. Er beschreibt auch eine Anzahl Klöster, und es scheint mehr als wahrscheinlich, daß er während seines Aufenthalts auch das Kloster in Kyzil besucht und eben jene Gemälde und Skulpturen bewundert hat, welche 1200 Jahre später die Deutschen nach Berlin schafften. Die Wandgemälde aus Kyzil sind vielleicht die bedeutendste Beute (die von Bezeklik eingeschlossen) der vier deutschen Expeditionen, denn Kunsthistoriker zählen die Fresken aus Kyzil zu den Glanzpunkten der gesamten zentralasiatischen Kunst.

Le Coq selbst schreibt über die in einem dieser Tempel gefundenen: »Die Malereien waren die schönsten, die wir überhaupt in Turkistan gefunden haben. Es waren hellenistische, nur wenig abgewandelte Darstellungen der Buddhalegende.« Als die Deutschen diesen Tempel zum ersten Mal betraten, schien er völlig leer zu sein. Doch bald stellten sie fest, daß die Wände von einer drei Zentimeter dicken Schicht schneeweißen Schimmels überzogen waren. »Ich holte«, erinnerte sich Le Coq, »chinesischen Schnaps aus Kutscha – für Europäer ist er ungenießbar, und wusch mittels eines Schwammes alle Wände ab«, wodurch die Fresken zum Vorschein kamen. In der folgenden Nacht quälte er sich mit entsetzlichen Kopfschmerzen und Fieber – vermutlich die Wirkungen der Schnapsdünste.

In einem weiteren nahegelegenen Tempel mit prächtigen Malereien beeindruckte sie »die verschwenderische Verwendung eines strahlenden Blau.« Es war das wertvolle Ultramarin, das die Künstler der Renaissance so liebten und für das sie bereit waren, das Doppelte seines Gewichts in Gold zu bezahlen. Eines dieser Bilder zeigte den König Ajatashatru beim rituellen Bad in geschmolzener Butter, während ein Ohrringe tragender Höfling, der es nicht wagt, ihm den Tod des Buddha mit Worten zu verkünden, dies mit Hilfe eines Gemäldes tut. Andere hervorragend erhaltene Arbeiten, die hier gefunden wurden, zeigten die Versuchung des Buddha, Szenen seiner Predigten, die Verteilung heiliger Reliquien und die Verbrennung seines Leichnams.

»Die Erfolge, die wir hier erzielten, ließen alle anderen, früheren, weit hinter sich,« erklärte Le Coq. »Überall fanden wir neue, unberührte Tempel, voll der interessantesten und künstlerisch vollkommensten Bilder, alle aus frühester Zeit ...« Keines dieser Fresken wies, anders als die anderen Stätten, bereits irgendwelche Spuren chinesischen Einflusses auf. Das lag daran, daß Kutscha vor 658, als es die chinesische Oberherrschaft anerkannte, sowohl eine eigene eigenständige Malschule als auch eine eigene Sprache besessen hatte. Obwohl chinesische Archäologen in jüngerer Zeit weitere Entdeckungen gemacht haben, verdanken wir unser heutiges Wissen über die Malerei von Kutscha weitgehend den Fresken und Handschriften, welche die deutsche Expedition aus Kyzil mitgebracht hat.

Eines Tages, als alle vier Männer gleichzeitig in verschiedenen Tempeln arbeiteten, hörten sie plötzlich ein lautes Krachen wie einen Donnerschlag und eine Lawine von Felsbrocken stürzte auf sie herab. Le Coq, Bartus und ihre Arbeiter flohen erschreckt den Hang hinunter, »gefolgt von großen Blöcken Gesteins, die mit fürchterlicher Wucht an uns vorbeirasten ...« Le Coq sah »den Fluß, der wild aufkochte und mächtige Wogen schlug«. Weiter flußaufwärts erhob sich eine ungeheure Staubsäule zum Himmel. Le Coq berichtete: »Im selben Augenblick wankte der Boden und ein donnerähnliches Rollen ließ sich von neuem vernehmen. Da nun wußten wir, es war ein Erdbeben ...« Sie beobachteten, wie sich die Schockwelle stoßartig das Tal hinab fortpflanzte, wobei Staubsäulen ihren Weg markierten. Zu ihrer Erleichterung waren sowohl Grünwedel, der sich mit seinem Skizzenbuch in eine Ecke seiner Höhle zurückgezogen hatte, als auch Herr Pohrt, sein Chinesisch sprechender Assistent, unverletzt geblieben. Ein anderes Mal ist Le Coq in einem Tempel, in dem jeder Schlag mit der Spitzhacke einen Schauer aus Steinen und Sand von der Decke auslöste, mit knapper Not davongekommen. Nachdem er die Bruchstücke einiger Holzfiguren untersucht hatte, die er gefunden hatte, lehnte er sich gegen die Wand der Höhle, wobei sich ein schmaler Verputzstreifen löste. Als »ich, betreten über diese Erscheinung, einige Schritte zurücktrat, schwang sich plötzlich ein ungeheurer Steinblock vollkommen lautlos herunter und stellte sich wuchtig unmittelbar vor die Spitze meines rechten Fußes«, berichtete Le Coq. Andere hatten weniger Glück. Bei einem Steinschlag wurde einer der einheimischen Arbeiter schwer verletzt und erhielt eine Entschädigung in Höhe von 20 Talern, eine wie Le Coq uns versicherte, in Chinesisch-Turkestan »beträchtliche Summe«, denn hier konnte, wie er behauptete, eine große Familie einen Monat lang »bequem« von vier Talern leben. In einem anderen Fall kamen zwei Männer aus einem benachbarten Ort in einem heftigen Sturm um, als sie gerade unterwegs waren, um bei den Deutschen Arbeit zu suchen.

Gelegentlich scheinen auch kleinere Stürme die Ruhe der Expedition gestört zu haben. Männer, die gezwungen sind, unter oft äußerst unangenehmen Bedingungen monatelang sehr eng zusammenzuleben, gehen einander notwendigerweise manchmal auf die Nerven. Und hier gab es zusätzliche Gründe, gereizt zu sein. Erstens nämlich war Le Coq offensichtlich enttäuscht, die Leitung einer so erfolgreichen Expedition an Grünwedel abtreten zu müssen, an einen Mann, den er zwar als Gelehrten achtete, als Expeditionsleiter jedoch eindeutig ablehnte. Zudem hatte ihn, wie wir wissen, Grünwedels verspätete Ankunft erbittert. Die Hauptquelle des Konflikts zwischen den beiden Männern war jedoch Le Coqs Neigung, alles, was sie in den Tempeln fanden, komplett abzutransportieren, allem voran die Wandgemälde. Grünwedels Haltung kommt am besten in einem etwa 30 Jahre später von einem seiner gelehrten Kollegen verfaßten Nachruf zum Ausdruck, wo es heißt: »Seine Expeditionsberichte zeigten deutlich, daß er die oberflächliche Erforschung historischer Stätten und die ›rücksichtslose Aneignung‹ bemerkenswerter Gemälde und Kunstwerke verurteilte und selbst vermied, dies zu tun. Sein Ziel war es, jeden Fundort wissenschaftlich zu untersuchen und in seiner Gesamtheit zu studieren. Deshalb hat er von allen neuen Entdeckungen Zeichnungen und Lagepläne angefertigt. Anderenfalls, so empfand er es, war die Entfernung der Fresken um kein Deut besser als Schatzsuche und Raub.«

Für diese Einstellung hatten Le Coq und Bartus kein Verständnis, und das führte zu Meinungsverschiedenheiten. Als Le Coq das komplette Deckengemälde im Gewölbe eines kleinen Tempels nach Berlin bringen wollte, widersprach Grünwedel. Er tat dies, wie Le Coq schreibt, »so energisch …, daß ich seine Ausführung nur auf Kosten des guten Einvernehmens hätte durchsetzen können.« Grünwedel schlug stattdessen vor, das Gewölbe zu vermessen und Zeichnungen anzufertigen, um es im Museum rekonstruieren zu können. Bei einem anderen ausgemalten Gewölbe erhob er ähnliche Einwände. Doch Le Coq konnte dieses Deckengemälde auf der nächsten von ihm selbst geleiteten Expedition abnehmen, bemerkt jedoch in seinem Buch, daß die Gemälde während der sieben Jahre, die dazwischen lagen, stark gelitten hätten. Ein anderes Mal, als Grünwedel sich gegen die Mitnahme einer Statue wandte, die Le Coq für besonders bedeutend hielt, sorgte der letztere dafür, daß Bartus sie ohne Wissen des Expeditionsleiters verpackte und nach Deutschland schmuggelte.

Nur ein einziges Mal entschloß sich Grünwedel, selbst eine Grabung zu leiten. Mit unverhohlener Schadenfreude schildert Le Coq, wie sich sein Chef nach gründlichen Vorbereitungen für einen Tempel entschied, der eine reiche Ausbeute zu versprechen schien, »und begann dort zu arbeiten. Da er sich aber mit den Leuten nicht verständigen konnte«, fährt Le Coq fort, »und der Staub, der bei dieser Arbeit immer in Wolken aufsteigt und schwer zu ertragen ist, ihn zu sehr belästigte, gab er sein Unternehmen bald auf …« Bartus, berichtet Le Coq mit kaum verhohlener Freude, übernahm dann die Leitung und förderte gerade dort, wo nach Grünwedels Meinung nichts zu finden war, »ganze Lagen prächtiger großer Buchblätter in frühindischer Schrift vom bloßgelegten Fußboden zutage«.

Mittlerweile begann der chronische Durchfall, an dem Le Coq schon seit einiger Zeit litt, was vielleicht zum Teil auch seine Gegnerschaft Grünwedel gegenüber erklärt, seine Gesundheit zu untergraben. Aus Furcht, daß er in dieser unwirtlichen Gegend ernstlich erkranken könnte, beschloß er, sofort nach Hause zurückzukehren. (Wir erinnern uns, daß Huth bald nach der Rückkehr von der ersten Expedition vor allem deshalb gestorben war, weil er seine Gesundheit vernachlässigt hatte.) Le Coq packte alle Handschriften zusammen, die sie bisher gefunden hatten, und bereitete sich auf die Abreise nach Kaschgar vor – allerdings nicht ohne dem armen Grünwedel noch eins auszuwischen. Sie hatten gerade erfahren, daß Stein beabsichtigte, Turfan zu besuchen. Le Coq drängte daher seinen bereits matt werdenden Expeditionsleiter, so rasch wie möglich nach Bezeklik zu gehen – was eine strapaziöse Reise von 560 Kilometer in östlicher Richtung bedeutete – und dort die restlichen Tempel auszugraben, bevor Stein es täte. Schließlich hatte Grünwedel ausdrücklich darum gebeten, dies ihm zu überlassen. (Hätte er das nicht getan, ließ Le Coq durchblicken, befände sich jetzt der Inhalt all dieser Tempel und nicht nur eines einzigen sicher in Berlin.) Daraufhin reiste er ab – zweifellos zur großen Erleichterung Grünwedels.

11. Kapitel

GEHEIMNISSE EINES CHINESISCHEN
ABFALLHAUFENS

Abgesehen davon, daß er aus Furcht vor Pferdedieben sein Zimmer mit seinem Pferd teilen mußte und der Karren mit den kostbaren Handschriften um ein Haar in einen tosenden Gebirgsbach gestürzt wäre, verlief die Reise Le Coqs nach Kaschgar ohne Zwischenfälle, wenngleich er durch seine Krankheit erheblich geschwächt war. Wie der Zufall es wollte, wäre er fast mit seinem Rivalen Stein zusammengetroffen, dessen Platz – und wohl auch Bett – in dem stets gastfreundlichen Hause der Macartneys er übernahm. Stein hatte Chini-bagh am 23. Juli in südlicher Richtung verlassen. Le Coq traf dort nur eine Woche später ein – in einem so riesigen Gebiet wie Zentralasien ein »Fast-Zusammenstoß«. Ursprünglich hatte Le Coq mit seinem kostbaren Gepäck gleich weiterreisen wollen, aber die Macartneys bestanden darauf, daß er sich eine Zeitlang bei ihnen erholte, und vereinbarten mit dem britischen Hauptmann J. D. Sherer, der sich ebenfalls auf dem Wege nach Indien befand, daß er Le Coq über den Karakorum begleitete.

Der Kranke und sein Begleiter mußten jedoch sehr bald in dramatischer Weise ihre Rollen tauschen, als Sherer auf einem 5800 Meter hohen Paß im Karakorum an Typhus und Lungenentzündung erkrankte und nicht weiterkonnte. Zugleich erfuhr Le Coq von seinem türkischen Diener, daß ihre Karawanenleute vorhatten, in derselben Nacht ihre Pferde zu stehlen und sich in der Dunkelheit davonzumachen. Er hielt die ganze Nacht über mit geladenem Gewehr Wache und drohte, jeden zu erschießen, der versuchen sollte zu fliehen. Am nächsten Morgen ließ Le Coq Sherer mit dem Zelt, dem größten Teil des Proviants und seinen eigenen loyalen Leuten zurück und machte sich über den skelettübersäten Gebirgspfad auf den Weg nach Ladakh, um Hilfe zu holen. Neun Tage später erreichte er, nachdem er drei hohe und gefährliche Pässe überquert und sich unterwegs nur von Brei aus Mehl und Schmelzwasser ernährt hatte, das nächste Dorf, von wo er Sherer Brennmaterial und Lebensmittel schickte. Selbst völlig erschöpft, trank er 19 rohe Eier aus, um wieder zu Kräften zu kommen, bevor er einen Läufer mit der Beschreibung der Krankheitssymptome Sherers und der Bitte um Medikamente zu dem Arzt der Herrnhuter Mission in Leh schickte. Er selbst eilte dorthin zurück, wo er Sherer verlassen hatte, wobei er eine rasch zusammengezimmerte Tragbahre mitnahm, auf der der Kranke schließlich nach einer furchtbaren Reise, unmittelbar bevor der Schnee die Pässe für den Winter unpassierbar machte, Leh erreichte.

Für sein aufopferndes Verhalten und seine Ausdauer sollte Le Coq den erstmals in Gold verliehenen Orden der Johanniter erhalten. Diese Auszeichnung wurde auf Vorschlag von Sir Francis Younghusband verliehen, des damaligen Vertreters der britischen Regierung in Kaschmir, eines Mannes, der die Pässe des Karakorum aus eigener Erfahrung kannte. Dem rund 24 Jahre später in der »Times« veröffentlichten Nachruf für Le Coq zufolge schloß der Vorschlag Younghusbands mit den Worten: »Daß Le Coq, eine bloße Reisebekanntschaft von Hauptmann Sherer und zudem anderer Nationalität, innerhalb von vierzehn Tagen die Pässe Sassar und Murghi dreimal überquert hat – das dritte Mal bei schwerem Schneesturm –, wobei der erstgenannte Paß 5430 Meter hoch liegt und über eine Strecke von fast fünf Kilometern über ewiges Eis führt, dürfte als ein Akt der Selbstaufopferung und Hingabe eine außergewöhnliche Anerkennung verdienen.« Sherer (der später General werden sollte) war so krank, daß er sechs Monate im Missionskrankenhaus von Leh bleiben mußte.

Nach zweieinhalbjähriger Abwesenheit traf Le Coq schließlich im Januar 1907 mit den Handschriften in Berlin ein. Noch im gleichen Jahr traf er Grünwedel, Bartus und Pohrt im Völkerkundemuseum wieder. Zusammen mit den Früchten von deren weiteren ergiebigen Ausgrabungen – wenngleich nicht in Bezeklik – bestand die gesamte Ausbeute der Dritten Deutschen Expedition aus 128 mit Kunstschätzen gefüllten Kisten. Das waren 25 mehr als die vorhergehende Expedition erbracht hatte. Bei dieser Fülle an Material, das es zu konservieren, katalogisieren, publizieren und auszustellen galt, dauerte es sechs Jahre, bis die Deutschen erneut aufbrachen, um mehr zu holen – diesmal unter der Leitung von Le Coq.

Bis dahin war die Reihe wieder an Stein, dicht gefolgt von dem Franzosen Pelliot. Wie der Zufall es wollte, saß Pelliot, während Stein bei den Macartneys zu Gast war, in Taschkent in Russisch-Turkestan fest, da er es, wie Grünwedel vor ihm, fertiggebracht hatte, sein Gepäck zu verlieren. Als glänzender Linguist nutzte der Franzose die Zeit, um Turktartarisch zu lernen, die wichtigste Sprache in Chinesisch-Turkestan. Auch der große Sven Hedin hielt sich gerade wieder in Zentralasien auf, und zwar in Ladakh. Er schied diesmal jedoch als Konkurrent aus, denn sein Augenmerk richtete sich allein auf Tibet.

Für seine zweite Expedition hatte Stein von Indien aus eine andere Route genommen, indem er über den »Pamirknoten« reiste – die wilde Gegend, wo Pamir, Karakorum und Hindukusch aufeinandertreffen – und den östlichen Zipfel Afghanistans durchquerte. Das bedeutete einen Marsch durch wüstenähnliche Gebirge, in denen die Gefahr bestand, daß die Expedition von Räubern überfallen würde, vor allem angesichts der Tatsache, daß Stein inzwischen weithin als »Schatzsucher« bekannt war. Vorsichtshalber nahm er deshalb Gewehre und Revolver mit. Zu seiner kleinen Gruppe gehörten auch zwei alte Freunde, die schon an der ersten Expedition teilgenommen hatten. Es waren dies der vom indischen Landvermessungsamt abgestellte Ram Singh und Muhammadju, sein alter Karawanenführer aus Yarkand, der, um sich der Expedition anzuschließen, die winterlichen Gebirgspässe überquert hatte und dabei fast in einer gewaltigen Lawine umgekommen wäre, die sieben seiner Reisegefährten tötete. Und schließlich war da sein Foxterrier Dash, dessen Vorgänger die erste Expedition begleitet hatte. Die neue Expedition, die zwei Jahre und sieben Monate dauern sollte, wurde gemeinsam vom Britischen Museum in London und der indischen Regierung finanziert, wobei das Museum zwei Fünftel der Kosten aufbrachte und Kalkutta den Rest. Man einigte sich darauf, daß das Material, das Stein mitbringen würde, anteilig zwischen den beiden Geldgebern aufgeteilt werden sollte. Steins Hauptziel war Hedins mysteriöses Loulan, dessen Entdeckung, wie wir uns erinnern, einem vergessenen Spaten zu verdanken war. Um dorthin zu gelangen, mußte die gefürchtete Wüste Lop durchquert werden, doch er war entschlossen, der erste Archäologe zu sein, der es erreichen und gründlich erforschen würde.

Obwohl er beabsichtigte, entlang der Südroute der alten Seidenstraße in Richtung Osten zu reisen, lag sein erstes Reiseziel, Kaschgar, im Norden. Dort wollte er seine Freundschaft mit den Macartneys erneuern, sich über die letzten Neuigkeiten in Zentralasien informieren und, wie im voraus mit George Macartney vereinbart, den jungen Chinesen Jiang Siye in seine Dienste nehmen. Jiang sollte Stein Grundkenntnisse der chinesischen Umgangssprache beibringen, bei den Verhandlungen mit chinesischen Beamten als Dolmetscher dienen und ihm helfen, die chinesischen Dokumente zu beurteilen, die sie eventuell finden würden. Jiang sollte sich in jeder Hinsicht glänzend bewähren, denn er erwies sich nicht nur als ein großartiger Kamerad, der bereit war, jede Strapaze auf sich zu nehmen, sondern zeigte darüberhinaus auch ein großes Interesse an der Arbeit. »Er stürzte sich in die archäologische Arbeit wie eine Ente ins Wasser« schrieb Stein viele Jahre später. »Wie oft habe ich mich ... nach meinem stets wachsamen und treuen chinesischen Kameraden gesehnt, der heute leider längst bei seinen Ahnen ist!«

Der Aufbruch der Karawane von Kaschgar verzögerte sich um einen Tag eines Ereignisses wegen, das die Bewohner der Stadt und vor allem die kleine Gemeinde der Europäer zutiefst betrübte. Es war der Tod von Pater Hendricks, der 1885 nach Kaschgar gekommen war, um in einer elenden Lehmhütte, die ihm zugleich als Schlafzimmer und Kapelle diente, seine Ein-Mann-Mission zu gründen. Mit seinem Bart, seinem schäbigen Priesterhut und seinem halb chinesischen Gewand war er eine vertraute und von vielen geliebte Gestalt, obwohl er nur einen einzigen Chinesen, einen alten Schuster, zum Christentum bekehrte. Seine Vergangenheit war irgendwie rätselhaft, und während all der Jahre, die er in Kaschgar lebte, erhielt er nicht einen einzigen Brief von zu Hause. Anfangs wurden seine Messen nur von dem einzigen Polen besucht, den es nach Kaschgar verschlagen hatte, nachdem er nach Sibirien verbannt worden war, weil er während eines Aufstandes in Polen an der Ermordung eines russischen Priesters beteiligt gewesen war. Doch eines Tages gerieten die beiden Männer in Streit, und der Pole wurde von der Messe ausgeschlossen. Der ließ sich dadurch aber nicht abschrecken und hockte sich, ohne daß Hendricks es bemerkte, mit einem Ohr am Schlüsselloch vor die Tür der Kapelle, um dem Gottesdienst zu folgen.

Als Macartney nach Kaschgar kam, wurden er und Hendricks bald gute Freunde. Der Holländer war nicht nur hochintelligent und außerordentlich sprachbegabt, sondern auch eine erstklassige Informationsquelle – »eine lebende Zeitung«, wie Stein ihn einmal nannte. Hendricks, stellte Macartney fest, lebte ausschließlich von Almosen. Er lud daher den Priester ein, zu den Mahlzeiten zu ihm zu kommen, und schließlich sogar, in Chini-Bagh zu wohnen. Der alte Mann bestand jedoch darauf, wieder auszuziehen, als Macartney 1898 von einem Urlaub in England mit einer Braut zurückkehrte. Schließlich überredete Macartney die örtlichen Behörden, Hendricks ein Haus zur Verfügung zu stellen, aber der russische Generalkonsul Petrowski, der eine seltsame Abneigung gegen den Priester hegte, setzte die Chinesen unter Druck, das Angebot zurückzuziehen. Das führte zu einer öffentlichen Kundgebung für Hendricks, für den schließlich eine verwahrloste Lehmhütte in der Stadt gefunden wurde.

Hier fand Macartney am Morgen, als Stein nach Süden abreisen sollte, seinen alten Freund an Krebs gestorben. In *Ruins of Desert Cathay* schreibt Stein: »Allein in seinem verfallenen Haus lebend hatte er beharrlich alle Angebote, ihn zu pflegen und ihm zu helfen, abgelehnt. So war bei seinem Ende auch niemand bei ihm. Es war der erschütternde Abschluß eines Lebens, das auch dem besten Freunde des alten Abbé auf seltsame Weise ein Rätsel geblieben war.« Petrowski, der vom November 1899 bis Juni 1902 kein einziges Wort mit Macartney – geschweige denn mit Pater Hendricks – gesprochen hatte, war jetzt pensioniert, und der neue russische Generalkonsul, ein sehr viel liebenswürdigerer Mann, übernahm (aus unerklärlichen Gründen) die Vorbereitung der Beerdigung des alten Priesters am folgenden Tag. Der Sarg war jedoch am nächsten Morgen noch längst nicht fertig. Der Russe und einige seiner Kosaken suchten daher, nachdem sie sich mit Schnäpsen tüchtig gestärkt hatten, den Sargtischler auf, um ihn zur Eile anzutreiben. Als der Sarg fertig war, wurde der »durch die langen Leiden schrecklich abgemagerte Leichnam«, wie es in Steins Bericht heißt, von den Kosaken ehrfürchtig hineingelegt, die ihn dann in der Mittagshitze barhäuptig zum russischen Friedhof trugen.

Am gleichen Nachmittag machten sich Stein und seine Leute auf die lange Reise entlang der Südroute der alten Seidenstraße. Sie wurde in der drückenden Sommerhitze jedoch bald zu einer solchen Strapaze, daß Stein beschloß, nur noch nachts zu marschieren und am Tage zu rasten. Zunächst suchten sie in den Dörfern, in denen sie haltmachten, in den *gongguan* Zuflucht, den offiziellen chinesischen Rasthäusern. Aus zeremoniellen Gründen waren diese Häuser aber alle nach Süden ausgerichtet und deshalb den unbarmherzigen Strahlen der Mittagssonne voll ausgesetzt. Außerdem waren sie alle so schmutzig, daß Stein und seine Leute lieber in den Häusern wohlhabender Dorfbewohner Schutz suchten. Während dieser kurzen Aufenthalte arbeitete Stein an den letzten Korrekturen der Druckfahnen seines gewichtigen, zweibändigen Berichts über seine erste Expedition, *Ancient Khotan*, und schickte die durchgesehenen Blätter schubweise mit der Post über Ferghana in Russisch-Zentralasien nach Oxford.

Sein Hauptziel war zwar Loulan, aber zunächst wollte Stein eine Reihe anderer am Wege liegender Orte aufsuchen und dort – z. T. zum zweiten Mal – Grabungen vornehmen, unter anderem in Khadalik, Domoko, Rawak, Niya und Miran. Er wußte, daß er sich Zeit lassen konnte. Loulan lag im wasserlosen und unbewohnten Herzen von Marco Polos »großer Wüste von Lop«. Nur im Winter konnte man sicher dorthin gelangen und dort arbeiten. Zudem wurde Stein von George Macartney in Kaschgar über die einheimischen Postdienste ständig über die Bewegungen seiner Rivalen auf dem laufenden gehalten. So erreichte seine schwerbeladene Karawane schließlich nach fünf Monaten erfolgreicher Ausgrabungen die kleine, isoliert gelegene Oase Charklik, die am weitesten östlich gelegene Siedlung an der Südroute. Hier wollte Stein seinen Beutezug über die froststarre Sandwüste nach Loulan beginnen.

Seine Karawane, mit der er die Wüste durchqueren wollte, bestand aus der kleinen Gruppe seiner Mitarbeiter, zwei einheimischen Führern, 50 Hilfskräften, seinen sieben Lastkamelen und 18 weiteren Kamelen, die er in Charkhlik gemietet hatte. Jedes Kamel trug bis zu fünf Zentner Eis. Das war der einzige Wasservorrat der Expedition, wenn sie erst einmal den Tarim überquert hatten. Zusätzlich mietete Stein 30 Esel, die einen weiteren, in Säcken verpackten Eisvorrat an einen Punkt zwei Tagereisen hinter der letzten Wasserstelle bringen sollten. Dort wurde das Eis so gestapelt, daß es den subarktischen Winden ausgesetzt war, die von der Mongolei her über die Wüste heulten. Auch Faxian und Xuanzang hatten – ebenso wie Marco Polo – zu ihrer Zeit diese Wüste durchquert, und alle drei waren überzeugt, daß sie von Dämonen heimgesucht sei. »Aus diesem Grund machen es sich Gruppen von Reisenden zum Prinzip, eng beisammen zu bleiben«, berichtete der Venezianer. Aber Sven Hedin hatte diesen Weg erst fünf Jahre vor ihm genommen, und Stein konnte nun Nutzen aus seiner Karte ziehen.

Trotz der Berichte, die Macartney ihm über die Tätigkeit seiner Rivalen schickte, fürchtete Stein, Pelliot könnte Loulan schon vor ihm erreicht haben. Er schrieb an einen Freund: »Wie Sie sich vorstellen können, ist es ein beunruhigender Gedanke, den Franzosen womöglich schon dort anzutreffen ... Wir würden uns dann auf einen Modus vivendi einigen müssen.« Auf ihrem Marsch durch die Wüste kam die Expedition nur langsam voran. Sie legte höchstens 23 Kilometer am Tag zurück, doch auch das bedeutete für Menschen und Tiere eine gewaltige Anstrengung. Als die Kamele sich die Fußsohlen wundliefen, griff man zu dem alten aber bewährten Mittel, sie zu »besohlen«, indem man ihnen Lederstücke auf die Haut nähte. Manchmal war die Luft in der Wüste so klar, daß Stein gleichzeitig die schneebedeckten Gipfel des 360 Kilometer weiter nördlich gelegenen Tianshan und den im Süden allmählich hinter dem Horizont verschwindenden Kunlun sehen konnte.

Als am elften Tage noch immer nichts von Loulan zu sehen war und die Stimmung der Expeditionsteilnehmer schlechter zu werden schien, bot Stein, um die Moral zu heben, dem ersten, der eine der Ruinen sichtete, eine ansehnliche Belohnung in Silbermünzen. Daraufhin beschleunigte sich das Tempo der Karawane merklich, und schon nach wenigen Stunden war der Ruf eines Kameltreibers zu hören, der eine kleine Anhöhe erklommen hatte. Er deutete aufgeregt nach Osten, wo sich am Horizont ein winziges Pünktchen zeigte. Er hatte sich die Belohnung verdient, denn Stein konnte durch das Fernglas erkennen, daß es ein verfallener Stupa war. Sie hatten Loulan erreicht, die abgelegenste aller historischen Stätten in der Wüste. An einen Freund schrieb Stein: »Welch trostlose Wildnis – überall spürt man den Hauch des Todes.« Als er und seine Reisegefährten um sich blickten, konnten sie es kaum glauben, daß diese absolut tote Gegend einmal ein großes und blühendes Gemeinwesen genährt hatte. Pelliots wegen hätte er sich keine Sorgen machen müssen. Der Ort war völlig verlassen. Seit dem Besuch Hedins im Jahr 1901 war niemand hiergewesen.

Stein wußte, daß er Loulan wie schon Dandan-uilik Hedin verdankte. Der Schwede hatte es nicht nur entdeckt, sondern es war auch die beachtliche Genauigkeit von dessen Karte, die ihn sicher hierher geführt hatte. Obwohl sich beide auf unterschiedlichen Routen Loulan genähert hatten, lokalisierten es Steins eigene Vermessungen und astronomischen Beobachtungen weniger als 1,6 Kilometer in der Länge und ein klein wenig mehr in der Breite von dem Punkt entfernt, an dem Hedin es eingezeichnet hatte. »Es war«, wie Stein dankbar vermerkte, »eine Abweichung, die in einer solchen Gegend wirklich belanglos ist.«

Während der folgenden elf Tage gruben er und seine Leute zwischen den mit Sand gefüllten Gebäuden. Dabei waren sie ständig den eisigen Winden ausgesetzt und retteten sich nur dadurch vor dem Erfrieren, daß sie die ausgetrockneten, gebleichten Stämme von seit Jahrhunderten abgestorbenen Bäumen verbrannten. Doch sie entdeckten weder großartige Fresken noch riesige Skulpturen. Anders als die religiösen Zentren Bezeklik, Kyzil, Karakhoja und Rawak war Loulan eine Garnisonsstadt gewesen. Das hatten schon Hedins nützliche, wenn auch nichtfachmännische Sondierungen gezeigt. Doch Steins systematischere Ausgrabungen sollten dieses Bild wesentlich vervollkommnen. Sie sollten nämlich eine erschütternde Geschichte offenbaren – die eines kleinen, völlig vom schrumpfenden chinesischen Reich abgeschnittenen Außenpostens, der dem langsamen Untergang geweiht war.

Während der Grabungsarbeiten wußte Stein natürlich noch nicht, welche Botschaft die Papierschnitzel und Holzsplitter enthielten, die er entdeckte. Er selbst konnte die chinesische Schrift nicht lesen, und seinen chinesischen Assistenten Jiang hatte er trotz dessen lauten Protestes in dem Dorf Abdal zurückgelassen, weil er fürchtete, dieser werde die strapaziöse Durchquerung der Wüste nicht durchstehen. Jedenfalls handelte es sich hier um altertümliche chinesische Schriftzeichen, und es sollte Chavannes und andere Gelehrte Jahre geduldiger Arbeit kosten, all diese Fragmente zu entziffern und ihre Bedeutung herauszufinden.

Wie wir bereits aus Hedins Funden wissen, war Loulan einst eine blühende Militär- und Handelssiedlung gewesen, die an dieser entlegenen Stelle errichtet worden war, um über Chinas Westgrenze zu wachen und den freien Fluß der Waren auf der Seidenstraße zu sichern. Um die Vorherrschaft in diesem Gebiet wurde ständig gerungen, und nach dem Zusammenbruch der Han-Dynastie im Jahr 220 nach Christus mußten die Chinesen sie vorübergehend an ihre Feinde, die Xiongnu, abtreten. Viele der von Stein ausgegrabenen datierten Dokumente stammen aus der Mitte des 3. Jahrhunderts, als der Kaiser der Westlichen Jin darum kämpfte, die Kontrolle über die Gebiete in Westen wiederzugewinnen – ein Feldzug, in dem die Garnison Loulan eine strategische Schlüsselrolle spielte.

In einem antiken Abfallhaufen (Stein war ein Kenner auf diesem Gebiet) stieß er auf militärische Dokumente, die gewisse Einblicke in den Verlauf dieses Grenzkrieges vermitteln, sowie auf Berichte über Kampfhandlungen an weit entfernten Fronten. Daß diese Anstrengungen zum Scheitern verurteilt waren, wissen wir aus den chinesischen Annalen, denn die neue Dynastie war nicht stark genug, um das chinesische Kernland lange zu halten, geschweige denn die entfernten Regionen. Schließlich sollte es den

Barbaren, wie Steins Abfallhaufen bewies, gelingen, Loulan von jeder Verbindung zur fernen Hauptstadt abzuschneiden. Doch dies bedeutete noch nicht den sofortigen Untergang dieses Gemeinwesens, das es seit langem gelernt hatte, von Nachschub und Befehlen von außen unabhängig zu sein. Tatsächlich hielten die Soldaten dieser winzigen Garnison noch erstaunlich viele Jahre durch, obwohl sie jegliche Verbindung mit der Heimat verloren hatten. Wir wissen dies aus einem aufschlußreichen Fund Steins. Es ist das jüngste der zahlreichen datierten Dokumente, die er in Loulan entdeckt hat. Datiert im 18. Jahr Jianxing (330 n. Chr.) bestätigt es eine Zahlung, die im Namen des Kaisers Mingdi an einen Barbaren (vermutlich einen Söldner) geleistet worden war. Niemand hatte dem Befehlshaber der belagerten Garnison gesagt, daß nicht nur sein Kaiser seit 14 Jahren nicht mehr herrschte, sondern auch dessen ganze Dynastie hinweggefegt worden war.

Zur Geschichte von Loulan gibt es aber auch eine interessante Fußnote aus jüngster Zeit, denn nicht weit von der Stelle, wo einst dieser kleine Außenposten gestanden hatte, sollten die für die Verteidigung Chinas Verantwortlichen 1700 Jahre später, in den siebziger Jahren des 20. Jahrhunderts, ihre Kernwaffen stationieren – gerichtet auf ihren neuen Feind jenseits der Großen Mauer, die Russen. Chinesische Historiker sind heute vor allem deshalb erbittert darüber, daß Hedin und Stein die alten Dokumente aus Loulan fortgeschafft haben, weil über diesen Abschnitt der Geschichte ihres Volkes so wenig bekannt ist.

Loulan barg für Stein aber noch zwei weitere Überraschungen. Die eine war die Entdeckung eines Maßbandes aus Metall, das Sven Hedin 1901 dort zurückgelassen hatte und das Stein ihm in London bei einem von der Royal Geographical Society veranstalteten Diner zurückgeben konnte. Die andere war die unerwartete Ankunft seines Dak-Mannes, seines Postboten, am Weihnachtsabend, der ihm von Macartney und aus der Heimat Briefe brachte. Nachdem er zunächst mit der Post Steins in westlicher Richtung bis Khotan geritten war, hatte der Bote – nach nur einer einzigen Nacht Ruhepause – den Rückweg nach Abdal, für den man normalerweise 30 Tage brauchte, in der Rekordzeit von 21

Tagen zurückgelegt. Obwohl er nicht genau wußte, wo Stein sich gerade befand, hatte er sich mit einem einheimischen Führer auf den Weg durch die Wüste gemacht, um ihn zu suchen. Am fünften Tag war der bescheidene Eisvorrat der beiden Männer verbraucht gewesen. Hätten sie die Expedition am sechsten Tage nicht gefunden, wären beide mit Sicherheit umgekommen. Und dennoch war die erste Bitte, die der Dak-Mann an Stein richtete, er möge die Siegel auf den Briefen Macartneys untersuchen, um sich zu vergewissern, daß sie noch unversehrt waren. Aus Dankbarkeit für diese Weihnachtsüberraschung bewirtete Stein den Mann mit den bescheidenen Leckerbissen, die seine Speisekammer barg. Bis spät in die Nacht las er noch in seinem Zelt bei flackerndem Kerzenlicht seine Post und vergaß dabei für Augenblicke die grimmige Kälte und die Schmerzen, die ihm seine aufgesprungenen Hände bereiteten.

In Loulan machte er noch eine weitere bedeutsame Entdekkung. Außer der großen Menge offizieller chinesischer Dokumente und Papiere, förderte er auch zahlreiche Täfelchen mit Kharoshthi-Inschriften zutage. Das überraschte Stein einigermaßen, und er schrieb später: »Ich hatte kaum zu hoffen gewagt, so weit östlich noch Dokumente in altindischer Schrift und Sprache zu finden.« Wie Stein erklärt, ging aus diesen Dokumenten hervor, daß die chinesischen Militärbehörden gestattet hatten, daß die örtliche Verwaltung weiterhin in Händen der herrschenden einheimischen Familie blieb. Aus der Entdeckung dieser Kharoshthi-Dokumente ergab sich aber auch noch eine andere interessante Möglichkeit. Sie schienen darauf hinzudeuten, daß das am äußersten Rand Chinas gelegene Loulan irgendwann im Lauf seiner Geschichte als weit vorgeschobener östlicher Außenposten eines alten indischen Reiches gedient hatte, von dem die Gelehrten seiner Zeit bis dahin keine Kenntnis hatten.

Steins Eisvorrat war inzwischen fast erschöpft. Es war Zeit, weiterzuziehen. Nachdem er Jiang in Abdal abgeholt hatte, galt sein erster Besuch Miran, wo er in einem verfallenen buddhistischen Tempel eine Reihe großartiger Wandgemälde entdeckte, darunter, an einem Postamentwürfel, zierlich gemalte Engel mit Flügeln. Über diesen Fund schrieb Stein später: »Ich war vollkommen überrascht.« Wie in aller Welt, fragte er sich, konnte eine solche klassische Darstellung von Cherubimen in »die trostlose Gegend von Lop Nor im Herzen Innerasiens« gelangt sein? Zudem war dies nicht das einzige Gemälde mit ausgesprochen westlichem Charakter, das er an dieser Stelle fand. Einige Fresken waren mit dem einen Namen »Titus« signiert, und Stein konnte daraus nur schließen, daß der Maler vielleicht ein in der klassischen Tradition ausgebildeter Römer war, den es irgendwie durch Turkestan bis an die Grenzen Chinas verschlagen hatte. (Möglicherweise hat es zu jener Zeit in Chinesisch-Zentralasien sogar eine römische Stadt gegeben, wie ein amerikanischer Sinologe glaubt.)

Stein schreibt: »Während der nächsten Tage hatte ich oft das Gefühl, ich befände mich eher in den Ruinen irgendeiner Villa in Syrien oder einer anderen östlichen Provinz des Römischen Reiches als in denen eines buddhistischen Heiligtums im äußersten Grenzgebiet Chinas.« Aber die eisigen Winterwinde, die manchmal Sturmstärke erreichten, erinnerten ihn ständig daran, wo er wirklich war. Nachdem er Miran seiner besten Fresken beraubt hatte, verpackte Stein diese und die in den vergangenen vier Monaten gemachten Funde und schickte sie auf Kamelen zu Macartney nach Kaschgar, eine Reise, die zwei Monate dauern würde. Am 21. Februar 1907 brach er selbst schließlich noch einmal zu einem Marsch durch die gefrorene Wüste Lop auf, diesmal nach Nordosten in Richtung auf das 600 Kilometer entfernte Dunhuang. Dieses Unternehmen sollte die Chinesen, wie einer ihrer Gelehrten gesagt hat, veranlassen, »haßerfüllt mit den Zähnen zu knirschen«.

12. Kapitel

DUNHUANG – DIE VERSTECKTE BIBLIOTHEK

Tief im Herzen der Wüste Gobi, vier Tagesritte auf dem Kamel von der nächsten Stadt entfernt, liegt eines der am wenigsten bekannten der zahlreichen Wunder Chinas: die »Höhlen der Tausend Buddhas« bei Dunhuang. Hier gibt es·mehr als 400 in unregelmäßigen Reihen in die steile Felswand gehauene und mit großartigen Wandgemälden und Skulpturen gefüllte alte Felsentempel und Kapellen. Der größte und ausgedehnteste aller zentralasiatischen *ming-öi* oder Felsentempelanlagen – er erstreckt sich über mehr als anderthalb Kilometer – war jahrhundertelang in der ganzen buddhistischen Welt als ein Zentrum der Andacht und der Danksagung berühmt. Der Grund dafür ist seine geographische Lage. In einem kleinen grünen Tal gelegen und umgeben von gewaltigen Sanddünen liegt er etwa 20 Kilometer südwestlich der Stadt Dunhuang, die seit der Zeit der Han-Dynastie das Tor Chinas zum Westen gewesen ist. Dunhuang – der Name bedeutet »leuchtender Strahl« – war damit die letzte Station im eigentlichen China für die Karawanen, die von hier aus auf der alten Seidenstraße weiterzogen. Pilger, Kaufleute und Soldaten, die im Begriff waren, China zu verlassen, um sich dem religiösen Dunkel und den physischen Gefahren der Wüste Taklamakan auszusetzen, beteten in den Heiligtümern von Dunhuang um Rettung vor den Dämonen und anderen Gefahren, die vor ihnen lagen. Auf die gleiche Weise dankten Reisende, die von Westen kommend Dunhuang erreichten, dort für die sichere Durchquerung der gefürchteten Wüste. Da hier die nördliche und die südliche Route der Seidenstraße zusammenliefen, mußten alle Reisenden, die auf dem Landweg aus China kamen oder dorthin zogen, Dunhuang passieren. Als Folge dieses starken Karawanen- und Pilgerverkehrs, kam die Oase im Lauf der Jahrhunderte zu beträchtlichem Wohlstand, denn ihre Märkte boten den Durchreisenden die letzte Gelegenheit, sich mit Proviant und Wasser zu versorgen, bevor sie durch das berühmte Jadetor hinauszogen in Richtung auf die erste der Oasen der Taklamakan.

Die Felsentempel von Dunhuang und ihr Name sollen auf das Jahr 366 nach Christus zurückgehen, als dem Mönch Luozun tausend Buddhas in einem Nimbus erschienen. Er überredete einen reichen und frommen Pilger, eine der kleineren Höhlen von einem einheimischen Künstler ausmalen und dann als eine seiner eigenen sicheren Rückkehr gewidmete Stätte weihen zu lassen. Andere folgten seinem Beispiel, und im Lauf von Jahrhunderten wurden immer mehr Tempel und Kapellen in die Felswand gehauen und ausgeschmückt, weil ihre Stifter glaubten, daß ihnen dies auf ihren Reisen Schutz garantiere. Zeitweilig hat es mehr als tausend dieser Grotten gegeben, von denen heute noch 469 erhalten sind. Zur Blütezeit von Dunhuang gab es im Schatten der Pappeln und Ulmen vor den wabenartig aus dem Fels gehauenen Höhlen zahlreiche Klöster. Neben den Wandgemälden und Skulpturen sind auch viele Inschriften erhalten geblieben, die an die frommen Hoffnungen ihrer Stifter erinnern. Eine davon, die ein Infanterieoberst am 2. August 947 hat anbringen lassen, erfleht den Schutz der Göttin Guanyin, »auf daß dieser Bezirk blühe, die Wege nach Osten und nach Westen offen und frei bleiben und die Tartaren im Norden und die Tibeter im Süden von ihren Überfällen und Aufständen ablassen mögen«.

Anders als so viele Oasenstädte im weiteren Verlauf der Seidenstraße, die entweder den Barbaren oder der Wüste überlassen werden mußten, haben Dunhuangs Höhlentempel die Wechselfälle der Jahrhunderte mehr oder weniger unversehrt überdauert. Sie bergen heute Malereien und Skulpturen aus mehr als fünfzehn Jahrhunderten. Ein westlicher Kunsthistoriker nennt diese Anlage »eines der reichsten Museen der Welt«. Mildred Cable bezeichnet sie als »eine große Kunstgalerie in der Wüste«. Ihrer Abgelegenheit wegen haben bis in die frühen Jahre unseres Jahrhunderts jedoch nur sehr wenige westliche Reisende einen Blick auf sie werfen können. Przewalski hat die Höhlen im Jahr 1879 besucht, wie auch, durch Zufall, die Mitglieder einer ungarischen geologischen Expedition.

Stein hatte zwar nicht vor, dort Ausgrabungen vorzunehmen oder irgendwelche der großartigen Wandgemälde herauszulösen und mitzunehmen, aber er hatte schon lange davon geträumt, die Anlage zu besuchen, nachdem ihm Lajos Loczy, ein Geograph der ungarischen Expedition, viele Jahre zuvor von ihrer Pracht erzählt hatte. Am Morgen des 12. März 1907 kam Stein, schmutzig und erschöpft von der Reise, während eines eisigen *buran* in Dunhuang an, ohne auch nur einen Moment daran zu denken, daß es der Schauplatz seiner größten Entdeckung werden sollte. Tatsächlich beschäftigten sich seine Gedanken in diesem Augenblick mit etwas anderem, das er auf dem Wege von Miran hierher in der frostigen Wüste gefunden hatte. Es war eine Reihe alter Wachtürme, die, wie er glaubte, einst Teil einer seit langer Zeit verschwundenen westlichen Verlängerung der Großen Mauer waren, von der die chinesischen Annalen berichten. Sein Plan war es daher, den »Höhlen der Tausend Buddhas« einen kurzen Besuch abzustatten und seine Lebensmittel- und Wasservorräte wieder aufzufüllen, um dann in die Wüste Lop zurückzukehren und diese geheimnisvolle Mauer genauer zu erforschen und Ausgrabungen vorzunehmen.

Doch schon sehr bald nach seinem Eintreffen in Dunhuang hörte er von einem Kaufmann aus Urumqi eine seltsame Geschichte, derzufolge ein taoistischer Priester namens Wang Yuanlu, welcher sich selbst zum Hüter der heiligen Höhlen ernannt hatte, einige Jahre zuvor zufällig auf einen riesigen Schatz an alten Handschriften gestoßen war, die in einer der Höhlen eingemauert waren. Entschlossen, dem nachzugehen, verlor Stein keine Zeit und machte sich auf den 20 Kilometer langen Weg durch die Wüste zu den Höhlen. Dort angekommen mußte er feststellen, daß Wang sich auf einer Reise durch die benachbarten Oasen befand, um das notwendige Geld für seine geschmacklosen Restaurierungsarbeiten zusammenzubetteln, mit denen er, wie Stein zu seinem Entsetzen feststellte, bereits begonnen hatte. Der Priester wurde überdies frühestens in ein paar Wochen zurückerwartet und hatte den Schlüssel zu der Höhle, in der die Handschriften lagen, mitgenommen. (Nach ihrer Entdeckung war am Eingang eine Tür angebracht worden.) Die Nachforschungen, die

Stein durch seinen chinesischen Assistenten Jiang anstellen ließ, ergaben, daß die Handschriften »mehrere Wagenladungen« ausmachten. Die Entdeckung war den chinesischen Behörden in Lanzhou gemeldet worden, und der Gouverneur hatte, nachdem er einige Proben gesehen hatte, befohlen, sie sicher hinter Schloß und Riegel aufzubewahren.

Man kann sich die Erregung Steins leicht vorstellen. Er hatte gefunden, was die seit langer Zeit verschwundene Erweiterung der Großen Mauer zu sein schien, war auf eine bis dahin unbekannte Bibliothek gestoßen und nun wanderte er durch eine Höhle nach der anderen mit großartigen Gemälden und Skulpturen, die zu sehen er sich seit seiner Schulzeit in Ungarn erträumt hatte. Während er, dicht gefolgt von Jiang, bezaubert von Grotte zu Grotte eilte, traf er wie von ungefähr einen jungen Heshang, einen buddhistischen Mönch, von dem er erfuhr, wo sich eine Handschrift befand, die Wang zeitweilig an eine der umliegenden heiligen Stätten ausgeliehen hatte. In *Ruins of Desert Cathay* schreibt Stein: »Es war eine wunderbar erhaltene, etwa 30 Zentimeter breite und vielleicht 14 Meter lange Papierrolle.« Jiang und er entrollten sie vorsichtig. Der Text war in chinesischen Schriftzeichen geschrieben, doch Jiang mußte zugeben, daß er den Text nicht verstand. Es sollte nicht das letzte Mal sein, daß Stein sich selbst verwünschte, weil er nicht Chinesisch konnte. Doch eines stand jetzt fest; wenn sie den erstaunlichen Fund vollständig untersuchen wollten, dann blieb ihnen nichts anderes übrig, als die Rückkehr von Wang abzuwarten. In der Zwischenzeit schien es klug, die Freundschaft mit dem entgegenkommenden Priester zu pflegen, der ihnen die Schriftrolle gezeigt hatte. Stein hielt es für vernünftig, diesem ein Geschenk zu machen, doch Jiang riet zur Vorsicht. Eine zu hohe Summe, betonte er, würde wahrscheinlich Verdacht in Bezug auf ihre Absichten erwecken. Schließlich boten sie ihm eine kleine Silbermünze. »Das zufriedene Strahlen im Gesicht des Mönchs zeigte, daß die Leute von Dunhuang, welche Schwächen sie sonst auch haben mochten, nicht dazu neigten, arme Mönche zu verwöhnen.«

Nachdem er alles, was er in Abwesenheit von Wang in Dunhuang hatte erledigen können, getan hatte, machte sich Stein erneut auf in die beinhart gefrorene Wüste, um nach den Spuren seiner geheimnisvollen Mauer zu suchen. Dabei begleitete ihn die, wie er es nennt, »unmöglichste Mannschaft, die ich je zu Ausgrabungen geführt habe – so träge und vom Opium geschwächt waren die Leute«. Doch Stein konnte von Glück sagen, sie überhaupt aufgetrieben zu haben, da durch einen Aufstand fanatischer Muslime etwa vierzig Jahre zuvor die einheimische Bevölkerung schwer dezimiert worden war, was einen akuten Arbeitskräftemangel zur Folge gehabt hatte. Obgleich Stein während der folgenden Wochen ständig an die »Höhlen der Tausend Buddhas« und an Wangs versteckte Handschriften denken mußte, machten er und seine bunt zusammengewürfelte Mannschaft von Ausgräbern eine Reihe wichtiger Entdeckungen, die einwandfrei bewiesen, daß die verfallenen Wachtürme, auf die sie gestoßen waren, Überreste der vor etwa 2000 Jahren errichteten Verlängerung der Großen Mauer waren. Überdies fanden sie die Stelle, an der das berühmte Jadetor Chinas gestanden hatte, jener historische Grenzposten, den der gesamte Reise- und Handelsverkehr entlang der Seidenstraße von und nach China hatte passieren müssen. Der amerikanische Archäologe Langdon Warner, auf dessen eigene zentralasiatische Unternehmungen wir später eingehen werden, hat Steins Auffindung dieses Teils der Mauer »eine der dramatischsten Entdeckungen unserer Zeit und einen kaum zu überschätzenden Beitrag zur Erhellung der frühen Geschichte Chinas und Zentralasiens« genannt. Auf einer späteren Expedition sollte Stein diese Mauer, die er mit dem römischen Limes verglich, weitere 480 Kilometer bis zum Edsin-gol nahe der heutigen mongolischen Grenze verfolgen. An Freunde in England schrieb er: »Wenn ich diese Mauer entlangreite, um weitere Türme zu untersuchen, habe ich manchmal das Gefühl, ich inspizierte noch immer von lebenden Soldaten besetzte Außenposten. Wenn man sieht, daß der Kehricht aus den Hütten der Soldaten jetzt praktisch vor den Türen an der Erdoberfläche liegt, erscheinen einem 2000 Jahre als eine recht kurze Zeitspanne ...«

Als Stein, beladen mit Grabungsfunden und Dokumenten, die Zeugnis ablegten von dem Leben an der Grenze zur Zeit der Han-Dynastie, nach Dunhuang zurückkehrte, war der für ihn so

überaus wichtige Wang Yuanlu von seiner Betteltour zurückgekehrt. Doch Stein war gezwungen, sich noch eine weitere Woche
zu gedulden, denn Tausende von Stadt- und Dorfbewohnern
waren aus den benachbarten Oasen zu dem alljährlich stattfin-
denden religiösen Fest in dem Tal zusammengeströmt. Am 21.
Mai 1907 kehrte er schließlich zu den heiligen Höhlen zurück, wo
ihn der Abt Wang, wie er manchmal genannt wird, schon erwartete. So begann, was in Europa als Steins größter Triumph
gefeiert, von den Chinesen jedoch als ein Akt schamlosen Betrugs
– um nicht zu sagen Diebstahls – bezeichnet werden sollte. Wie
die Elgin-Marbles-Kontroverse mag sich auch der Streit um die
Bibliothek von Dunhuang vielleicht niemals beilegen lassen, doch
hier geht es uns lediglich darum, wie Stein und Jiang den Hüter der
Handschriften überredet haben, sich von jenem unschätzbaren
Fund zu trennen.

Stein faßt den Eindruck, den er bei ihrem ersten kurzen Zusammentreffen an jenem Morgen im Mai von Wang gewonnen hatte,
wie folgt zusammen: »Er schien ein recht sonderbarer Mensch zu
sein, äußerst mißtrauisch und nervös, und machmal spürte man
eine gewisse Verschlagenheit, die alles andere als ermutigend
war.« Stein fügt hinzu: »Es war von Anfang an klar, daß es
schwierig sein würde, mit ihm umzugehen.« Natürlich wurden
die Handschriften mit keinem Wort erwähnt. Der kleine Mönch
sollte glauben, Stein sei nach Dunhuang gekommen, um die
wichtigsten Heiligtümer zu besichtigen und einige der Wandgemälde zu fotografieren. Während er nun einige Aufnahmen in der
Nähe der Seitenkapelle machte, in der Wang die Handschriften
entdeckt hatte, bemerkte Stein zu seinem Entsetzen, daß die
Kammer, in der sie versteckt waren, jetzt zugemauert war. Zuvor
war sie nur durch eine rohgezimmerte Tür gesichert gewesen. Zur
gleichen Zeit kam Stein das beunruhigende Gerücht zu Ohren,
daß der Gouverneur von Gansu, in dessen Provinz die Höhlen
lagen, angeordnet habe, die ganze Bibliothek nach Lanzhou zu
bringen. Seine Hoffnung, die Handschriften jemals zu Gesicht zu
bekommen, geschweige denn einige zu erwerben, begann zu
schwinden. Um herauszufinden, was wirklich vorging, schickte
Stein den schlauen Jiang, Wang in dessen Grotte zu besuchen. Erst

nach längerer Zeit kehrte Jiang mit etwas ermutigenderen Nachrichten zurück. Erstens hatte Wang den Eingang zu der Höhle, in der die Handschriften lagen, nur zugemauert, um während des religiösen Festes der vergangenen Woche neugierige Pilger fernzuhalten. Zweitens hatten die Beamten in Lanzhou, der Hauptstadt der Provinz, nachdem ihnen einige willkürlich ausgewählte Handschriften zur Prüfung vorgelegt worden waren, entschieden, die übrigen an Ort und Stelle unter der Obhut ihres selbsternannten Hüters zu belassen. Wie Stein schreibt, waren ihnen »offenbar die Transportkosten zu hoch«. Was immer die Gründe für diese Entscheidung gewesen sein mögen, die Behörden der Provinz waren jedenfalls genau über die Entdeckung der eingemauerten Bibliothek bei Dunhuang unterrichtet.

Stein und Jiang, den Stein gern als »mein Literatus« bezeichnete, hielten jetzt Kriegsrat, um die Strategie festzulegen, durch die sie das Vertrauen – und, wenn möglich, die Kooperationsbereitschaft – des Mönchs gewinnen könnten. Jiang hatte Wang gefragt, ob er es ihnen unter Umständen erlauben würde, die Handschriften zu sehen. Der Mönch hatte sich nicht festlegen wollen; als Jiang jedoch eine »großzügige Spende« für das Heiligtum in Aussicht stellte, das Wang mit solchem Eifer wieder in jenen Zustand zu versetzen bemüht war, den er für dessen ursprüngliche Herrlichkeit hielt, schien er empfänglicher zu werden – allerdings nur bis Jiang über die Anweisungen Steins hinausgehend andeutete, daß sein Herr unter Umständen daran interessiert sein könnte, einige dieser Handschriften zu erwerben. Darauf reagierte Wang sichtlich beunruhigt – eine Mischung aus religiösem Skrupel und der Furcht, ertappt zu werden, wie es Stein vorkam. Jiang ließ das Thema jedenfalls rasch fallen. In *Ruins of Desert Cathay* schreibt Stein: »Allein auf die Verlockung des Geldes zu setzen, war offenbar nutzlos.« Andererseits wäre es ebenso sinnlos gewesen, diesen kaum des Lesens und Schreibens kundigen Priester mit archäologischen Argumenten dazu bewegen zu wollen, seine Handschriften vorzuzeigen oder gar zu verkaufen.

Stein entschied sich für eine Doppelstrategie. Da er wußte, daß es des Priesters ganze Freude und ganzer Stolz war, bat er Wang zunächst um die Erlaubnis, das Heiligtum zu besichtigen, das er so eifrig restaurierte. Dies würde es ihnen ermöglichen, die Anlage der Höhle beiläufig aus unmittelbarer Nähe zu untersuchen. Wie er erwartet hatte, wurde sein Vorschlag breitwillig akzeptiert. Lebendig schildert Stein die Besichtigung unter der Führung Wangs: »Als er mich durch die geräumige Vorhalle des Heiligtums, deren Gebälk ganz neu und überreich vergoldet und bemalt war, und durch die hohe Galerie führte, durch die das Licht in den inneren Kultraum fällt, konnte ich mich nicht enthalten, nach rechts zu schauen, wo eine häßliche, unverputzte Mauer noch immer den Zugang zu der verborgenen Kapelle versperrte.«

Stein wußte, daß dies kaum der richtige Moment war, Neugierde darauf erkennen zu lassen, was hinter dieser Mauer lag. Stattdessen mußte er ein höfliches, aber überzeugendes Interesse an den Restaurierungsvorhaben des Mönchs zeigen und zugleich sein inneres Entsetzen beim Anblick der großen und unglaublich häßlichen neuen Skulpturen verbergen, die dieser zum »Heiligen« bekehrte ehemalige Soldat zur Ausschmückung des Heiligtums in Auftrag gegeben hatte. Diese zeigten, wie Stein schreibt, »nur allzu deutlich, auf welch tiefes Niveau die Bildhauerkunst in Dunhuang gesunken war«. Und doch mußte er die Zielstrebigkeit dieses einfachen chinesischen Bauern bewundern, »dessen Hingabe an dieses Heiligtum und die Aufgabe, es um des religiösen Verdienstes willen zu restaurieren, unverkennbar echt war«. Die äußerst bescheidene Lebensweise Wangs und alles, was Jiang in Dunhuang über ihn gehört hatte, bewiesen, daß er jeden Pfennig, den er nicht unbedingt für seinen und seiner beiden Altardiener Unterhalt brauchte, für die Restaurierung des Heiligtums ausgab.

Nachdem Stein auf diese Weise eine gewisse persönliche Beziehung zu Wang hergestellt hatte, spielte er seine zweite Karte aus. »Dieser wunderliche Geistliche mit seiner seltsamen Mischung aus frommem Eifer, naiver Unwissenheit und hartnäckiger Zielstrebigkeit« erinnerte ihn an die frühen buddhistischen Pilger, die entlang der Seidenstraße nach Westen gezogen waren, um die heiligen Stätten ihrer Religion aufzusuchen. Wenn er nun den Namen seines eigenen selbstgewählten Schutzheiligen Xuanzang erwähnte, der auch bei vielen Chinesen in hohem Ansehen stand, dann mochte dies vielleicht auch eine ähnliche Saite der Liebe und Zuneigung bei Wang berühren. Sofort leuchtete in den Augen des Priesters »ein Schimmer lebhaften Interesses« auf. Schnell stellte sich heraus, daß beide Männer Xuanzang gleichermaßen verehrten, wenn auch aus ganz unterschiedlichen Gründen, wobei Wang in ihm offenbar eine Art »heiligen Münchhausen« erblickte. Aber auf solche Unterschiede kam es jetzt nicht an. Stein hatte gefunden, was er brauchte. Es war der Zugang zum Vertrauen des kleinen Priesters und von dort zur Höhle, aber das würde viel Zeit und Geduld erfordern. »So gut es mein schlechtes Chinesisch erlaubte«, begann Stein von seiner Verehrung für den frommen Reisenden zu erzählen. Einmal in Schwung gekommen berichtete er, wie er »dessen Spuren von Indien aus mehr als 10 000 *li* durch unwirtliche Gebirge und Wüsten gefolgt war und im Verlauf dieser Pilgerfahrt manches heute verfallene Heiligtum aufgesucht hatte, das dieser in seiner Frömmigkeit besucht hatte, so schwer zugänglich es auch sein mochte …«

Dies wirkte sofort. Voller Stolz führte der kleine Mönch Stein hinaus zu einem neu errichteten Vorbau, den ein einheimischer Künstler in seinem Auftrag mit legendären Szenen aus dem Leben des frommen Pilgers ausgeschmückt hatte. Begeistert deutete Wang auf jedes einzelne Bild und erklärte es – Xuanzang zwingt einen Drachen, der sein Pferd verschlungen hat, es wieder auszuspeien – Xuanzang rettet sich durch die Kraft seines Gebets vor einem Dämon – und so weiter. Doch da war eine Episode, die, wie Stein erkannte, ein Omen enthielt, das einen ihm nützlichen tieferen Sinn haben mochte. Das Bild zeigte Xuanzang am Ufer eines reißenden Stromes und neben ihm sein mit heiligen Schriften des Buddhismus beladenes Pferd. Eine riesige Schildkröte schwimmt auf ihn zu, offensichtlich um ihm zu helfen, die heiligen Bücher sicher über den Fluß zu bringen. »Das bezog sich eindeutig auf die 20 Ponyladungen mit heiligen Büchern und Reliquien, die der berühmte Reisende sicher aus Indien herausgebracht hatte«, schreibt Stein. »Aber würde der fromme Hüter der Bibliothek dies auch richtig deuten und gewillt sein, sich religiöse Verdienste zu erwerben, indem er mir erlaubte, einige der alten Handschriften, die ihm der Zufall anvertraut hatte, in die alte Heimat des

Buddhismus zurückzubringen?« Stein beschloß, diese Karte noch nicht auszuspielen, sondern den rechten Moment abzuwarten. Er ließ Jiang bei dem Mönch zurück in der Hoffnung, daß dieser nun seinen Landsmann würde überreden können, ihnen wenigstens ein paar Handschriften zur wissenschaftlichen Untersuchung zu leihen. Doch Wang zögerte noch immer und versprach lediglich, wie Jiang Stein berichtete, daß er dies vielleicht später tun werde. »Ich konnte nichts anderes tun als warten«, schreibt Stein.

Doch nicht lange, wie sich herausstellen sollte. Noch spät in derselben Nacht kam Jiang an Steins Zelt und zog aufgeregt mehrere Handschriften unter seinem Mantel hervor. Stein konnte auf den ersten Blick erkennen, daß die Schriftrollen sehr alt waren. Nachdem Jiang sie wieder unter seinem Mantel versteckt hatte – Wang hatte auf absoluter Geheimhaltung bestanden –, schlich er fort zur Zelle des kleinen Mönchs zu Füßen eines riesigen, aus der Felswand gehauenen sitzenden Buddha. Den Rest der Nacht verbrachte er über den Handschriften brütend im Bestreben, sie zu datieren und ihre Texte zu identifizieren. Im Morgengrauen kam er zurück mit einem »Ausdruck des Triumphs und Erstaunens« im Gesicht. Freudig erregt berichtete er, die Schlußformeln dieser chinesischen Übersetzungen buddhistischer Sutras besagten, daß Xuanzang selbst sie aus Originalen angefertigt hatte, die er aus Indien mitgebracht hatte.

Dies war in der Tat ein erstaunliches Vorzeichen – ein »gleichsam göttlicher Fingerzeig«, wie Stein es nannte –, den wohl selbst der ängstliche Wang gelten lassen mußte. Schließlich konnte der kleine Mönch, als er die Handschriften aus ihrem Versteck holte, kaum etwas von ihrer Verknüpfung mit Xuanzang gewußt haben. Jiang lief sofort zu ihm, um ihm von seiner Entdeckung zu berichten. Dafür könne es nur eine Erklärung geben, versicherte er Wang: Xuanzang hatte aus dem Jenseits diesen Augenblick gewählt, um Stein diese heiligen buddhistischen Texte zu zeigen, damit »sein Bewunderer und Jünger aus dem fernen Indien« sie dorthin zurückbrächte, woher sie gekommen waren. Jiang brauchte nicht mehr zu drängen. Das Omen tat seine Wirkung auf den frommen Mönch. Innerhalb von Stunden war die Mauer, die den Zugang zu der Kammer versperrte, in der die Handschriften lagen, abgetragen, und noch am gleichen Tag warf Stein beim Licht der primitiven Öllampe Wangs einen ersten Blick in die geheime Kammer. Die Szene erinnert an eine andere, die etwa 15 Jahre später stattfand, als Howard Carter beim flackernden Licht einer Kerze in die Grabkammer Tutenchamuns blickte.

Was Stein hier sah, war für einen Archäologen nicht weniger aufregend. »Was ich in dem kleinen Raum zu Gesicht bekam«, berichtet er, »ließ mich die Augen aufreißen. Übereinandergeschichtet, aber ungeordnet erblickte ich im trüben Licht der kleinen Lampe des Mönchs einen etwa drei Meter hohen Berg aus gebündelten Handschriften, der, wie spätere Messungen ergaben, ein Volumen von fast 500 Kubikfuß hatte.« Es war, wie Sir Leonard Woolley, der Entdecker von Ur, es nannte, »ein beispielloser archäologischer Fang«. Und »The Times Literary Supplement« schrieb: »Nur selten hat ein Archäologe eine so wunderbare Entdeckung gemacht.«

Stein erkannte auf den ersten Blick, daß es für ihn und Jiang schwierig, wenn nicht unmöglich sein würde, diesen Berg von Handschriften zu untersuchen, solange sie in ihrem Versteck blieben. In diesem »schwarzen Loch«, wie er es nannte, war es so eng, daß sich die beiden kaum hineinzwängen, geschweige denn dort arbeiten konnten. Die naheliegendste Lösung wäre es gewesen, die Handschriften in die geräumigere Cella des Tempels zu bringen, um sie dort zu untersuchen. Doch Wang wies sofort darauf hin, daß sie dort den Blicken der Mitglieder seiner Gemeinde ausgesetzt wären, die in dieses Heiligtum zum Beten kämen, für dessen Restaurierung sie mit ihren Almosen bezahlt hatten. Die Nachricht, daß die heiligen Schriften von Fremden entweiht würden, werde sich wie ein Lauffeuer verbreiten. Wang bestand daher darauf, daß er selbst die Handschriften, und zwar jeweils nur ein Bündel, aus der Kammer herausholen und heimlich in einen kleinen Raum in der Nähe bringen müsse, wo Stein und Jiang sie in aller Ruhe und unbeobachtet prüfen könnten. Bevor er sich an diese Marathonarbeit machte, suchte Stein nach irgendeinem Anhaltspunkt dafür, wann die Hüter dieser alten Bibliothek sie eingemauert hatten. Nach dem Stil der Reste der Wandgemälde zu urteilen, die einst den Eingang zu der geheimen Kammer bedeckt hatten, kam er zu dem Schluß, daß dies nach vorsichtiger Schätzung nicht nach dem 12. Jahrhundert geschehen sein konnte. Weitere Untersuchungen auf Grund datierter Handschriften ergaben, daß dies sogar noch früher geschehen sein mußte, wahrscheinlich um das Jahr 1000 nach Christus. Aber hier ging es nicht nur darum, festzustellen, wann die Bibliothek zugemauert wurde, sondern vor allem um die Frage, warum. Die Vermutung lag nahe, daß dies geschehen war, um die heiligen Schriften davor zu bewahren, daß sie den Barbarenstämmen in die Hände fielen, die damals Dunhuang einzunehmen drohten − was sie wahrscheinlich auch taten, obgleich es auch andere Theorien gibt.

Nachdem sich Wang davon überzeugt hatte, daß Stein die Handschriften untersuchen konnte, ohne daß die Gefahr bestand, dabei entdeckt zu werden, wurde er kühner und begann, ein Bündel nach dem anderen aus dem »schwarzen Loch« − unter heutigen Gelehrten prosaischer als »Höhle 17« bekannt − in Steins »Lesezimmer« zu schleppen. Anfängliche Versuche, eine vollständige Liste aller Handschriften anzufertigen, mußten bald aufgegeben werden. Er schreibt in *Ruins of Desert Cathay:* »Um eine solche Unmenge von Handschriften sachgemäß zu bearbeiten, hätte es eines ganzen Stabes qualifizierter Mitarbeiter bedurft.« Er untersuchte die Handschriften nach Anzeichen von Feuchtigkeit, der Zerstörerin so vieler schriftlicher Zeugnisse der Menschheitsgeschichte. Doch glücklicherweise fand er nicht die geringste Spur. Man hätte, wie Stein feststellt, kaum einen besseren Lagerraum für Handschriften finden können als eine zugemauerte Höhle inmitten einer völlig trockenen Wüste.

Während sie so Tag für Tag bei Dunhuang arbeiteten, kamen nicht nur zahllose Handschriften in Chinesisch, Sanskrit, Sogdisch, Tibetisch, Uighurisch und alttürkischer Runenschrift sowie in unbekannten Sprachen aus der geheimen Kammer zum Vorschein, sondern auch eine Fülle buddhistischer Gemälde. Einige von ihnen erkannte Stein aufgrund ihrer dreieckigen oberen Enden und an ihnen angebrachten flatternden Bänder sofort als Tempelfahnen, andere als Votivbehänge. Sie alle waren aus unglaublich zarter Seide oder aus Papier. Viele waren arg zerknittert, und die Falten und Knicke waren fest »eingebügelt«, nachdem sie 900 Jahre unter dem Berg von Handschriften gelegen hatten. Die Bedeutung dieser Gemälde liegt eher in ihrem Alter und damit in ihrer Seltenheit als in ihrer Qualität. Gemälde aus der Tang-Dynastie – und sie alle stammten aus dieser Zeit – sind sehr selten, selbst Erzeugnisse örtlicher Malerwerkstätten wie diese. Die meisten waren um die Mitte des 9. Jahrhunderts im Zuge einer antiklerikalen Welle vernichtet worden, die schließlich zur Schließung oder Zerstörung von etwa 40 000 buddhistischen Tempeln oder Heiligtümern in ganz China führte. Glücklicherweise war Dunhuang im Jahr 781 nach Christus den Tibetern in die Hände gefallen und während der folgenden 67 Jahre in ihrem Besitz geblieben. Auf diese Weise entgingen seine Tempel und Heiligtümer der Zerstörung, der alle anderen buddhistischen Kultstätten in China damals zum Opfer gefallen sind.

Einige der zwischen Wangs Handschriften gefundenen seidenen Banner waren, als man sie schließlich entrollte, so lang, daß die Gelehrten glaubten, daß sie nur dazu bestimmt sein konnten, vom oberen Rand der Felswände bei Dunhuang herabzuhängen. Die meisten der auf Seide gemalten Bilder konnte Stein nicht auseinanderfalten, denn sie waren im Lauf der Jahrhunderte durch das gewaltige Gewicht der Handschriften zu harten, zerbrechlichen kleinen Paketen zusammengepreßt worden. Später wurden sie in den Laboratorien des Britischen Museums nach vorheriger chemischer Behandlung mit äußerster, an die Methoden der Hirnchirurgie erinnernder Behutsamkeit entfaltet. Diese Arbeit nahm fast sieben Jahre in Anspruch.

Stein und Jiang hatten es sich inzwischen zur Regel gemacht, jede Nacht einige ausgewählte Handschriften und Gemälde zur »genaueren Untersuchung« in Steins Zelt zu bringen. Wang erhob dagegen keine Einwände und erklärte sich sogar bald damit einverstanden, gewisse Kategorien von Handschriften für die Übersendung an einen »Tempel der Gelehrsamkeit in DaYingguo« (England) als Gegenleistung für eine ansehnliche Spende für seinen Tempel zur Verfügung zu stellen. Wie Stein offen zugab, war er »allmählich von einem Zugeständnis zum nächsten verleitet worden, und wir sorgten dafür, daß ihm nicht viel Zeit zum Nachdenken blieb«. Eines Nachts jedoch schien Wang bei der ganzen Angelegenheit kalte Füße zu bekommen, denn er verriegelte plötzlich das Heiligtum und verschwand in die Oase Dunhuang. Stein und Jiang warteten eine ganze Woche, besorgt darüber, was er wohl im Schilde führe, und ob sich seine Haltung ihnen gegenüber, wenn er zurückkäme, vielleicht geändert haben würde. Ihre Befürchtungen sollten sich als unbegründet erweisen. Der kleine Mönch hatte in Gesprächen mit seinen Gönnern offenbar festgestellt, daß sein Geheimnis nicht durchgesickert war, und daß, wie Stein es ausdrückte, »sein geistlicher Einfluß als solcher keine Einbuße erlitten hatte«. Von nun an ging plötzlich alles leichter, und Stein bekam immer mehr Handschriften in die Hand, darunter buddhistische Texte in chinesischer Sprache, über die zu verhandeln Wang zuvor strikt abgelehnt hatte. In einem später veröffentlichten Bericht über diese Episode in seinem Buch *On Ancient Central Asian Tracks* erinnert sich Stein: »Nach seiner Rückkehr war er fast bereit anzuerkennen, daß es meine religiöse Pflicht sei, all diese Zeugen der alten buddhistischen Literatur und Kunst, die sonst früher oder später durch die Gleichgültigkeit der Einheimischen verloren gehen würden, für die westliche Wissenschaft zu retten.«

Die Geschichte war jetzt fast zu Ende, allerdings stellte Wang noch eine letzte Bedingung. Zu seinem eigenen Schutz bestand er darauf, daß das Geschäft so lange geheimgehalten würde, wie sich Stein noch in China aufhielt. Dieses Versprechen gab ihm Stein nur allzu gern – nicht zuletzt deshalb, weil er hoffte, noch weitere Handschriften aus dem geheimen Schatz Wangs erwerben zu können. Wang und seine Gäste schieden in bestem Einvernehmen, wobei Stein feststellte, daß das Gesicht des Mönchs »wieder seinen Ausdruck scheuer, aber selbstzufriedener Heiterkeit angenommen hatte«. Tatsächlich besaß er jetzt so viel Vertrauen in die Umsicht des Engländers, daß er sich vier Monate später, als Stein und Jiang erneut in der Gegend waren, bereitwillig damit einverstanden erklärte, sich von weiteren 200 Handschriftenbündeln zu trennen. Dennoch vermochte Stein nicht aufzuatmen, solange sich seine wertvolle Beute auf chinesischem Boden befand. »Wirklich erleichtert war ich erst 16 Monate später«, schrieb er lange danach, »als die 24 mit Handschriften und fünf weiteren mit sorgfältig verpackten Gemälden, Stickereien und ähnlichen alten Kunstschätzen gefüllten Kisten sicher im Britischen Museum in London deponiert waren.« Mit Befriedigung bemerkte er in einem Brief an einen Freund, das alles habe den Steuerzahler lediglich 130 Pfund gekostet.

Doch Steins zweite Expedition war noch längst nicht abgeschlossen. Wenngleich seine bisherigen großartigen Erfolge – der Erwerb der wunderbaren Wandgemälde aus Miran, die Entdeckkung der Verlängerung der Großen Mauer und nun seine spektakulären Erwerbungen aus den »Höhlen der Tausend Buddhas« – mehr als genug gewesen wären, die meisten Archäologen zu befriedigen, drängte Stein unermüdlich weiter. An der Großen Mauer gab es noch Wichtiges zu tun; weite Gebiete des Nanshan-Gebirges mußten kartographisch aufgenommen werden, und entlang der nördlichen Route der Seidenstraße warteten weitere historische Stätten darauf, erforscht und vielleicht auch ausgegraben zu werden. Diesmal bot sich Stein zum ersten Mal die Gelegenheit, die Ruinen nördlich der Taklamakan aufzusuchen, und ganz besonders interessierte ihn, was seine deutschen Rivalen in den als sehr bedeutend geltenden historischen Stätten um Turfan unternommen hatten. Als er schließlich die Turfan-Senke erreichte und die Fundorte besichtigte, die Grünwedel, Le Coq und Bartus leergeräumt hatten, war er entsetzt über ihre, wie er es empfand, viel zu groben Methoden. In seinen Veröffentlichungen findet man zwar nirgends auch nur andeutungsweise Kritik, in seiner privaten Korrespondenz jedoch schont er die Deutschen nicht. Einem guten Freund in England gegenüber beklagte er sich: »Große Tempel, Klöster und dergleichen wurden wie von gelehrten Schatzsuchern ausgegraben, ohne daß eingehende Untersuchungen angestellt worden wären, wie man sie von Archäologen hätte erwarten können. Nach diesem System waren jene Stellen bearbeitet worden, die am ehesten ›Funde‹ versprachen …«. Wohl nicht ohne Grund hat Sir Mortimer Wheeler einmal gesagt: »Die Archäologie ist keine Wissenschaft, sie ist eine Vendetta.« Andererseits nennt Stein in seinem Buch *Ruins of Desert Cathay* Grünwedel höflich eine »große Autorität auf dem Gebiet der buddhistischen Kunst« und Le Coq »einen hervorragenden

Orientalisten«. Zudem hebt er – offenbar an die Adresse der knauserigen Behörden in Kalkutta gerichtet – hervor, daß die Ausgrabungen seiner Rivalen »mit Hilfe reichlicher staatlicher Mittel« erfolgten, ganz zu schweigen von der persönlichen Schirmherrschaft des Kaisers.

Stein beschloß, diese geschändeten Ausgrabungsstätten zu verlassen. Er entdeckte jedoch eine kleine Gruppe von Tempeln bei Kichik-hassar (der Name bedeutet »kleine Burg«), welche die Deutschen unversehrt gelassen hatten. Aus ihnen nahm er Fragmente von Fresken und Stuckarbeiten mit sowie chinesische, uighurische und tibetische Handschriften, bevor er in westlicher Richtung nach Karaschahr weiterzog. Bei Shikchin, etwa 24 Kilometer südwestlich der Stadt, stattete er einem reichen *ming-öi*, den die Deutschen nur oberflächlich erkundet hatten, einen äußerst ergiebigen Besuch ab. Wieder war er entsetzt über das, was er vorfand. An einen Freund schrieb er: »Welche schmerzlichen Spuren haben sie hinterlassen! Fragmente fein gearbeiteter Stuckskulpturen haben sie nach draußen oder auf den Abfallhaufen geworfen; Statuen, die für den Transport zu groß waren, haben sie dem Wetter und dem gütigen Erbarmen Vorüberkommender überlassen usw. Ich kann mir nicht vorstellen, was sie veranlaßt haben mag, hier mit einer völlig unzureichenden Zahl von Hilfskräften zu graben, und noch weniger verstehe ich diese Gleichgültigkeit gegenüber dem Schicksal all dessen, was sie *in situ* zurückgelassen haben.« Und mit mehr als nur einer Spur von Selbstgerechtigkeit fügt er hinzu, trotz der viel größeren physischen Anstrengungen des Grabens in der, wie er sie nennt, »echten Wüste«, habe er sich stets die Zeit und die Mühe genommen, anschließend aufzuräumen. Man fragt sich, ob nicht vielleicht gerade dieser Fundort, der, wie Steins Biographin, Jeannette Mirsky schreibt, aussah, als habe sich hier ein »Unfall mit Fahrerflucht« ereignet, einer von jenen war, die Bartus auf einem seiner Solo-Beutezüge erforscht hat. Dennoch zog Stein höchst befriedigt mit zehn schweren, mit Altertümern gefüllten Kisten ab.

Dieser Tempelbezirk wurde ein wenig verwirrend unter dem Namen Ming-oi bekannt, obwohl er nur einer unter mehreren solcher *ming-öi* (»eintausend Räume«) ist, die Archäologen in diesem Wüstengebiet ausgegraben haben. Wie Le Coq erklärt, gibt es keinen solchen Ort mit dem Namen Ming-oi, und dieser alttürkische Ausdruck sollte in Verbindung mit dem nächstgelegenen bewohnten Ort genannt werden – also *ming-öi* von Kyzil, Kumtura, Shorchuk usw. Wer auf der Karte von Chinesisch-Turkestan einen Ort mit Namen Ming-oi sucht, wird ihn nicht finden, wenngleich das Britische Museum noch immer überzeugt zu sein scheint, daß es ihn gibt.

Steins zweieinhalb Jahre dauernde Expedition war damit noch keineswegs zu Ende, doch können wir hier nur noch einige wenige Höhepunkte erwähnen. Dazu gehörte unter anderem seine kühne Durchquerung der Taklamakan von Nord nach Süd, ein weit gefahrvolleres Unternehmen als in umgekehrter Richtung. Hedin war seinerzeit zunächst dem nach Norden fließenden Keriya-daria gefolgt und hatte damit seine Wasserversorgung bis tief in die Wüste sichergestellt. Danach würde er, wie er wußte, sofern er in nördlicher Richtung weitermarschierte, früher oder später auf den nach Osten fließenden Tarim stoßen. Eine erfolgreiche Durchquerung in südlicher Richtung hing dagegen davon ab, daß man genau auf die »Mündung« des Keriya-daria traf, ein Meisterstück in der Wüste, das absolut präzise Navigation verlangte. Die letzten Tage seiner Wüstendurchquerung waren in der Tat angstvoll, und das Wasser mußte streng rationiert werden. Auf diese Leistung folgten zwei persönliche Unglücksfälle. Der erste bestand darin, daß Naik Ram Singh, einer seiner treuen indischen Assistenten, plötzlich am grünen Star erkrankte und das Augenlicht verlor. Mit der Aufgabe betraut, in Miran weitere Fresken zu fotografieren und herauszulösen, während Stein in Khotan seine Sammlung einpackte, hatte Ram Singh hartnäckig darauf bestanden, mit seiner Arbeit fortzufahren, nachdem er auf einem Auge erblindet war und obwohl er unter furchtbaren Schmerzen litt. Erst als er überhaupt nichts mehr sehen konnte, gab er sich geschlagen und ließ sich zu dem entsetzten Stein zurückführen. Um nicht gegen die Kastengesetze zu verstoßen, bestand er darauf, trotz seiner Blindheit seine Mahlzeiten selbst zuzubereiten, bis er nach Khotan kam, wo Stein einen Hindukoch für ihn anstellen konnte. Ram Singh hat sein Augenlicht nicht mehr wiedererlangt, aber die indische Regierung setzte ihm auf Steins Drängen hin einen Ehrensold aus. Innerhalb von vier Monaten jedoch war er tot.

Doch nun wurde Stein vom Unglück verfolgt. Bei der Vermessung eines Gletschers hoch oben im Kunlun bei einer Temperatur von minus 27 Grad Celsius merkte er plötzlich, daß seine Füße vollkommen gefühllos geworden waren. Dann stellten sich heftige Schmerzen ein, und ihm wurde klar, daß er sich die Füße erfroren hatte. Sein medizinisches Handbuch empfahl als Notbehandlung, die erfrorenen Stellen mit Schnee einzureiben. Er wußte, wenn er die Blutzirkulation auf diese Weise nicht mehr in Gang bringen konnte, würden die Füße brandig werden und er müßte operiert werden. Am linken Fuß zeigte das Einreiben mit Schnee die gewünschte Wirkung, nicht aber am rechten. Da Stein erkannte, daß nun sein Leben in Gefahr war, brach er sofort seine Vermessungsarbeiten ab und machte sich eilends auf den Weg nach Ladakh. Den ersten Teil legte er auf Jaks und Kamelen reitend zurück, mußte aber dann liegend auf einer zwischen zwei Ponys befestigten behelfsmäßigen Tragbahre transportiert werden. Nach Tagen qualvoller Reise durch die Berge erreichte er schließlich Leh, wo ihm ein Arzt der Herrnhuter Mission die Zehen seines rechten Fußes amputierte. Die Schmerzen ertrug er mit stoischem Gleichmut. Was ihn mehr quälte, war die Frage, ob die Operation seinen Fuß gerettet hatte oder ob seine Laufbahn als Forschungsreisender nun beendet war. Nach qualvollen Wochen, in denen die Wunden zunächst nicht heilen wollten, konnte Stein zu seiner großen Erleichterung feststellen, daß er gerade noch rechtzeitig operiert worden war.

Die Schmerzen und Ängste, die er hatte durchstehen müssen, waren groß gewesen, vielleicht waren sie aber doch kein zu hoher Preis für die triumphale Heimkehr, die ihn erwartete. Der König bekleidete ihn mit der Würde eines »Companion of the Order of the Indian Empire« (und erhob ihn zwei Jahre später in den Adelsstand), die Royal Geographical Society verlieh ihm die Goldmedaille, die Universitäten Oxford und Cambridge verliehen ihm die Ehrendoktorwürde, die Deutschen (zweifellos in Unkenntnis seiner scharfen Kritik an den Methoden Le Coqs) erkannten ihm für seine Leistungen eine beträchtliche Geldprämie zu, und in Budapest wurde er als ein Sohn des Volkes gefeiert, der seinem Vaterland Ehre gemacht hat. Eine besondere Freude war es für ihn, daß Jiang, der durch seinen geschickten Umgang mit dem Abt Wang so viel dazu beigetragen hatte, Stein die Bibliothek von Dunhuang zu sichern, die Belohnung erhielt, die er sich gewünscht hatte, nämlich zum chinesischen Sekretär beim britischen Konsulat in Kaschgar ernannt zu werden.

Doch selbst jetzt war Steins Arbeit noch lange nicht beendet, denn er mußte die qualifizierten Fachwissenschaftler finden, welche die Tausende, in einem halben Dutzend Sprachen geschriebenen Bücher und Handschriften bearbeiten konnten, die er ausgegraben oder von Wang erworben hatte. Ferner brauchte er Restauratoren, um die vielen hundert Tempelfahnen und anderen Tang-Malereien aus den »Höhlen der Tausend Buddhas« zu entwirren und zu reinigen. Schon bald waren etwa 18 international anerkannte Experten – darunter Hoernle, Chavannes und Lionel Giles – damit beschäftigt, die Schriftfunde aus Dunhuang zu übersetzen und auszuwerten. Außerdem mußte er bei der Auswahl und Präparierung der Hauptattraktionen seiner Sammlung für eine Sonderausstellung im Britischen Museum helfen, an der Aufteilung der Beute zwischen den Geldgebern in Bloomsbury und jenen in Kalkutta mitwirken und schließlich mit der Arbeit an seinem zweibändigen Expeditionsbericht *Ruins of Desert Cathay* beginnen.

Trotz der ungeheuren Fülle anderer Kunstschätze, die Stein von seinen drei Expeditionen (die dritte stand noch bevor) aus China mitbrachte, wird sein Name stets mit der geheimen Bibliothek von Dunhuang verbunden bleiben. Dafür gibt es zwei Hauptgründe. Der erste ist, daß es sich um einen wirklich spektakulären Fund handelte, vergleichbar der Entdeckung der Schriftrollen am Toten Meer, die ebenfalls in einer Höhle gefunden wurden. Der zweite Grund ergibt sich aus den umstrittenen Methoden, mit denen Stein die Bibliothek erworben hat und die ihn – ähnlich wie Lord Elgin – immerwährender Kritik aussetzen. Vielleicht ist das auch der Grund dafür, daß das Britische Museum so sehr darum bemüht scheint, seinen Namen in Vergessenheit geraten zu lassen.

Anders als andere große Archäologen wie Layard und Rassam, deren Leistungen voll Stolz anerkannt werden, wird der Besucher des Britischen Museums vergeblich nach einem Porträt Steins – oder auch nur der Erwähnung seines Namens – in der zentralasiatischen Abteilung suchen, wo heute nur eine lächerlich geringe Auswahl seiner Funde ausgestellt ist.

Doch unabhängig davon, ob Stein die Dunhuang-Handschriften rechtmäßig erworben hat oder nicht, lohnt es sich, einen kurzen Blick auf die Glanzstücke dieser großartigen Bibliothek zu werfen. Der berühmteste Fund aus jener vollgestopften Kammer ist zweifellos das Diamant-Sutra. Seine Berühmtheit hat allerdings nichts mit dem Text selbst zu tun, denn dieser existiert in unzähligen Exemplaren (mehr als fünfhundert – vollständige und unvollständige – in Steins Dunhuang-Sammlung). Bei diesem jedoch handelt es sich um das älteste bisher bekannte gedruckte Buch, gedruckt vor über tausend Jahren mit hölzernen Druckstöcken. In einem neueren chinesischen Werk über die Geschichte der Druckkunst, das 1961 von der Nationalbibliothek in Peking veröffentlicht wurde, heißt es darüber: »Das im Jahr 868 gedruckte Diamant-Sutra ... ist das älteste gedruckte Buch der Welt. Es besteht aus sieben zusammengehefteten Papierstreifen und enthält auf dem ersten Blatt eine mit großer Kunstfertigkeit geschnittene Illustration.« Der Verfasser fügt hinzu: »Diese berühmte Schriftrolle wurde vor mehr als fünfzig Jahren von dem Engländer Sitanyin [Stein] gestohlen, was einen haßerfüllt mit den Zähnen knirschen läßt.« Die Schriftrolle ist gegenwärtig im Britischen Museum ausgestellt, nur wenige Schritte entfernt von dem berühmtesten Buch des Westens, der Gutenberg-Bibel. Die etwa fünf Meter lange Dunhuang-Schriftrolle ist genau datiert – auf den 11. Mai 868 – und trägt zudem den Namen des Mannes, der den Druck in Auftrag gegeben und die einzelnen Exemplare vertrieben hat. Damit ist er nicht, wie manchmal behauptet wird, der erste Drucker, sondern der erste Verleger der Welt, von dem wir wissen.

Die große Masse der in Wangs Versteck gefundenen Handschriften war chinesisch geschrieben – etwa 7000 vollständige Texte und weitere 6000 Fragmente. Allein die Katalogisierung der vollständigen Werke sollte ein halbes Jahrhundert in Anspruch nehmen. In seiner Monographie *Six Centuries at Tunhuang* schätzt Lionel Giles, der diese ungeheure Arbeit geleistet hat, daß er sich dabei durch insgesamt wohl 15 bis 30 Kilometer eng beschriebene Schriftrollen hat mühsam durchbeißen müssen. Da Stein kein Chinesisch lesen konnte, und Jiang nichts von buddhistischer Literatur verstand, hatten sie von zahlreichen Texten mehrere Exemplare mitgenommen. So fanden sich darunter mehr als tausend vollständige Exemplare oder Fragmente des Lotos-Sutra, dabei zahlreiche hervorragende Beispiele früher Kalligraphie. Dennoch gab es unter den Handschriften nicht nur seit langer Zeit verlorene Texte und Varianten bereits bekannter Schriften, sondern auch zahlreiche bisher völlig unbekannte Werke sowohl in den westlichen Gelehrten bekannten als auch unbekannten Sprachen.

Unter den vielen Kuriositäten, die in dieser riesigen Sammlung von Dokumenten gefunden wurden, findet sich auch ein chinesischer »Musterbrief«, mit dem sich betrunkene Gäste bei ihrem Gastgeber entschuldigen konnten. Giles übersetzt ihn wie folgt: »Nachdem ich gestern zu viel getrunken hatte, war ich so berauscht, daß ich alle Grenzen der Höflichkeit überschritt. Keines der taktlosen und groben Worte jedoch, die ich gebrauchte, wurde bewußt geäußert. Als ich am nächsten Morgen von anderen darüber hörte, begriff ich, was geschehen war, und war so bestürzt, daß ich vor Scham im Erdboden hätte versinken wollen ...« Weiter heißt es in dem Brief, daß der Verfasser demnächst persönlich vorstellig werden wird, um für seine »Verfehlung« um Verzeihung zu bitten. Und die angemessene Antwort eines empörten Gastgebers lautet Giles zufolge: »Mein Herr, gestern haben Sie im betrunkenen Zustand so sehr gegen die in der guten Gesellschaft geltenden Regeln verstoßen, daß Sie es nicht mehr verdienen, als Gentleman bezeichnet zu werden, und haben dabei in mir den Wunsch geweckt, nichts mehr mit Ihnen zu tun zu haben. Aber da Sie nun Ihre Scham und Ihr Bedauern über das Geschehene zum Ausdruck gebracht haben, möchte ich vorschlagen, daß wir zu einem freundschaftlichen Gespräch zusammenkommen ...« (Unter anderem fand Giles auch eine Einladung zu etwas wie einem Fußballspiel – wörtlich übersetzt »Schlagball-spiel«.)

Ein anderer berühmter britischer Orientalist, Arthur Waley, hat 26 chinesische Balladen und Geschichten aus den »Höhlen der Tausend Buddhas« in der Ânthologie *Ballads and Stories from Tun-huang* zusammengefaßt. Obwohl er sich dabei offensichtlich nur allzu gern der Steinschen Handschriften bediente, bringt er doch deutlich sein Mißfallen über die Methoden Steins zum Ausdruck, indem er das Ganze »Plünderung der Bibliothek von Dunhuang« nennt. Dann legt er ausführlich dar, warum die Chinesen so verbittert sind über die Art und Weise, wie die Handschriften »im Auftrag des Britischen Museums und der indischen Regierung« nach Europa gebracht wurden. »Ich glaube«, fährt er fort, »man kann ihre Gefühle in dieser Angele-genheit am besten verstehen, wenn man sich vorstellt, was wir empfänden, wenn ein chinesischer Archäologe nach England käme, in einer Klosterruine ein Versteck mit mittelalterlichen Handschriften entdeckte, den Wächter bestäche, sich von ihnen zu trennen, und sie dann nach Peking brächte.« Er ignoriert dabei allerdings die Frage, was mit den Handschriften möglicherweise geschehen wäre, wenn sie in der Obhut Wangs – »jenes liebens-werten alten Narren« – geblieben wären.

Doch das Geschehen in Dunhuang war noch nicht zu Ende. Stein sollte durchaus nicht der letzte sein, der versuchte, sich bei Wang einzuschmeicheln. Unmittelbar auf den Fersen des Englän-ders folgte der große Franzose Pelliot.

Wer Bücher schenkt ...

… schenkt Wertpapiere, heißt es bei Stendhal. Denn: Bücher sind Geschenke ganz besonderer Art; sie verwelken nicht, sie zerbrechen nicht, sie veralten nicht, und sie gleichen dem Kuchen im Märchen, den man ißt, und der nicht kleiner wird.

Man könnte hinzufügen, etwas prosaischer: Und sie tragen Zinsen wie ein klug angelegtes Kapital.

Wer Bücher schenkt, schenkt Wertpapiere.

13. Kapitel

PELLIOT – DIE EDLE KUNST, SICH FEINDE ZU MACHEN

Obwohl sie in Asien über einen kolonialen Brückenkopf verfügten (in Hanoi hatten sie sogar ein archäologisches Institut), haben die Franzosen sich erst recht spät an der Schatzsuche in Zentralasien beteiligt, wenngleich sie nicht die letzten waren, die dort ihr Glück versuchten. Als Pelliot im August 1906 nach Chinesisch-Turkestan kam, waren die Briten, Schweden, Deutschen und Japaner bereits wenigstens einmal dort gewesen, die Beresowskis standen vor dem Abschluß ihrer Expedition, und Stein war schon wieder da, um mehr zu holen. Daß sich die Franzosen erst so spät auf der Seidenstraße zeigten, läßt sich vielleicht damit erklären, daß sie erst kurz zuvor im Dschungel von Indochina eine einst bedeutende alte Kultur entdeckt hatten – einschließlich der großartigen Ruinen von Angkor –, die ihre Orientalisten vollauf beschäftigte. Doch welches die Gründe für diese Verspätung auch immer gewesen sein mögen, sie waren nun entschlossen, sich ihren Teil zu sichern. »Wenn Frankreich nichts unternähme«, ermahnte der bedeutende französische Orientalist Sylvain Lévi seine Kollegen, »wäre das ein Verrat an unserer glorreichen Tradition.« Unter Leitung von Emile Senart, eines weiteren führenden Orientalisten und Mitgliedes der Académie Française, und mit Hilfe des Erziehungsministers wurde ein einflußreiches Komitee gegründet, das von nicht weniger als neun führenden wissenschaftlichen, geographischen oder kulturellen Zwecken gewidmeten Institutionen unterstützt wurde. Es wurde beschlossen, so bald wie möglich eine Drei-Mann-Expedition nach Chinesisch-Turkestan zu entsenden. Die Leitung wurde dem 27 Jahre alten, hervorragenden Sinologen Paul Pelliot übertragen, einem Schüler von Lévi und gegenwärtigen Mitarbeiter der berühmten (später jedoch umstrittenen) Ecole Française d'Extrême-Orient. Seine Begleiter waren sein alter Freund Dr. Louis Vaillant, der für die kartographischen Vermessungen verantwortlich zeichnen, Dinge von naturgeschichtlichem Interesse sammeln, sowie andere wissenschaftliche Arbeiten übernehmen sollte, und Charles Nouette, der Fotograf der Expedition.

Pelliot war nicht nur ein Sprachgenie – er beherrschte etwa 13 Sprachen –, sondern war schon als ganz junger Mann im Sommer des Jahres 1900 bei der Belagerung der ausländischen Gesandtschaften in Peking mit dem Orden der Ehrenlegion ausgezeichnet worden. Im Alter von 21 Jahren war er, während er gerade in Peking auf der Suche nach chinesischen Büchern für die Bibliothek der Ecole war, vom Boxeraufstand überrascht worden. Dabei gelangen ihm zwei Husarenstücke, die ihm sowohl Lob als auch Kritik einbrachten. Das eine bestand in der tollkühnen Erbeutung eines riesigen Kriegsbanners der Boxer mit Hilfe zweier Matrosen, eine Tat, die den Feind rasend machte vor Wut. In seinem später veröffentlichten Tagebuch der Belagerung ist ein Foto abgedruckt, das ihn stolz seine Trophäe haltend zeigt. Den zweiten Husarenstreich beging er während eines zeitweiligen Waffenstillstands, als er über die Barrikaden kletterte und verkündete, daß er mit den Rebellen Tee trinken ginge. Nachdem die eingeschlossenen Europäer mehrere Stunden lang darüber, was ihm wohl zugestoßen sein könnte, diskutiert und seine Prahlerei verurteilt hatten, mußten sie beobachten, wie er sich mit demonstrativer Herzlichkeit vom Feind verabschiedete, bevor er schließlich mit Obstgeschenken beladen zurückkehrte. Er erzählte, er habe den Chinesen gesagt, die Moral der Europäer sei ausgezeichnet, doch es fehle ihnen an frischem Obst.

In seinem zum großen Teil unter feindlichem Beschuß hingekritzelten Tagebuch begegnet uns Pelliot als tapferer aber oft hitzköpfiger junger Mann, der immer dort ist, wo es am heißesten hergeht. Heftige Kritik übt er an vielen der höheren Diplomaten, indem er auf deren Feigheit und Unfähigkeit anspielt. So überrascht es nicht, daß einige von ihnen Pelliot aufgeblasen und anmaßend fanden. (Sogar Stein, der ihn als Wissenschaftler aufrichtig bewunderte, beschrieb ihn ein paar Jahre später als »etwas zu egozentrisch«.) Im Gegensatz dazu berichtet ein französischer Offizier: »Pelliot, der jüngste unter den Freiwilligen, wird von allen bewundert, und seiner Jugend und Tapferkeit wegen verzeihen wir es ihm, daß er manchmal über die Stränge schlägt.« Ob man ihn nun mochte oder sich über ihn ärgerte, es scheint kaum möglich gewesen zu sein, ihn zu ignorieren. Bei seiner Rückkehr nach Hanoi wurde er im Alter von nur 22 Jahren zum Professor für Chinesisch an der Ecole ernannt. Um dieselbe Zeit begann er – oft sehr kritisch –, in wissenschaftlichen Zeitschriften und im Bulletin der Ecole die Arbeiten anderer Sinologen zu besprechen. Er selbst nannte das »die edle Kunst, sich Feinde zu machen ...« Hier liegen vielleicht die Gründe dafür, daß er sich neun Jahre später selbst als Opfer einer gehässigen und konzertierten Verleumdungskampagne in Frankreich fand, als er im Triumph von seiner Expedition aus Zentralasien zurückkehrte.

*

Nachdem sie ihre Vorbereitungen abgeschlossen hatten, verließen Pelliot und seine beiden Begleiter am 17. Juni 1906 Paris, wobei sie mit der Eisenbahn über Moskau nach Taschkent fuhren, wo sie zwei Monate aufgehalten wurden, weil sie auf die Ankunft ihres schweren Gepäcks warten mußten. Pelliot nutzte diese Zeit, um sein Russisch aufzupolieren und, wie wir bereits wissen, Turktartarisch (oder Osttürkisch, wie einige Gelehrte diese Sprache damals nannten) zu lernen. Dank seiner erstaunlichen Sprachbegabung und seines glänzenden Gedächtnisses konnte er sich bald fließend auf Turktartarisch unterhalten. Es war dieses unglaubliche Erinnerungsvermögen, das später die Verleumder Pelliots dazu verleiten sollte, einige seiner Behauptungen zu bezweifeln. Am 31. August kam die Expedition schließlich in Kaschgar an. Dort wohnten die Franzosen im russischen Generalkonsulat als Gäste des Nachfolgers von Petrowski und statteten jenen hohen chinesischen Beamten, auf deren Wohlwollen und Hilfe sie voraussichtlich angewiesen sein würden, Höflichkeitsbesuche ab. Das erregte einiges Aufsehen, denn kaum einer der westlichen Reisenden, die durch Kaschgar kamen (und mit Sicherheit keiner der Rivalen Pelliots), sprach Chinesisch. Dr. Vaillant erinnerte sich noch lange danach daran, »wie erstaunt diese hohen Beamten waren, als sie Pelliot fließend und elegant Chinesisch sprechen hörten, wobei er aus ihren Klassikern zitierte und mit Leichtigkeit die Texte auf den langen Schriftrollen las, die in China alle Empfangsräume schmücken.« Doch vor allem waren sie davon beeindruckt, wie vertraut er mit dem war, was der Doktor »das verfeinerte Zeremoniell« nennt, »das von einer Kultur befolgt wird, die so stolz auf ihre lange Geschichte ist ...« Obwohl das alles verdächtig an den jungen Draufgänger auf den Barrikaden erinnert, der den Einheimischen gegenüber wieder einmal wichtig tun möchte, sollte es sich, wie Vaillant betont, sehr bald bezahlt machen. Zunächst hatten sie beschlossen, eine Jurte (ein zentralasiatisches Rundzelt) mitzunehmen, und Pelliot bat den Präfekten von Kaschgar, zu versuchen, ihnen eine zu besorgen. »Als wir dies dem russischen Konsul gegenüber erwähnten«, berichtet Vaillant, »lachte er uns aus.« Er versicherte den drei Franzosen: »Sie sind hier nicht zu bekommen, und selbst wenn Sie eine Jurte finden sollten, würde es sechs Monate dauern, bis Sie sie kriegen.« Doch zur Überraschung des Russen wurde die Jurte eine Woche später geliefert, worauf, wie Vaillant hinzufügt, »Pelliot uns sofort daran gewöhnte, sie aufzustellen und im Hof des Konsulats darin zu wohnen.«

Sie hatten vor, zunächst in östlicher Richtung nach Kutscha zu reisen, wo sie längere Zeit ausgraben wollten. Dies würde sie an Tumchuq vorüberführen, wo Hedin berichtete, ein paar Ruinen gesehen zu haben, die er jedoch als muslimisch und nicht alt genug und damit als uninteressant abgetan hatte. Nach sechswöchigen Vorbereitungen in Kaschgar machten sich die Franzosen auf den Weg. Wenige Tagesmärsche vor Tumchuq kam es zu einem amüsanten Zwischenfall, als sie zum Mittagessen bei der kleinen Unterpräfektur von Faizabad haltmachten. Nachdem sie dem Präfekten ihre Aufwartung gemacht und sich dafür entschuldigt hatten, keinen Gegenbesuch empfangen zu können, kehrten sie in das Rasthaus zurück, um vor dem Weitermarsch rasch etwas zu essen. Vaillant erzählt: »Doch kaum waren wir zurück in unserem Lager, hörten wir die drei Kanonenschüsse, die anzeigten, daß der Mandarin seinen Yamen verlassen hatte.« Wenige Augenblicke später rief ihr Diener Ding: »Der Mandarin ist da!« Die Franzosen waren entgeistert. Vaillant schreibt: »Wir hatten nichts für einen Besuch vorbereitet. Pelliot begrüßte ihn, entschuldigte sich wortreich und bat ihn in den Empfangsraum. Nach dem üblichen Austausch von Höflichkeiten setzten wir uns und versuchten, unsere Unruhe zu verbergen. Doch dann wurden Teetassen und Teller mit Melonenscheiben und Kuchen aufgetragen.« Am Ende der Mahlzeit wandte sich der Mandarin lächelnd zu Pelliot und sagte: »Ihr Europäer versteht wirklich zu reisen. Ich bewundere aufrichtig, wie Sie auf Ihrer Reise einen solchen Empfang haben organisieren können. Ich fühle mich zutiefst geehrt durch Ihre taktvolle Aufmerksamkeit.« Als er gegangen war, beglückwünschte Pelliot seinen Diener Ding dazu, daß er die Situation so glänzend gemeistert hatte. Doch Ding erklärte: »Ich habe nichts getan. Die Diener aus dem Yamen haben alles mitgebracht ...«

Die Ruinen bei Tumchuq waren alles andere als muslimisch, sondern Reste einer frühen buddhistischen Klosterstadt, die mindestens bis zum Jahr 800 bewohnt war. Pelliot hatte dies während ihres kurzen Aufenthalts dort ganz zufällig festgestellt. Als er mit seiner Reitgerte im Boden herumstocherte, kam zu seiner Überraschung eine eindeutig gräko-buddhistische kleine Figur zum Vorschein. Obwohl das ganze Gepäck einschließlich ihrer Winterbekleidung bereits auf dem Wege nach Kutscha war, fand Pelliot, daß er keine andere Wahl hatte, als zu bleiben und weitere Grabungen vorzunehmen. Erst sechs Wochen später eilten die Franzosen starr vor Kälte, aber beladen mit bemalten Skulpturen und anderen Funden nach Kutscha – und zu ihren wärmenden Pelzmänteln. Zunächst waren sie enttäuscht, feststellen zu müssen, daß vor ihnen nicht nur die Deutschen, sondern (wie wir sehen werden) auch die Russen und Japaner in diesem an archäologischen Funden reichen Gebiet gewesen waren. Doch schließlich entdeckten sie, daß es in den Tempeln noch vieles gab, was ihre Rivalen übersehen hatten. Am wichtigsten war für Pelliot die Entdeckung eines großen Schatzes buddhistischer Dokumente, von denen viele in unbekannten Sprachen geschrieben waren, darunter einige, wie sich später herausstellen sollte, in der untergegangenen kutschanischen Sprache. Die letzteren wurden später von Sylvain Lévi entziffert.

Nach acht ertragreichen Monaten in Kutscha zog die französische Expedition weiter nach Urumqi, um vor der Durchquerung der Wüste in Richtung Dunhuang ihre Vorräte wieder aufzufüllen. Bis zu diesem Zeitpunkt hatten sie nur die Absicht, die Wandgemälde und Skulpturen in den »Höhlen der Tausend Buddhas« zu fotografieren und genauer zu untersuchen, denn von der großen Entdeckung Steins sechs Monate zuvor war ihnen noch nichts zu Ohren gekommen.

In Urumqi traf Pelliot einen alten Freund oder vielmehr ehemaligen Feind aus Peking. Nach der Niederlage der Boxer war Fürst Lan – der Bruder des Führers der Bewegung und selbst aktiv am Aufstand beteiligt – lebenslänglich nach Urumqi in die Verbannung geschickt worden, wo er nun die restlichen Jahre seines Lebens der Fotografie widmete. »Im Jahr 1900 hatten wir gegeneinander gekämpft, aber die Zeit heilt alle Wunden«, schrieb Pelliot später über diese Begegnung und fügte hinzu: »Nun besiegelten wir unsere Freundschaft mit manchem Glas Champagner.« Als der Tag der Abreise schließlich gekommen war, bemerkte der Fürst traurig: »Sie gehen, aber ich muß bleiben.« Pelliot verzichtete darauf, den ehemaligen Polizeichef von Peking daran zu erinnern, daß es sieben Jahre zuvor einen Tag gegeben hatte, »an dem er uns gezwungen hatte zu bleiben, während wir nichts lieber getan hätten, als die Stadt zu verlassen«.

Obwohl sich der Fürst dessen wahrscheinlich nicht bewußt gewesen ist, war es ein Akt der Freigebigkeit, der Pelliot darauf drängen ließ, Urumqi zu verlassen und nach Dunhuang aufzubrechen. Während ihres Aufenthalts in Urumqi hatten die Franzosen vage Gerüchte über ein geheimnisvolles Versteck mit Handschriften gehört, das in den »Höhlen der Tausend Buddhas« gefunden worden sei. Pelliot wußte sofort, daß dies mehr war als ein bloßes Basargerücht, als der verbannte Fürst ihm eine Handschrift schenkte, die seinen Worten zufolge aus Dunhuang stammte. Vaillant schreibt: »Kaum hatte Pelliot sie aufgerollt, als er auch schon erkannte, daß sie vor dem 8. Jahrhundert entstanden sein mußte.«

Als die drei Männer Dunhuang und die »Höhlen der Tausend Buddhas« erreichten, stellten sie fest – ganz wie seinerzeit Stein –, daß die Höhle mit den Handschriften verschlossen und Wang abwesend war. Doch sehr bald spürten sie den Mönch in der Stadt auf. Beeindruckt von Pelliots Chinesisch erklärte sich Wang bereit, dem Franzosen seinen Fund zu zeigen. Wenn man bedenkt, wie lange Stein und Jiang sich hatten abmühen müssen, bis Wang ihnen endlich erlaubte, einen Blick auf die Handschriften zu werfen, mag es überraschen, daß Pelliot dies verhältnismäßig leicht fertigbrachte. Seine Feinde haben es ihm auch nicht glauben wollen. Doch Wang hatte, wie er Stein und Jiang immer wieder sagte, vor allem gefürchtet, daß die Geschichte bekannt werden könnte. Da nun der neue Besucher aus Europa Stein nicht einmal erwähnte (scheinbar merkte Pelliot noch immer nicht, daß sein Rivale ihm in der geheimen Kammer zuvorgekommen war), muß Wang den Eindruck gehabt haben, der Engländer habe sein Versprechen gehalten, nichts verlauten zu lassen. Festzustellen, daß man sich auf die Verschwiegenheit dieser »fremden Teufel« verlassen konnte, mußte auf ihn sehr beruhigend gewirkt haben. Im übrigen hatte er zweifellos bereits damit begonnen, Steins »Spende« für seine grellen Restaurierungsarbeiten auszugeben und hoffte nun gewiß auf weitere Zuwendungen.

Aber selbst Pelliot mußte sich in Geduld üben. In einem Brief aus Dunhuang vom 26. März 1908 berichtet er: »Wang kam ziemlich spät an und sagte, er habe den Schlüssel in Dunhuang gelassen. Wieder mußte ich warten.« Jetzt erfuhr Pelliot zu seiner Enttäuschung auch, daß Stein das Versteck bereits besichtigt hatte, aber – wie Wang ihm versicherte – nur drei Tage dort verbracht habe. Hätte er gewußt, wie lange Stein hier wirklich gearbeitet hatte, hätte er seine Aussichten vielleicht etwas weniger optimistisch eingeschätzt. Doch so fürchtete er nur, daß in den acht Jahren seit ihrer Entdeckung unweigerlich ein großer Teil der Bibliothek verschwunden sein könnte. Schließlich war es wenig wahrscheinlich, daß die Handschrift, die ihm der Fürst Lan im 640 Kilometer entfernten Urumqi geschenkt hatte, die einzige war, die ihren Weg aus der Höhle gefunden hatte.

Endlich kam auch der Schlüssel aus Dunhuang, und fast einen Monat nach seiner Ankunft bei dem großen *ming-öi* wurde Pelliot in das Versteck gelassen. »Mir verschlug es den Atem«, berichtete er. Er schätzte, daß 15 000 bis 20 000 Handschriften in der Höhle lagen. Um jede einzelne aufzurollen und genau zu prüfen, würde er mindestens sechs Monate brauchen. Doch sein Entschluß war schnell gefaßt. Er schreibt: »Eine wenn auch nur oberflächliche Untersuchung der gesamten Bibliothek war unbedingt notwendig. Ich mußte wenigstens jede Handschrift öffnen, die Art des Textes feststellen und sehen, ob er irgendetwas Neues enthielt.« Er beschloß, zwei Stapel anzulegen: Auf den ersten kamen die wertvollsten Stücke, die er um jeden Preis erwerben mußte, auf den zweiten jene, die er zwar ebenfalls gerne mitnehmen würde, auf die er jedoch eher verzichten konnte.

Beim Licht einer einzigen Kerze mußte Pelliot in dem winzigen freien Raum zusammengekauert arbeiten, der (was er aber nicht merkte) durch den Abtransport von Steins großem Fang entstanden war. Hier verbrachte Pelliot in drangvoller Enge drei lange Wochen mit der Sichtung der staubigen Bündel. In der Sammlung Pelliot des Musée Guimet in Paris gibt es ein denkwürdiges Foto, das Nouette aufgenommen hat. Es zeigt Pelliot bei der Arbeit in der geheimen Kammer kauernd, hinter ihm ein riesiger Berg dicht gestapelter Handschriften. In einem langen Brief an Senart in Paris schrieb Pelliot: »Während der ersten zehn Tage nahm ich täglich fast tausend Schriftrollen in Angriff, was ein Rekord sein muß...« Ein wenig frech verglich er sich selbst mit einem Philologen, der mit der Geschwindigkeit eines Rennfahrers voranstürmt – eine Analogie, die seine Gegner voll Schadenfreude aufgriffen.

Jedesmal, nachdem er lange in der Höhle gearbeitet hatte, kam Pelliot, wie sich Vaillant Jahre danach erinnerte, zu seinen beiden Kollegen zurück – »sein Überzieher vollgestopft mit seinen interessantesten Funden ... und strahlend vor Freude. An einem solchen Abend zeigte er uns ein nestorianisches Johannesevangelium, an einem anderen eine aus dem Jahr 800 stammende Beschreibung des seltsamen kleinen Sees ... inmitten der hohen Dünen südlich von Dunhuang, dann die Klosterbuchführung.« Pelliot hielt es für ausgeschlossen, daß er Wang dazu überreden könnte, sich von der ganzen Sammlung zu trennen, denn der Fund war im gesamten Bezirk schon allzu bekannt. »Mongolische und tibetische Pilger«, berichtet Vaillant, »kamen, um als Teil ihrer

Wallfahrt einige dieser kostbaren Schriften zu lesen.« Pelliots große Sorge jedoch war es, irgendwelche entscheidenden Dokumente zurückzulassen oder nicht als solche zu erkennen. Er schreibt: »Dennoch glaube ich nicht, daß ich etwas Wichtiges übersehen habe. Ich habe nicht nur jede Schriftrolle in die Hand genommen, sondern auch jeden Fetzen Papier – und Gott allein weiß, wie viele solcher Fetzen und Schnitzel es da gab ...«

Doch nun kam der entscheidende Augenblick, als Pelliot den kleinen Mönch überreden mußte, ihm die beiden Stapel von Handschriften zu verkaufen, die er beiseitegelegt hatte. Die Verhandlungen zwischen den beiden Männern wurden streng vertraulich geführt. »Wir selbst durften«, erinnerte sich Vaillant, »über den Fund nur mit äußerster Vorsicht sprechen – selbst in unseren Briefen.« Schließlich einigte man sich auf 500 Tael (90 £), und der Schatz wurde sorgfältig zum heimlichen Versand nach Frankreich verpackt. Vaillant schreibt: »Erst nachdem Nouette sich mit den Kisten, die unsere Sammlungen enthielten, auf dem Dampfer eingeschifft hatte, sprach Pelliot offen darüber und reiste selbst mit einer Kiste Handschriftenproben nach Peking.« Und er fügte hinzu: »Für die chinesischen Gelehrten waren sie eine Offenbarung. Sie konnten es kaum glauben, daß ein solcher Fund gemacht worden war.« Das Ergebnis war, daß die chinesischen Behörden in Peking sofort ein Telegramm an den Unterpräfekten in Dunhuang sandten mit dem Befehl, zu beschlagnahmen, was immer in der Höhle zurückgeblieben sein mochte. Ironisch bemerkt Vaillant: »Der gute Mönch muß eine böse Viertelstunde erlebt und es wohl bereut haben, daß er Pelliots Geld angenommen hat.«

Wenngleich der Erwerb der Dunhuang-Handschriften für Pelliot einen großen persönlichen Triumph bedeutete – was immer man über den moralischen Aspekt dieser Angelegenheit denken mag –, so waren doch auch seine beiden Begleiter während des viermonatigen Aufenthalts dort alles andere als untätig gewesen. Nouette hatte Hunderte von Schwarzweiß-Aufnahmen von allem und jedem gemacht, was Pelliot von Interesse schien. Diese Fotos wurden später in sechs Bänden veröffentlicht. Obwohl Pelliot nie mehr die Zeit fand, einen begleitenden Text zu schreiben, ist dieses Werk bis heute die wichtigste Informationsquelle über die Malereien und Skulpturen von Dunhuang – vor allem wegen des Vandalismus der weißrussischen Soldaten, die wenige Jahre später in den Höhlen interniert werden sollten.

Als Pelliot am 24. Oktober 1909 endlich wieder in Paris eintraf, war er drei Jahre unterwegs gewesen. Man bereitete ihm zwar einen großartigen Empfang, doch braute sich auch ein Skandal zusammen, der sich zu einer bösartigen Kampagne nicht nur gegen ihn persönlich, sondern auch gegen Professor Chavannes und die Ecole Française d'Extrême-Orient in Hanoi entwickeln sollte. Während seiner Abwesenheit war der lange und teilweise recht lebendige Brief, den er im ersten Überschwang der Gefühle aus Dunhuang an Senart geschrieben hatte, in der vielgelesenen Zeitschrift der Ecole veröffentlicht worden, deren Angestellter er offiziell noch immer war. Hätte er gewußt, welches Kapital seine Gegner daraus schlagen würden, hätte er mit ziemlicher Sicherheit auf einige seiner offeneren und manchmal unbekümmerten Kommentare verzichtet. Wir haben bereits erwähnt, wie sich Pelliot mit seiner intellektuellen Arroganz – wie manche es deuteten – in der akademischen Welt Feinde gemacht hatte. Sein Brief an Senart verschaffte ihnen nun die Gelegenheit, auf die sie gewartet hatten.

Der Teil der Kampagne, der sich gegen Chavannes und die Ecole richtete, interessiert uns hier nicht, aber im wesentlichen suchte sie Zweifel an deren wissenschaftlicher Qualifikation und der Kompetenz des gesamten Mitarbeiterstabes jener angesehenen Institution zu wecken. Ursprünglich eine Flüsterkampagne, fand sie bald Eingang in die Spalten einiger Zeitungen und Zeitschriften, vor allem jener, die sich mit Indochina beschäftigten. Mit Pelliot wurde dabei in zwei Punkten abgerechnet. Als Professor für Chinesisch an der Ecole sah er sich – wie alle anderen Mitglieder der Ecole – dem allgemeinen Vorwurf ausgesetzt, eine zu elitäre Haltung einzunehmen und – was schwerer wog – bei seinen Veröffentlichungen auf die Hilfe einheimischer Interpreten angewiesen zu sein. Doch darüber hinaus fand sich Pelliot als Leiter der außerordentlich erfolgreichen Expedition nach Chinesisch-Zentralasien im Mittelpunkt besonderen Interesses, denn dieser Triumph eines so jungen Mannes hatte notwendigerweise den Neid einiger anderer französischer Orientalisten erregt, die vielleicht glaubten, daß sie mit dieser Aufgabe hätten betraut werden müssen.

Zu denen, die ihn am meisten verleumdeten, zählte ein höherer Bibliothekar der orientalischen Abteilung der Nationalbibliothek in Paris, wo Pelliot die Dunhuang-Handschriften in einem verschlossenen Raum untergebracht hatte, zu dem nur er einen Schlüssel besaß. In seiner vielleicht verständlichen Wut darüber, daß ihm der Zugang zu den Handschriften verweigert wurde, schrieb der Bibliothekar einen sarkastischen Brief an eine französische Zeitung, in dem er versuchte, sowohl an der Echtheit der Handschriften Pelliots als auch an dessen sinologischen Fähigkeiten Zweifel zu wecken. Unter dem Vorwand, sein eigenes Ansehen als Konservator der orientalischen Handschriften der Bibliothek zu schützen – zu denen auch die in dem verschlossenen Raum aufbewahrten kommen sollten – verkündete er, daß er von nun an jede Verantwortung für die Erwerbungen Pelliots aus Dunhuang ablehne. Inzwischen wurden die anderen von der Expedition nach Frankreich gebrachten Kunstwerke – Malereien, Skulpturen, Textilien, Holzfiguren und Terrakotten – im Louvre in einem eigens nach Pelliot genannten Saal ausgestellt. Auch diese versuchten seine Verleumder in ihrer Bedeutung herabzusetzen. »Man fragt sich verwundert«, schrieb einer, »wie es möglich ist, daß im Louvre ein ganzer Raum, wie klein er auch sein mag, so wenig gewidmet wird.«

Im Dezember 1910 erreichte diese »Kampagne der Mißgunst«, wie ein französischer Gelehrter sie genannt hat, mit einem besonders bösartigen Angriff gegen Pelliot, Chavannes und die Ecole in der antikolonialistischen Zeitschrift »La Revue Indigène« ihren Höhepunkt. In einer Mischung aus unechtem Pathos und Bissigkeit behauptete dieser 23 Seiten lange Aufsatz, den »Pelliot-Skandal« zu analysieren. Der Verfasser – M. Fernand Farjenel, ein alter Chinakenner, der selbst Chinesisch sprach – fällte zunächst ein vernichtendes Urteil über Chavannes, von dessen Übersetzungen, wie er behauptete, »jede Zeile, wenn nicht jedes Wort fehlerhaft sei«. Doch das Hauptziel seines Angriffs war

Pelliot. Der »junge Forscher«, wie er ihn wiederholt nennt, wird beschuldigt, in zweijähriger »Wanderschaft«, die, wie Farjenel behauptet, nichts wirklich Wertvolles erbracht habe, öffentliche Gelder vergeudet zu haben. Pelliot, läßt er durchblicken, sei bei seiner Ankunft in Dunhuang so verzweifelt darum bemüht gewesen, seine Mission zu rechtfertigen, daß sein kritisches Urteilsvermögen ernsthaft beeinträchtigt gewesen sei.

Zur Begründung zitiert Farjenel den Brief Pelliots an Senart, in dem er zugibt, von dem, was er beim Betreten von Wangs geheimer Kammer erblickte, »überwältigt« gewesen zu sein. Er sei in der Tat so überwältigt gewesen, behauptete nun Farjenel, daß er »mit leichtgläubigem Vertrauen« die Geschichte des Mönchs schluckte, offenbar ohne zu wissen, daß Stein kurz zuvor »29 Kisten« mit Handschriften und Malereien aus der Höhle geschafft hatte. »Danach muß die Kammer ziemlich leer gewesen sein«, argumentiert der Verfasser und fährt fort, dennoch habe Pelliot »voller Freude bei dem Gedanken, gerade einen ungeheuren Schatz entdeckt zu haben, keinerlei Vorsicht walten lassen und keinen Versuch unternommen, die Behauptungen des Mönchs auf ihren Wahrheitsgehalt hin zu überprüfen«. Man müsse daher offenbar zu dem Schluß kommen, fügt er hinzu, daß die Einheimischen, die wußten, wie gern Europäer solche Dinge kaufen, die Kammer mit gefälschten und anderen wertlosen Manuskripten gefüllt hätten. Er erinnerte seine Leser daran, daß der Ferne Osten von gerissenen Betrügern nur so wimmele, was die Entlarvung des Islam Akhun durch Stein gezeigt habe. Ein Gelehrter, der, wie er selbst zugegeben habe, täglich etwa tausend Schriftrollen prüfen mußte (Farjenel rechnete aus, daß dies zwei pro Minute bedeutete), sei ein natürliches Opfer solcher Fälscher. Die Tatsache, daß die Handschriften selbst jetzt noch hinter verschlossenen Türen lägen und anderen Orientalisten nicht zugänglich seien, könne seinen und den Verdacht anderer nur verstärken. Angesichts der »sehr hohen Summe, die die Expedition gekostet hat«, verlangte er, daß Pelliot seinen Kritikern sofort antworte. Aber Pelliot reagierte nicht, denn er vertraute darauf, daß seine Verleumder früher oder später jedes gegen ihn geäußerte Wort zurücknehmen müßten.

Die französische Öffentlichkeit hatte natürlich keine Möglichkeit, zu entscheiden, wer recht hatte. Wenn Stein die geheime Kammer vollständig ausgeräumt hatte, wo waren dann all diese Manuskripte hergekommen? Und überhaupt, warum befanden sie sich noch ein Jahr, nachdem sie in der Bibliothek eingelagert worden waren, hinter Schloß und Riegel und unzugänglich für andere Gelehrte? Erst 1912, als Steins *Ruins of Desert Cathay* erschien, wurden Pelliots Kritiker schließlich in ihre Schranken gewiesen. Hätte Farjenel das Buch lesen können, bevor er seinen dreisten Angriff drucken ließ, hätte er es sich gewiß zweimal überlegt, denn Stein ließ keinen Zweifel daran, daß es ihm nur möglich gewesen war, einen Teil der Dunhuang-Bibliothek zu erwerben, und er »große Mengen von Handschriften« hatte zurücklassen müssen. Zudem war ihm – anders als Pelliot – nicht erlaubt gewesen, frei zu wählen, sondern er hatte sich auf die Bündel beschränken müssen, die Wang ihm brachte. Darüberhinaus war er im Gegensatz zu Pelliot, dem – wie Stein sich ausdrückte – »seine hervorragende Kenntnis der chinesischen Literatur und ihrer Bibliographie zugute gekommen war«, durch seine fehlenden Chinesischkenntnisse stark benachteiligt gewesen. Wohlunterrichtet über die Verleumdungskampagne gegen seinen jungen französischen Kollegen gab sich Stein besondere Mühe, sowohl Pelliots hervorragende wissenschaftliche Leistungen zu rühmen als auch seiner Bewunderung für dessen Ausgrabungsmethoden Ausdruck zu geben, deren Spuren er selbst bei Kutscha gesehen hatte.

Wenn es den Gegnern Pelliots nicht gelungen ist, seinem Ansehen dort, wo es wirklich darauf ankam – nämlich in der Welt der Wissenschaft – wesentlich zu schaden, dann lag dies nicht daran, daß sie es nicht nach Kräften versucht hätten. Aber glaubten die Verleumder Pelliots denn wirklich selbst an die Vorwürfe, mit denen sie ihn überhäuften, oder waren sie nur darum bemüht, einen Mann zu vernichten, den sie ganz offensichtlich haßten oder womöglich sogar beneideten? Heute, siebzig Jahre später und nachdem alle Zeugen längst gestorben sind, läßt sich diese Frage nicht mehr beantworten. Vielleicht liegt die Antwort aber in einer Bemerkung Vaillants. Während ihrer Expedition, berichtet er,

»machte Pelliot kurze Notizen, deren Genauigkeit und Richtigkeit bis in Einzelheiten die Empfänger in Frankreich in Staunen versetzten. Sie konnten nicht begreifen, wie es ihm möglich war, sich draußen in der Wildnis und fern jeder Bibliothek an gewisse Fakten oder Texte zu erinnern … Sein phänomenales Gedächtnis erlaubte es ihm, ohne alles Nachschlagematerial auszukommen«. Das wird auch von anderen bestätigt. »Wenn Pelliot ein Buch gelesen hat, dann bleibt das ganze hier drin«, erklärte einer seiner Kollegen und deutete dabei auf seine Stirn.

Damit erklärt sich vielleicht die Tatsache, daß seine Feinde ihn für viel zu gescheit hielten. Bis sie – zu spät – erkannten, wie intelligent er wirklich war, hielten sie ihn ganz einfach für einen Aufschneider. Doch in gewissem Maße hat sich Pelliot das auch selbst zuzuschreiben. Wie vielen anderen Archäologen fiel es auch ihm schwer, sich an die Kärrnerarbeit der Katalogisierung und Publizierung seines Materials zu machen. Wie wir gesehen haben, haben seine Verleumder gründlich die Tatsache ausgeschlachtet, daß sich die Handschriften noch ein ganzes Jahr nach ihrem Eintreffen in der Nationalbibliothek in den Transportkisten befanden und Pelliot noch nicht einmal ein Bestandsverzeichnis vorgelegt hatte. Dies hatte es ihnen erlaubt, die Vermutung zu äußern, daß er etwas zu verbergen habe – vielleicht sogar die schreckliche Erkenntnis, daß alle seine Erwerbungen von Dunhuang Fälschungen waren.

Dies war durchaus nicht der einzige Streit, in den er verwickelt werden sollte, doch es ist der einzige, der uns hier interessiert. Pelliot, der als bedeutendster französischer Sinologe Karriere machen sollte, hat nie wieder in Zentralasien Ausgrabungen unternommen. Damit ist er der einzige der Protagonisten unseres Buches, der nicht zurückkehrte, um mehr zu holen. Der Grund dafür war jedoch nicht etwa mangelndes Interesse seinerseits. Als er im Ersten Weltkrieg französischer Militärattaché in Peking war, sagte er dem amerikanischen Archäologen Langdon Warner, daß er »mehrere neue Stätten auf Lager«, aber kein Geld habe, sie auszubeuten. Als das Geld schließlich zur Verfügung stand, war es zu spät, denn die Chinesen hatten den westlichen Archäologen endgültig die Tür vor der Nase zugeschlagen.

14. Kapitel

SPIONE AN DER SEIDENSTRASSE

Im Herbst 1908, um die Zeit, als Pelliot seine Schätze aus Chinesisch-Zentralasien nach Hause schickte, begann sich die Leitung des britischen Geheimdienstes in Simla für die Aktivitäten zweier junger japanischer Archäologen zu interessieren, die auf der Seidenstraße aufgetaucht waren. Ohne daß sie selbst es bemerkt hatten, waren die Männer von dem Augenblick an beobachtet worden, in dem sie auf dem Landwege von Peking kommend Kiplings Chinesisch-Turkestan betreten hatten. Ganz wie in *Kim* wurden sie länger als ein Jahr abwechselnd von muslimischen Händlern, einheimischen Dienern und anderen beschattet, die alle für die indische Regierung arbeiteten. Regelmäßige Berichte über ihr Tun, während sie – manchmal gemeinsam, häufiger aber viele hundert Kilometer voneinander getrennt – von Oase zu Oase reisten, wurden in Kaschgar von Hauptmann Shuttleworth zusammengestellt, der vorübergehend das britische Konsulat leitete, während Macartney in England auf Heimaturlaub war. Diese Berichte gingen per Boten mit der Dienstpost über den Karakorum an Sir Francis Younghusband, den damaligen britischen Residenten in Kaschmir, der sie dann nach Simla weiterleitete.

Angeblich waren die beiden Japaner – gelehrte Mönche aus dem Kloster des Grafen Kozui Otani in Kyoto – in Chinesisch-Zentralasien auf der Suche nach der buddhistischen Vergangenheit ihrer Sekte. Otani war nämlich das geistige Oberhaupt der *Jodo Shinzu,* der »Sekte des Reinen Landes«, einer großen und einflußreichen buddhistischen Sekte Japans, die behauptete, in jenem Teil Chinas entstanden zu sein. Tatsächlich war dies nicht die erste Expedition, die Otani dorthin entsandt hatte. Schon im Jahr 1902 hatte er, nachdem er von den ersten Entdeckungen Steins erfahren hatte, zwei seiner Mönche auf Grabungstour zu einigen der um die Taklamakan gelegenen Fundorte geschickt,

219

und sie waren mit buddhistischen Schriften, Fragmenten von Wandgemälden und in Weidenkörben verpackten Skulpturen nach Japan zurückgekehrt. Doch das hatten andere auf Zentralasien spezialisierte Gelehrte nicht bemerkt, geschweige denn die Geheimdienstexperten in Simla, denn die Japaner haben nicht nur nichts darüber veröffentlicht und bekanntgegeben, sondern ihr Unternehmen fiel zudem in die Zeit vor dem Russisch-Japanischen Krieg des Jahres 1905, als die Großmächte Japan über Nacht als neue Kraft in Asien und als eine potentielle Bedrohung für jeden erkennen mußten, der dort politische oder wirtschaftliche Interessen hatte. So wurde die erste der drei archäologischen Missionen, die Graf Otani zwischen 1902 und 1910 nach Chinesisch-Zentralasien entsenden sollte, von den wenigen, die um sie wußten, als das akzeptiert, was sie nach außen hin war – eine fromme, wenn vielleicht auch exzentrische Suche buddhistischer Mönche nach ihren geistigen Wurzeln. Tatsächlich haben sie die reichen Kunstschätze von Kyzil zuerst entdeckt. Sie waren jedoch von einem Erdbeben vertrieben worden und hatten dabei alle ihre Aufzeichnungen und Fotografien verloren, wodurch sie es Le Coq und Grünwedel ermöglichten, etwa zwei Jahre später der Welt als erste diese Schätze vorzulegen.

Als jedoch 1908 die zweite Otani-Mission auf der Bildfläche erschien, sah man sie in einem ganz anderen Licht. Wenn zudem bereits die Briten den Verdacht hegten, daß sich die Japaner dort aus anderen als archäologischen Gründen aufhielten (eine wohlbekannte Tarnung für Spione), dann waren die Russen, die ihre Niederlage, die ihnen die Japaner beigebracht hatten, noch immer nicht verschmerzt hatten, erst recht davon überzeugt. Hauptmann Shuttleworth erfuhr von seinem russischen Gegenspieler in Kaschgar, daß einer der beiden Japaner, Zuicho Tachibana, in Wirklichkeit ein Offizier in der kaiserlich japanischen Marine und der andere, Eizaburo Nomura, ein Offizier des japanischen Heeres sei. Doch was waren neben der Ausgrabung alter Ruinen und dem Abtransport großer Mengen von Altertümern ihre wirklichen Absichten? Diese Frage sollte Kreisen des britisch-indischen Geheimdienstes erhebliches Kopfzerbrechen bereiten – und denen des russischen zweifellos auch.

Die beiden Männer waren im Oktober 1908 auf dem Landweg von Peking kommend in Urumqi eingetroffen, wo sie zwei Wochen blieben, bevor sie nach Turfan weiterzogen. Nachdem sie über zwei Monate in einer Reihe historischer Stätten der Umgebung – einschließlich Karakhoja – gegraben hatten, setzten sie ihre Reise in westlicher Richtung nach Korla und Karaschahr fort. Dort trennten sie sich. Tachibana machte sich auf den Weg nach Lop Nor, wobei er in der Umgebung von Loulan und Charkhlik Ausgrabungen vornahm, bevor er entlang der südlichen Route der Seidenstraße nach Westen weiterzog, um in Niya, Keriya und Khotan zu graben. Nomura verbrachte unterdessen fast zwei Monate mit Ausgrabungen in Kutscha, bevor er entlang der nördlichen Route der alten Handelsstraße nach Westen weiterzog, um schließlich in Kaschgar auf Tachibana zu warten. Einem kurzen Bericht über diese Expedition zufolge, der unter dem Titel *Central Asian Objects brought back by the Otani Mission* 1971 vom Nationalmuseum in Tokyo veröffentlicht wurde, trafen sich die beiden japanischen Archäologen am 7. Juli 1909 wieder, nachdem sie fünf Monate auf getrennten Wegen gereist waren. Nach einem Bericht von Hauptmann Shuttleworth fand dieses Zusammentreffen eine ganze Woche später statt (es sei denn, dem kleinen Tachibana ist es gelungen, unbemerkt von dem Briten in die Stadt zu schlüpfen).

Die Aufgabe, die beiden Männer wochenlang und über Hunderte von Kilometern zu beschatten, war durch das von Macartney in den Hauptbevölkerungszentren eingerichtete Netz aus *aksakals* (»Weißbärten«) erheblich erleichtert worden. Gewöhnlich handelte es sich dabei um den ältesten indischen – und daher britischen – Kaufmann in jeder der wichtigsten Oasenstädte. Offiziell waren sie für das Wohlergehen und das gute Benehmen ihrer im Ausland lebenden Landsleute verantwortlich. Außerdem hatten sie die Aufgabe, durch ihren Bereich reisenden Briten zu helfen. Doch wie Shuttleworths geheime Berichte zeigen (die sich heute in den sogenannten »politischen und geheimen« Akten in der India Office Library finden), beteiligten sie sich gelegentlich auch an dem »Großen Schach«.

So erhielt Shuttleworth beispielsweise am 12. Juni 1909 einen

Brief von Badruddin Khan, seinem Mann in Khotan. Der Brief war 22 Tage zuvor abgegangen und enthielt die folgende Nachricht: »Ein japanischer Reisender in Begleitung eines Chinesen und eines mohammedanischen Kutschari-Dolmetschers ist in Keriya eingetroffen. Seine Lebensweise ist europäisch und er spricht Chinesisch. Er hat alle Orte aufgesucht, die Dr. Stein besucht hat. Er hat auch zahlreiche verfallene Städte besucht. Der Amban von Keriya hat ihm Ibrahim Beg zur Verfügung gestellt, der für Dr. Stein gearbeitet hat. Der Amban hat mich gebeten, ihn in meinem Haus aufzunehmen, wenn er hierher kommen sollte. Falls er nach Khotan kommt, werde ich über seine Aktivitäten berichten und Sie wissen lassen, was er in der Stadt unternommen hat.« Daraus scheint hervorzugehen, daß der Chinese keinen Verdacht hatte, daß Tachibana und Nomura etwas anderes seien als reisende Gelehrte, die sich – wie Stein und andere vor ihnen – auf der Suche nach der Vergangenheit befanden. Was hatte also die Briten (und die Russen) veranlaßt, etwas ganz anderes zu vermuten und Shuttleworth mit ihrer Beschattung zu beauftragen?

Die Antwort findet sich in den politischen und geheimen Akten, und zwar in einem Bericht über die Aktivitäten der beiden Männer, der an den Staatsminister für Indien, Lord Morley, nach London ging. Danach war die indische Regierung im September 1908 vom japanischen Konsulat in Kalkutta davon unterrichtet worden, daß Tachibana und Nomura – der erstere wurde als Priester, der letztere als Sekretär am buddhistischen Tempel des Grafen Otani in Kyoto bezeichnet – von Peking über Chinesisch-Zentralasien nach Indien reisen würden, »um in Angelegenheiten religiösen Interesses Nachforschungen anzustellen«. Weiter heißt es in dem Bericht: »Wir hatten jedoch gewisse Gründe zu vermuten, daß es sich um Geheimdienstagenten handelte.« Einer dieser Gründe waren ihre Beziehungen zu »einem dritten sogenannten Priester«, einem Mr. Ama, den die britischen Behörden bereits für einen japanischen Spion hielten. In dem Bericht an Lord Morley hieß es dazu, Ama sei »ein wohlhabender Mann, und obwohl der erklärte Zweck seiner Reisen die Besichtigung buddhistischer Altertümer war, sollte sich herausstellen, daß seine Kenntnisse auf diesem Gebiet äußerst oberflächlicher Natur waren.« Im Sommer 1908 war ihm während eines Besuchs in Nordindien die Erlaubnis verweigert worden, gewisse Seen an der tibetischen Grenze zu besuchen, worauf er sich verpflichtete, auf dem direktesten Wege von Leh nach Srinagar zurückzureisen. »Stattdessen jedoch«, heißt es in dem Bericht weiter, »machte er einen ungewöhnlichen Umweg in Richtung Tibet« (allerdings hielt man es für unwahrscheinlich, daß er in der kurzen Zeit zwischen seiner Abreise aus Leh und seinem Eintreffen in Srinagar die tibetische Grenze hatte erreichen können). Die Verfasser des Berichts äußern sich nicht näher dazu, welche Beziehungen ihrer Meinung nach tatsächlich zwischen dem geheimnisvollen Mr. Ama und den beiden japanischen Archäologen bestanden haben, außer daß sie alle drei verdächtigten, Spione zu sein. Doch wenn sich ihr Verdacht gegenüber Tachibana und Nomura zunächst auf nichts anderes stützte als auf Vermutungen, dann mußten sie sich bestätigt gefühlt haben, als Shuttleworths Berichte über Sir Francis Younghusband bei ihnen in Srinagar eintrafen.

Der erste Hinweis darauf, daß sie recht haben könnten, kam am 10. März 1909, als die beiden Japaner sich schon fast fünf Monate in Chinesisch-Turkestan aufhielten. Der *aksakal* in Kutscha meldete Shuttleworth ihre Ankunft, wobei er hinzufügte, daß sie, obwohl sie behaupteten, »auf der Suche nach buddhistischen Altertümern« zu sein, auch Zeichnungen anfertigten und Vermessungen vornahmen. Dies war allerdings durchaus mit ihrer Tätigkeit als Archäologen vereinbar, wenngleich weder Shuttleworth noch der *aksakal* daran gedacht zu haben scheinen, denn vermutlich hatten sie nie einen Ausgräber bei der Arbeit gesehen. Stein hat nicht nur jede seiner Ausgrabungsstellen genau vermessen, sondern auch Tausende von Quadratkilometern von Chinesisch-Turkestan. Russische Forschungsreisende wie Przewalski hatten das gleiche getan – ganz zu schweigen von Sven Hedin. Doch Chinesisch-Zentralasien war gleichermaßen britische als auch russische Einflußsphäre, und was Hedin betraf: welche Gefahr bedeutete schon ein Schwede? Wenn aber die Japaner in dieses Gebiet eindrangen und zudem noch anfingen, es zu kartographieren, war dies eine eindeutig alarmierende Angelegenheit.

Mittlerweile mehrten sich die Verdachtsmomente, welche die Vermutung zu bestätigen schienen, daß Tachibana und Nomura nicht bloß Archäologen, ja nicht einmal buddhistische Mönche waren. Da war zunächst das Verhalten Tachibanas gegenüber den Einheimischen, das mehr zu der russischen Behauptung zu passen schien, er sei Marineoffizier und weniger zu seiner eigenen, daß er ein frommer Geistlicher sei. Der Hinweis kam von der chinesischen Behörde in Yarkand, die sich darüber beklagte, daß Tachibana Chinesen geschlagen und sich ungebührlich aufgeführt habe. Der Verdacht verstärkte sich, als Shuttleworths Agenten herausfanden, daß die beiden Japaner eine kleine Bibliothek mit Heeres- und Marinefachbüchern in englischer Sprache mitführten – schwerlich die Erbauungsliteratur, die man bei Angehörigen des geistlichen Standes vermuten sollte, zumal wenn diese behaupteten, kein Englisch zu sprechen. Das aber war noch nicht alles. In Yarkand hatte Tachibana versucht, Karten und anderes Material über die Stadt zu bekommen und damit den Verdacht der Behörden auf sich gelenkt, während die beiden angeblichen Archäologen von Kaschgar aus zahlreiche dicke Briefe abgeschickt hatten, die, wie Shuttleworth vermutete, möglicherweise Karten und Berichte enthielten. Bedenkt man, daß diese Sendungen durch seine Hände gingen, mag es überraschen, daß er nicht einen der Briefe heimlich geöffnet hat. Dies hätte die Frage schließlich ein für allemal geklärt.

Nachdem die beiden japanischen Reisenden in Kaschgar wieder vereint waren, konnte Shuttleworth sie unmittelbar beobachten und sogar nach Chini-Bagh zum Essen einladen. In einem seiner Berichte an Younghusband heißt es: »Nomura wurde dabei beobachtet, wie er auf allen Seiten der Stadtmauern auf einem Gerät, das wie ein Meßtisch aussah, Zeichnungen anfertigte. Tachibana skizzierte die Straße von Maralbaschi nach Yarkand ... und wurde zudem dabei beobachtet, wie er die Telegraphenmasten untersuchte und die Abstände zwischen ihnen ausmaß.« Während ihres Aufenthalts in Kaschgar machten sich die beiden Archäologen (wenn sie das wirklich waren) bei Shuttleworth nicht gerade beliebt. Er hatte den Auftrag, ihnen mitzuteilen, daß sie, wenn sie über Indien nach Hause zurückkehren wollten, gemeinsam den

Weg über den Karakorum nehmen müßten und nicht, worum sie nun ersuchten, auf verschiedenen Routen. Nachdem er ihm diese Verfügung Kalkuttas mitgeteilt hatte, berichtete Shuttleworth, »wurde Tachibana mir gegenüber unverschämt ... und ich mußte ihn scharf zurechtweisen.«

Wenn sie wirklich für den Geheimdienst arbeiteten, wovon Shuttleworth inzwischen überzeugt war, dann stellten sie ihrem Agentenführer ein sehr schlechtes Zeugnis aus. Sie brachten es sogar fertig, daß ihnen das Geld ausging, so daß sie sich gezwungen sahen, Shuttleworth um ein Darlehen des britischen Konsulats in Höhe von 2000 Taels (etwa 360 Pfund) zu bitten, um ihre Heimreise bezahlen zu können. Dieser lehnte mit der Begründung ab, daß sie sich auf chinesischem Territorium befänden und die richtige Person, an die sie sich wenden müßten, daher der Daotai sei. Zudem könnten sie keine Sicherheiten bieten, und da es sich um öffentliche Gelder handele, fühle er sich nicht berechtigt, ihnen eine so große Summe vorzustrecken.

Hätten die Japaner nicht um dieses Darlehen gebeten, wäre die ganze Angelegenheit damit vielleicht erledigt gewesen. Doch wie sich herausstellen sollte, boten sie der britischen Regierung mit ihrer Bitte den Vorwand, auf den sie gewartet hatte. Die Geheimdienstführer, die Shuttleworth beauftragt hatten, die beiden Männer beschatten zu lassen, waren mittlerweile ebenso sehr wie er selbst davon überzeugt, daß Tachibana und Nomura nicht nur Archäologen, sondern auch »Verbindungsglieder in dem allgemeinen nachrichtendienstlichen System waren, das die japanische Regierung eingerichtet hatte«. Zu diesem Schluß kamen sie in dem geheimen Bericht über die beiden Männer, den sie an Lord Morley sandten. Doch sie mußten zugeben, daß es völlig unklar war, welche Interessen Japan in diesem abgelegenen Teil Chinas verfolgen könnte.

Was immer diese Interessen sein mochten, aus der Korrespondenz in den politischen und geheimen Akten geht deutlich hervor, daß die britische Regierung nicht gewillt war, die Regierung des Mikado mit einem wenn auch dilettantischen Spionageunternehmen so nahe der indischen Grenze ungestraft davonkommen zu lassen. Deshalb wandte sich der britische Botschafter in Tokyo,

Sir Claude MacDonald, mit einem offiziellen Schreiben an den japanischen Außenminister, Graf Komura. Er führte darin Klage über das anmaßende Verhalten von Tachibana und Nomura und ging ausführlich auf die Tatsache ein, daß diese sich, ohne sich vorher an die Chinesen gewendet zu haben, beim britischen Konsulat um ein Darlehen bemüht hatten. Obgleich die Gepflogenheiten der Diplomatie nie aufhören, den Laien mit Verwunderung zu erfüllen, ist es doch schwer vorstellbar, daß eine so lächerlich geringfügige Beschwerde wie diese normalerweise dem Außenminister persönlich zur Kenntnis gebracht wird. Wahrscheinlicher scheint, daß dies nichts anderes war als ein diplomatischer Kunstgriff, mit dem der japanische Geheimdienst warnend darauf hingewiesen werden sollte, daß er sich aus der britischen Einflußsphäre herauszuhalten habe. MacDonalds Brief schließt mit dem Hinweis, daß »es für alle Beteiligten von Vorteil wäre, wenn Eure Exzellenz die Freundlichkeit besäßen, mir mitzuteilen, ob Tachibana und Nomura irgendeinen Rechtsanspruch auf offizielle Respektierung oder Anerkennung besitzen«. Die Antwort des Grafen Komura war kurz und treffend. Er versuchte nicht, für das Verhalten seiner Landsleute um Entschuldigung zu bitten und distanzierte sich von beiden, indem er erklärte, er habe mit ihnen nichts zu tun und wisse nichts über sie. Für Leser von Spionageromanen haben diese Worte einen vertrauten Klang – eine Regierung verleugnet ihre Agenten, die töricht genug waren, sich erwischen zu lassen. Für weniger Phantasiebegabte liest sich der Brief lediglich wie der eines vielbeschäftigten Außenministers, der einen Botschafter zum Schweigen bringt, der ihn mit einer Bagatelle belästigt hat.

*

Wenn Tachibana und Nomura wirklich Spione waren, dann waren sie nicht die einzigen, die um diese Zeit entlang der Seidenstraße arbeiteten. Auch waren sie nicht die einzigen, die dies mit der Schatzsuche verbanden. Ein weiterer war ein Mann, der viele Jahre später weltberühmt werden sollte – Baron Carl Gustav Mannerheim, damals ein erst kurz zuvor zum Oberst beförderter Offizier in der Armee des Zaren, der sich im Russisch-

Japanischen Krieg ausgezeichnet hatte. Mannerheim war Finne, aber zu jener Zeit war Finnland ein autonomer Staat innerhalb des zaristischen Rußland. Im Herbst 1906 machte er sich im Auftrag des russischen Generalstabs zu Pferd auf den Weg durch Chinesisch-Zentralasien, um die dortige politische und wirtschaftliche Lage zu erkunden und, wie er in seinem Tagebuch schreibt, »Aufgaben militärischen Charakters« zu erfüllen. Als ein Mann, der gewohnt war, keine sich bietende Gelegenheit ungenutzt zu lassen, verband er dies mit einem archäologischen, ethnologischen und anthropologischen Arbeitsprogramm für ein neues Museum, das die Finnen planten. Wie die Ungarn sind auch die Finnen Nachfahren der kriegerischen Horden, die vor Zeiten die Steppen Asiens bewohnten, und ihre Gelehrten waren begierig, ihr Wissen über die Völker und die Geschichte dieser Region zu erweitern.

Neben der kartographischen Erfassung seiner Route und der Sammlung militärisch bedeutsamer Erkenntnisse vermaß Mannerheim auf seinem Ritt auch menschliche Schädel mit dem Tasterzirkel, sammelte von einfachen chirurgischen Instrumenten bis zu Nudelhölzern alles, was ihm interessant erschien, und kaufte Altertümer und Handschriften. Die meisten der letzteren erwarb er in Khotan, wo sich inzwischen ein lebhafter Handel mit Antiquitäten entwickelt hatte. Einiges erwarb er auch in Turfan, wo, wie er feststellte, die Preise viel höher waren als in Khotan, und wo er sich an einer der Ausgrabungsstätten versucht fühlte, drei buddhistische Wandgemälde zu entfernen und mitzunehmen. Da er aber nicht riskieren wollte, sie zu beschädigen, beschloß er, die Fresken lieber, wie er es nennt, »qualifizierteren Sammlern« zu überlassen. In Turfan beendete er seine archäologischen Aktivitäten und verläßt damit unsere wenn auch nicht *die* Geschichte. Im Jahr 1940 nämlich führte der 72jährige Feldmarschall Baron Carl Gustav Mannerheim, Veteran von fünf Kriegen, Finnlands heldenhaften aber hoffnungslosen Widerstand gegen die Invasionstruppen Stalins. Heute sind die Altertümer, die er 33 Jahre zuvor auf seinem einsamen Ritt durch Asien erworben hatte, im Nationalmuseum in Helsinki zu besichtigen.

*

Inzwischen verstärkte sich der Wettbewerb der Großmächte um die Schätze entlang der Seidenstraße. Wir haben gesehen, wie Stein, Grünwedel, Le Coq, Pelliot und die Japaner des Grafen Otani sich einer nach dem anderen an dem allgemeinen archäologischen Wettrennen beteiligten, den Hedin begonnen hatte. Doch abgesehen von der kurzen Erwähnung der Anwesenheit der Brüder Beresowski in Kutscha (es war eher eine Einkaufsreise als eine archäologische Expedition), haben wir den Russen bisher kaum Beachtung geschenkt. Dafür gibt es mehrere Gründe. Erstens gibt es unter ihnen keine überragende Einzelpersönlichkeit. Zweitens ist ihnen kein einziger großer Coup gelungen, obwohl sie einen besseren Zugang zu den historischen Stätten hatten als irgendwer sonst. Drittens haben sie nur eine sehr bescheidene Menge Altertümer fortgeschafft. Und schließlich gingen sie nur sehr zögernd vor, obwohl ihnen schon seit Jahren klar war, daß unmittelbar vor ihrer Haustür die Überreste einer untergegangenen Kultur lagen.

Wie bereits gesagt war der erste Russe, der bezeugte, in Chinas großen Wüsten vom Sand begrabene Ruinen gesehen zu haben, der berühmte Oberst Nikolai Przewalski. Im Jahre 1876 – genau zehn Jahre, nachdem Johnson als erster Europäer solche Ruinen gesehen hatte – berichtete der Russe, in der Wüste Lop etwas gefunden zu haben, was er als »eine sehr große Stadt« beschrieb. Aber Przewalski war in erster Linie und vor allem Zoologe, und die Archäologie langweilte ihn. Er unternahm keinen Versuch, die Ruinen eingehender zu erforschen, und zog seines Weges. Der nächste Russe, der auf Spuren dieser untergegangenen zentralasiatischen Kultur stieß (die er zutreffend als buddhistisch identifizierte), war Dr. Albert Regel, ein Botaniker. Während er sich im Jahre 1879 im östlichen Tianshan aufhielt (es handelte sich wohl um einen Spionageeinsatz, denn damals herrschten zwischen dem zaristischen Rußland und der Mandschu-Dynastie Grenzstreitigkeiten), hatte er die große ummauerte Stadt Karakhoja entdeckt, doch hatte er sie nicht genauer erforschen können, da die Chinesen ihn belästigten. Um überhaupt dort hinzukommen, hatte er erst seinen Bewachern in Turfan entwischen müssen. Als er zurückkehrte, erlitten sie bereits den langsamen Tod durch

Erhängen in dem gefürchteten Bambuskäfig, von dem Le Coq später berichten sollte. Obwohl er bei seiner Heimkehr seine Entdeckung mitteilte, hat im Laufe der folgenden 19 Jahre kein Russe den Versuch unternommen, dieses Gebiet archäologisch zu erforschen.

Der nächste, der dies tun sollte, war Dimitri Klementz, der, begleitet von seiner Frau, einer Botanikerin, im Jahr 1898 von der Akademie der Wissenschaften und der Kaiserlich Russischen Geographischen Gesellschaft zu St. Petersburg entsandt wurde, um Berichten eines zaristischen Offiziers nachzugehen, denen zufolge das gesamte Gebiet um Turfan reich sei an alten Ruinen. Das Akademiemitglied Klementz war in seiner Jugend ein bekannter Revolutionär gewesen und hatte einige Zeit im Gefängnis (aus dem ihm die Flucht gelang) sowie in Sibirien in der Verbannung verbracht, bevor er seine Ruhe fand, um ein prominentes Mitglied des wissenschaftlichen Establishments von St. Petersburg zu werden. Er erforschte eine Reihe historischer Stätten in der Umgebung von Turfan – darunter Karakhoja, Astana und Yarkhoto –, wobei er zahlreiche fotografische Aufnahmen machte, Grundrisse von Gebäuden zeichnete, Inschriften kopierte und einige Handschriften und Altertümer erwarb. Insgesamt zählte er 130 Höhlentempel, von denen viele guterhaltene Wandgemälde enthielten. Er löste auch mehrere kleine Fresken ab, die ersten der großen Zahl derer, die aus den Wänden dieser Tempel herausgeschnitten und nach Europa gebracht wurden. Ein Bericht über seine aufsehenerregenden Funde wurde kurz nach seiner Rückkehr nach St. Petersburg von der Akademie veröffentlicht und verursachte unter den dortigen Kunsthistorikern und Zentralasien-Spezialisten große Aufregung. Doch wie wir bereits gesehen haben, hatte diese Nachricht ihre unmittelbarsten und weitreichendsten Folgen in Deutschland. Die Russen hatten Turfan den Deutschen geradezu zum Geschenk gemacht. Nicht nur, daß Klementz' Bericht auf Deutsch veröffentlicht wurde, sondern ein anschließend von ihm verfaßtes Buch enthielt neben fotografischen Aufnahmen der von ihm entdeckten historischen Stätten auch einen großen Faltplan, auf dem diese genau eingetragen waren. Auch dieses Buch war auf Deutsch erschienen (damals war es nicht ungewöhnlich, daß russische Wissenschaftler ihre Werke auf Deutsch oder Französisch veröffentlichten). Nachdem die Russen auf diese Weise ihre potentiellen Rivalen auf die reiche Ernte aufmerksam gemacht hatten, die in der Umgebung von Turfan unmittelbar jenseits der russisch-chinesischen Grenze einzubringen war, lehnten sie sich zurück und unternahmen nichts.

Erst im Jahre 1905, als die Brüder Beresowski ihre Einkaufsreise nach Kutscha unternahmen und die Regierung ein Komitee für die Erforschung Zentral- und Ostasiens einrichtete, begannen sie, das Versäumte nachzuholen. Aber selbst jetzt geschah dies irgendwie halbherzig. Tatsächlich machten die Russen erst im Jahr 1908 (als Briten, Deutsche, Franzosen und Japaner entlang der Seidenstraße längst fest Fuß gefaßt hatten), ihre erste – und einzige – bedeutendere Entdeckung. Dies war Karakhoto, die »schwarze Stadt«, nicht zu verwechseln mit Karakhoja. Sie liegt auf chinesischem Territorium in unmittelbarer Nähe der heutigen Grenze zur Mongolei und ist zweifellos Marco Polos Eçina. Sie war entdeckt (oder eigentlich wiederentdeckt) worden von dem russischen Oberst Piotr Kozlov, einem Schützling Przewalskis, der eine Expedition leitete, die Teile des chinesisch-mongolischen Grenzgebietes erkunden sollte. In einer entlegenen Ecke der Gobi waren er und seine Leute überrascht, plötzlich eine große befestigte Stadt aus der Wüste ragen zu sehen. »Die Mauern der Stadt sind vom Sand bedeckt, und an manchen Stellen liegen sie so tief unter den Dünen, daß man den Hang hinaufgehen und so die Festung betreten kann«, berichtete Kozlov. Die von Ehrfurcht erfüllten Russen betraten Karakhoto jedoch durch das großartige Westtor. »Hier fanden wir einen quadratischen Platz vor, auf dem hohe und niedrige, breite und schmale Ruinen von Gebäuden zu sehen waren, neben denen alle möglichen Abfälle lagen«, fügte Kozlov hinzu.

Bewohner in der Nähe gelegener Oasen erzählten den Russen, wie die Stadt zerstört worden war (heute wissen wir, daß dies im 14. Jahrhundert geschah, etwa hundert Jahre nach dem Besuch Marco Polos). Der letzte Herrscher der Stadt – ein gewisser Karatsian-tsiun – hatte im Vertrauen auf seine bisher unbesiegte

Armee beschlossen, den chinesischen Thron für sich zu erobern. Der Kaiser entstandte daraufhin eine starke Streitmacht gegen ihn und schloß den Rebellen nach einer Reihe von Schlachten in dessen eigener Hauptstadt ein. Als die Chinesen feststellten, daß sie die Festung der hohen Mauern wegen nicht im Sturm nehmen konnten, kamen sie auf den Gedanken, sie von ihrer einzigen Wasserzufuhr, dem Fluß Edsin-gol, abzuschneiden . Mit Tausenden von Sandsäcken bauten sie einen Damm und leiteten den Fluß von der Stadt weg. (Die von Kozlov gefundenen Reste des Damms bestätigten diese Geschichte.) In einem verzweifelten Versuch, Wasser zu finden, begannen die Verteidiger, in einer Ecke der Festung einen tiefen Brunnen zu graben. Als sie kein Wasser fanden, entschlossen sie sich zu einer letzten, verzweifelten Schlacht mit den Chinesen. Kara-tsian-tsiun hatte, die Niederlage voraussehend, seinen Schatz – 80 vollbeladene Karren sollen es gewesen sein – in dem Brunnen versenkt. Dann tötete er seine beiden Frauen sowie seinen Sohn und seine Tochter aus Furcht vor dem, was mit ihnen geschehen könnte, wenn sie den Chinesen in die Hände fielen. Schließlich befal er, in die nördliche Stadtmauer eine Bresche zu schlagen, durch die er an der Spitze seiner Soldaten gegen den Feind stürmte. Seine bis dahin unbesiegbare Armee wurde vernichtet, und er selbst fiel. Die Chinesen legten die Stadt in Schutt und Asche, nachdem sie zunächst versucht hatten, den Schatz zu finden, der, wie sie wußten, irgendwo in der Nähe liegen mußte. Aber sie suchten vergeblich wie alle anderen nach ihnen. Der Grund dafür, erzählte man, sei, daß Kara-tsian-tsiun vor seinem letzten Gefecht über der Stelle einen Bann gesprochen habe.

Auch Kozlov hat wohl den Königsschatz nicht finden können, doch während der nächsten Tage förderten er und seine Leute genügend Handschriften, Bücher, Münzen und »buddhistische Kultgegenstände« zutage, um zehn Kisten damit zu füllen. Sie hatten aber noch andere Aufgaben weiter im Süden, war dies doch keine in erster Linie archäologische Expedition, und so mußten sie bald weiterziehen. Fest entschlossen, auf dem Rückweg noch einmal hier vorbeizukommen, schickten sie ihre Funde an die Akademie der Wissenschaften in St. Petersburg. Kozlov schrieb:

»Die Ruinen von Karakhoto übten auf uns eine unwiderstehliche Anziehungskraft aus, und wir sprachen täglich über sie.« Im Sommer darauf gruben sie dort auf dem Heimweg einen ganzen weiteren Monat und entdeckten diesmal im Grab einer Prinzessin eine Anzahl wunderbar erhaltener buddhistischer Malereien auf Seide, Leinen und Papier. Diese – insgesamt etwa 25 – sind heute in einem eigenen Raum der Eremitage in Leningrad ausgestellt. Auf den Stadtmauern aufgeschichtet fanden sie zudem große Haufen von Steinen, die offensichtlich dazu bestimmt waren, gegen die chinesischen Belagerer verwendet zu werden, sollten sie in Reichweite kommen.

Als Kozlov im Sommer 1909 mit seinen nunmehr schwer beladenen Kamelen Karakhoto in Richtung Heimat verließ, brach in St. Petersburg eine zweite russische Expedition zur Seidenstraße auf. Diesmal war es ein rein archäologisches Unternehmen. Geleitet wurde sie von dem Akademiemitglied Sergei Oldenburg, einem auf die buddhistische Kunst spezialisierten führenden Kunsthistoriker und Indologen, der 20 Jahre später den Zorn Stalins auf sich ziehen – und überleben sollte. Wie Grünwedel verurteilte auch Oldenburg den massenhaften Abtransport von Kunstwerken und zog es vor, sie an Ort und Stelle zu belassen und mit Hilfe fotografischer Aufnahmen, Zeichnungen und Messungen wissenschaftlich zu registrieren. Innerhalb von etwa sechs Monaten besuchte er Karaschahr, Kutscha, Bezeklik und andere historische Stätten entlang der nördlichen Route der Seidenstraße, bevor er im März 1910 nach St. Petersburg zurückkehrte. Doch trotz seiner Abneigung gegen die Mitnahme von Kunstwerken kam er nicht mit leeren Händen. Allerdings achtete er darauf, nur beschädigte oder verfallende Dinge zu nehmen, um sie auf diese Weise wenigstens der Wissenschaft zu erhalten. Seiner Beschränkung ist es wohl zu verdanken, daß die Russen – was immer die Chinesen sonst von ihnen halten mögen – auf Pekings archäologischer schwarzer Liste nicht weit oben stehen. Das meiste, was Oldenburg mitgebracht hat – hauptsächlich Wandgemälde, darunter eines, das Le Coq zurückgelassen hatte, weil es in einem zu schlechten Zustand war, und Skulpturen –, ist heute zusammen mit den Erwerbungen von Klementz und Kozlov sowie den von Petrowski in Kaschgar gekauften Altertümern in der Eremitage ausgestellt. Abgesehen von einem kurzen Besuch Oldenburgs in Dunhuang im Jahr 1914 war dies das Fazit sämtlicher archäologischer Unternehmungen der Russen in einem Gebiet, das für sie so leicht zu erreichen war.

*

Im Winter 1910, kurz nachdem Oldenburg nach St. Petersburg zurückgekehrt war, tauchte der Japaner Zuicho Tachibana unerwartet erneut an der Seidenstraße auf. Nach seinem Zusammenstoß mit Shuttleworth in Kaschgar und den gegen ihn und Nomura von der britischen Regierung vorgebrachten offiziellen Beschwerden hätte man wohl annehmen dürfen, daß er den Briten künftig aus dem Wege gehen würde. Doch weit gefehlt. Diesmal wählte sich der Gefolgsmann des Grafen Otani einen Engländer als Reisegefährten. Wer diese geheimnisvolle Person war und was er mit einem der Spionage verdächtigten Japaner tat, habe ich nicht herausfinden können. Ich kenne nur seinen Namen. Das einzige, was wir mit Sicherheit wissen, ist, daß es sein Schicksal war, eines einsamen und qualvollen Todes zu sterben.

Mittlerweile waren die Macartneys von ihrem langen Heimaturlaub in England zurückgekehrt und hatten Shuttleworth wieder von seinen vorübergehenden Pflichten in Kaschgar abgelöst. Am 13. Januar 1911 erhielt Macartney zwei Telegramme aus dem etwa 620 Kilometer weiter ostwärts gelegenen Kutscha. Das eine, es war in chinesischer Sprache abgefaßt, kam von dem dortigen britischen *aksakal* und enthielt die Mitteilung, ein britischer Reisender, ein gewisser A. O. Hobbs, sei an Pocken erkrankt. Das zweite Telegramm, ein verzweifelter Hilferuf, stammte von Hobbs selbst, der scheinbar nicht wußte, daß er die Pocken hatte. In seinem Telegramm schilderte er die gräßlichen Symptome: »Ich leide an einer Hautkrankheit, die alle Organe in Mitleidenschaft gezogen hat. Ich kann die Augen nur wenige Minuten hintereinander offenhalten … Mund und Kehle sind verschleimt, und ich kann keine feste Nahrung und nur sehr wenig Wasser schlukken … Seit zehn Tagen befinde ich mich in diesem Zustand und habe mein Bett nicht verlassen.« Weder aus diesem noch aus dem Telegramm des *aksakal* konnte Macartney (der sich rühmte, über die Aktivitäten eines jeden Fremden in Chinesisch-Turkestan genau unterrichtet zu sein) einen Hinweis darauf entnehmen, wer dieser Mann war und was er so ganz allein in dieser entlegenen Gegend tat. Nachdem er seinen indischen Krankenhelfer nach Kutscha geschickt hatte, teilte er Hobbs telegraphisch mit, daß ärztliche Hilfe unterwegs sei. Doch am 16. Januar erreichte ihn ein Telegramm des Dingguan (eines höheren chinesischen Beamten) aus Kutscha mit der Nachricht, daß Hobbs am Abend zuvor gestorben sei. Das Telegramm des Dingguan enthielt jedoch noch eine weitere alarmierende Mitteilung. Danach war Hobbs der Reisegefährte des japanischen Archäologen Tachibana gewesen. Augenscheinlich waren die beiden Männer etwa vier Monate zuvor unbemerkt über Rußland nach Chinesisch-Turkestan gekommen und über Urumqi nach Turfan weitergereist. Dort hatten sie eine Zeitlang gemeinsam Ausgrabungen vorgenommen, bevor sie sich trennten, wobei sie vereinbarten, sich in Kutscha wieder zu treffen. Tachibana, war dann zu der abgelegenen Wüstenstadt Loulan vorgedrungen, wo er gerade mit Ausgrabungen beschäftigt war, als sein englischer Gefährte, ohne daß er davon wußte, erkrankte.

Macartney vereinbarte mit dem Dingguan, daß die Leiche des Engländers zur Bestattung nach Kaschgar gebracht werden sollte, doch bürokratische Winkelzüge (vielleicht aber auch die Furcht vor Ansteckung) verzögerten die Überführung um fast drei Monate. Bei der Beisetzung, die unmittelbar danach stattfand, sprach Macartney die Grabrede. Doch am Grabe stand ein unerwarteter Trauergast – Tachibana. Als er in Kutscha von dem furchtbaren Schicksal seines Reisegefährten gehört hatte, war er sofort nach Kaschgar geeilt. In Macartneys Bericht, der sich heute in den politischen und geheimen Akten der India Office Library befindet, ist darüberhinaus kaum etwas enthalten. Ob er von Tachibana, wie wir annehmen müssen, erfahren hat, wer Hobbs war oder warum er in der Gesellschaft eines Mannes reiste, der behauptete, kein Englisch zu sprechen, sagt Macartney nicht. In seinen Äußerungen über Tachibana erwähnt er zudem mit keinem

Wort einen britischen Verdacht ihm gegenüber, sondern bezeichnet ihn nur als »den reisenden japanischen Archäologen«.

Wenn man heute, 70 Jahre später, die Geheimakte liest, dann fragt man sich, ob der erfahrene Macartney, der selbst ein halber Orientale war, wirklich von der Doppelrolle Tachibanas überzeugt gewesen ist. Dennoch ließ er den jungen Japaner auf seiner Schatzsuche entlang der Südroute der Seidenstraße bis zu dessen letztem Reiseziel Dunhuang auch weiterhin beschatten. Dabei erfuhr er zum Beispiel, daß Tachibana bei Khotan nach Süden abgebogen und über den Kunlun nach Tibet gezogen war, wo alle seine Lasttiere umgekommen waren und seine Begleitmannschaft ihn verlassen hatte. Als die *ambans* von Khotan und Keriya ihm geraten hatten, auf der Karawanenstraße zu bleiben, und ihm für diesen Fall jede Hilfe versprochen hatten, hatte Tachibana damit gedroht, sich offiziell über ihr obstruktives Verhalten zu beschweren. Offenbar war Tachibana wieder einmal in seine alte unpriesterliche Gewohnheit verfallen, die Einheimischen schlecht zu behandeln.

Am Weihnachtsabend 1911 traf er in Dunhuang ein. Hier wurde er schon ungeduldig von seinem Landsmann Koichiro Yoshikawa erwartet. Yoshikawa war von Graf Otani geschickt worden, nach ihm zu suchen, denn inzwischen war die Revolution von 1911 ausgebrochen, die auch sehr rasch auf Chinesisch-Zentralasien übergriff. Tachibana, der Japan vor mehr als einem Jahr verlassen hatte, war als vermißt gemeldet worden, und man fürchtete, er sei der Revolution zum Opfer gefallen. Die beiden Männer verbrachten fast acht Wochen gemeinsam bei den »Höhlen der Tausend Buddhas«, wo sie von Wang etwa 600 religiöse Schriften aus dessen verstecktem Hort erwarben, meist Sutras. Der schlaue Schatzhüter hatte diese kurz vor dem Eintreffen chinesischer Soldaten, die alles, was Stein und Pelliot übriggelassen hatten, auf Karren nach Peking bringen sollten, in seinen neuen Buddhafiguren versteckt. Damit endet unser Bericht über Tachibana, der China nun über Urumqi verließ und dann mit der Transsibirischen Eisenbahn nach Hause zurückkehrte, wobei er sein Geheimnis mit sich nahm – sofern er je eines besessen hat.

Doch bevor wir uns endgültig von den Japanern verabschieden

(mit dem Schicksal des Schatzes, den sie von der Seidenstraße mitbrachten, werden wir uns noch in einem abschließenden Kapitel beschäftigen), müssen wir noch eine mögliche Erklärung für die ganze seltsame Angelegenheit in Erwägung ziehen. Graf Otani, der alle drei japanischen Expeditionen organisiert und finanziert hatte, war das geistliche Oberhaupt der »Sekte des Reinen Landes«. Das heißt aber nicht, daß er ein weltfremder Kleriker gewesen wäre, der sein Leben im Gebet und in Meditation zubrachte. Er hatte vielmehr sein Amt mit dem Tode seines Vaters geerbt, und bevor er nach Japan zurückkehrte, um die Leitung der Sekte zu übernehmen, hatte er lange Zeit auf Reisen in Europa und anderswo zugebracht. Er war – für einen Japaner der damaligen Zeit vielleicht eine erstaunliche Tatsache – Mitglied der Royal Geographical Society. Ein Foto, das im Besitz der Gesellschaft ist, zeigt ihn als einen gelassen und weltmännisch aussehenden jungen Mann in westlicher Kleidung, der sich mit übergeschlagenen Beinen entspannt auf einem Stuhl zurücklehnt. Selbst nachdem er sein geistliches Amt übernommen hatte, schickte er der Gesellschaft weiterhin Fotos und kurze Berichte über die Expeditionen, die er nach Zentralasien entsandt hatte. Das läßt vermuten, daß sein Hauptinteresse zwar darin gelegen haben mag, den archäologischen Nachweis für den Ursprung seiner Sekte zu finden, er aber auch sehr daran interessiert war, zur Erweiterung des geographischen Wissens beizutragen und als Förderer dieser Wissenschaft anerkannt zu werden. Wir wissen, daß kurz vor der ersten Otani-Expedition des Jahres 1902 einer seiner jungen in Archäologie ausgebildeten Mönche ein Jahr in Oxford Geographie studierte, vermutlich auf Kosten des Grafen. Mit Sicherheit hat Otani mit großem Eifer freundschaftlichen Verkehr mit einer Handvoll westlicher Forschungsreisender gesucht, die Zentralasien aus eigener Anschauung kannten. So haben – um nur drei zu nennen – Sven Hedin, Le Coq und der Tibetexperte Hauptmann (später Sir Frederick) O'Connor seine Gastfreundschaft genossen. Wie vielseitig interessiert Otani gewesen ist, zeigt die Tatsache, daß er zwei politische Werke – das eine über China und das andere über die Mandschurei – sowie ein Buch über chinesisches Porzellan geschrieben hat.

Das mag natürlich alles auch nur die raffinierte Tarnung eines Spionagechefs gewesen sein. Tatsächlich mag es nicht ganz abwegig sein anzunehmen, daß dieser hochgebildete und politisch erfahrene Aristokrat eine Art privaten Nachrichtendienst unterhalten und möglicherweise sogar den Mikado – seinen Schwager – mit den von ihm gesammelten Informationen versorgt haben könnte. Andererseits könnte er auch bloß ein ehrlicher japanischer Aristokrat gewesen sein, dem durch seine europäischen Kontakte die Geographie zur fixen Idee geworden war und der sich nun auf diesem Gebiet selbst einen Namen machen wollte. Jedenfalls haben ihn die Kosten seiner Expeditionen an den Rand des finanziellen Ruins gebracht und gezwungen, seine Villa zu verkaufen und sich von seinen Kunstschätzen zu trennen. Doch bis die Japaner sich entschließen, die Geheimakten ihres Nachrichtendienstes zu öffnen, oder bis die Familie Otani sich entschließt, sie uns zu enthüllen, werden die wahren Interessen des Grafen in Zentralasien ein Geheimnis bleiben müssen.

*

Eine Zeitlang wurden nun die Klöster und die vom Sand überwehten Städte an der Seidenstraße in Frieden gelassen, wenn auch nicht sehr lange. In Srinagar und in Berlin bereiteten sich die beiden alten Rivalen Stein (jetzt Sir Aurel) und Le Coq bereits auf einen neuen Angriff auf die Vergangenheit vor. Stein fürchtete vor allem, daß die Deutschen vor ihm Miran erreichen und die Wandgemälde entfernen könnten, die er im Jahr 1907 entdeckt hatte, wegen Ram Singhs plötzlicher Erblindung jedoch seiner Sammlung nicht hatte einverleiben können. »Er scheint entschlossen zu sein, sich die Miran-Fresken zu holen ...«, schrieb Stein beunruhigt aus Chini-Bagh an einen Freund. Stein hätte sich – jedenfalls was die Deutschen betraf – keine Sorgen machen müssen, denn Le Coqs Expedition wurde von Anfang an vom Pech verfolgt. Dazu gehörten obstruktives Verhalten seitens der Chinesen, ein Mordanschlag auf Bartus, finanzielle Sorgen und eine Krankheit, die Le Coq fast das Leben gekostet hätte. Es sollte seine letzte Reise nach Zentralasien sein, die zudem durch den

Ausbruch des Ersten Weltkriegs ein vorzeitiges Ende fand. Der unerwartete Rückzug der Deutschen im Jahr 1914 machte Stein, der mit 52 Jahren schon zu alt für den Militärdienst war, zum Alleinherrscher über die Seidenstraße. Alle seine Konkurrenten hatten das Feld geräumt, wenn auch nicht ohne Spuren zu hinterlassen. Doch als er nach Miran kam, erlebte er einen schweren Schock. Überall verstreut lagen Fragmente von bemaltem Gips. In seinem viele Jahre später geschriebenen Werk *On Ancient Central Asian Tracks* erhebt Stein anklagend den Finger gegen »einen jungen japanischen Reisenden, dem es an einer seinem archäologischen Eifer entsprechenden Vorbereitung, technischem Können und Erfahrung gefehlt hatte.« Man darf nur hoffen, daß der junge Tachibana als Spion (sollte er einer gewesen sein) tüchtiger war als in der Archäologie.

Aber wenn auch Miran eine schwere Enttäuschung war, so machte der weitere Verlauf der Expedition dies wieder wett. Bei Dunhuang erwarb er aus der offenbar unerschöpflichen »Rücklage« Wangs weitere fünf Kisten mit Handschriften – ein paar Monate später sollte Oldenburg den Mönch um weitere 200 Handschriften sowie einige bemalte Statuen erleichtern. Als er nach Karakhoto kam, stellte Stein fest, daß Oberst Kozlov nicht sehr gründlich gewesen war, wenngleich die Spur aus zerschmetterten Statuen und Fresken bezeugte, mit welcher Begeisterung er sich als Ausgräber betätigt hatte. Hocherfreut über das, was der Russe ihm versehentlich übriggelassen hatte, zog Stein weiter durch die Gobi nach Westen in Richtung Turfan. Sein erster Besuch dort war nur kurz gewesen, und er hatte angenommen, daß die Deutschen die in der Nähe gelegenen historischen Stätten völlig leergeräumt hatten. Als er das Gebiet zwei Monate später verließ, befanden sich in seinem Gepäck mehr als einhundert große, mit Fresken gefüllte Kisten, viele davon aus Bezeklik.

Aber damit war der Beutezug Steins noch nicht beendet. Eine weitere Fundstätte – das große Gräberfeld von Astana, wo einst die Toten des Turfan-Gebiets begraben worden waren – mußte ihm noch ihre Geheimnisse enthüllen. Es stammt aus dem 5. Jahrhundert und besteht aus einer Reihe von Grabanlagen, die bis zu fünf Meter unter der Erdoberfläche liegen. Der Zugang zu den einzelnen Gräbern erfolgte über einen abschüssigen, in den Fels gehauenen Graben, der zu einem unterirdischen Durchgang hinunterführt, an dessen Ende die Grabkammern liegen. Die meisten von ihnen waren augenscheinlich schon vor Jahren aller Wertgegenstände beraubt worden, die sie einmal enthalten haben mochten. Da Stein von der Gilde der einheimischen Grabräuber nicht als Konkurrent betrachtet wurde, konnte er problemlos einen in diesem, wie er es nannte, »makabren Geschäftszweig« erfahrenen Mann anwerben, der ihn auf einen Rundgang durch diese Totenstadt mitnahm, bevor er mit seinen schauerlichen Grabungsarbeiten begann. Aus vielen Gräbern hatte man sogar das Holz der Särge mitgenommen, wahrscheinlich als Feuerholz in der heute baumlosen Wüste.

Doch die Gegenstände, an denen Stein am meisten gelegen war, waren an Ort und Stelle belassen worden. Zunächst standen da, in chinesischen Zeichen auf besonderen Begräbnisziegeln, der Name und das Geburtsdatum sowie weitere biographische Daten eines jeden Toten. Noch wichtiger waren die großen Mengen sehr alter Textilien, in die man die Leichen eingewickelt hatte. Meist waren sie aus Seide und zeigten eine bemerkenswerte Vielfalt von Mustern, die von rein chinesischen Motiven bis zu solchen offensichtlich nahöstlichen Ursprungs reichte. Die große Bedeutung dieser Gewebe für die Textilhistoriker liegt darin, daß sie sich aufgrund der Inschriften auf den Ziegeln exakt datieren lassen. Die Ausgrabung dieser antiken, schönen Seidenstoffe, die ganz unfeierlich, aber sehr sorgfältig von den Toten abgelöst wurden, war ein angemessener Abschluß von Steins Laufbahn als Wiederentdecker der Seidenstraße. Als er im Februar 1915 seine 45 mit Fresken und anderen Schätzen beladenen Kamele auf ihre zweimonatige Reise nach Kaschgar schickte, war ihm wohl kaum bewußt, daß dies die letzten Funde sein würden, die er aus China fortschaffen sollte.

15. Kapitel

LANGDON WARNER WAGT DAS UNDENKBARE

Im Herbst 1923 kämpften sich zwei Amerikaner bei sintflutartigem Regen durch tiefe Ströme von Schlamm, in denen ihre Maultiere oft bis zum Bauch versanken, entlang der alten Seidenstraße mühsam nach Westen voran. Wenn sie an einem Rasthaus ankamen, waren sie so überzogen vom schwarzen Schlamm Zentralasiens, daß ihre Diener ihnen die Krusten mit Stöcken abkratzen mußten. Und als sei das noch nicht genug, mußten sie zu allem Elend ständig damit rechnen, von Banditen ausgeraubt oder womöglich ermordet zu werden. Die beiden verdreckten und durchnäßten Reisenden waren die Orientalisten Langdon Warner vom Fogg Art Museum in Harvard und Horace Jayne vom Museum of Pennsylvania. Mit ihren bescheidenen vier *mappas* (zweiräderigen chinesischen Karren) und ihrem Sekretär und Dolmetscher Wang bildeten sie die erste amerikanische Expedition nach Chinesisch-Zentralasien.

Bis zum alten Xi'an, wo einst die ins ferne Rom führende Seidenstraße ihren Ausgang genommen hatte, hatten ihnen die Chinesen militärischen Begleitschutz gewährt. Seither waren sie, nur mit einer Schrotflinte und einer automatischen Pistole bewaffnet, ganz auf sich selbst gestellt. Um chinesische Soldaten davon abzuhalten, ihnen ihre Karren abzunehmen, und – mit einigem Glück – auch Banditen abzuschrecken, hatte ihnen ein chinesischer »Warlord« den freundschaftlichen Rat gegeben, deutlich sichtbar an jedem Fahrzeug die amerikanische Flagge anzubringen. Die Fahnen waren in aller Eile von vier chinesischen Schneidern nach Warners und Jaynes Angaben zusammengenäht worden, wobei sich keiner mehr recht daran erinnern konnte, wie viele Sterne ihre Nationalflagge nun eigentlich zeigen sollte. Die Schneider hatten diese Streitfrage jedoch damit gelöst, daß sie feststellten, auf jeder Fahne sei ohnehin nur Platz für sechs Sterne.

Seit Stein China mit seiner letzten mit Schätzen beladenen Karawane verlassen hatte, waren acht Jahre vergangen, in denen kein Archäologe irgendetwas aus Chinesisch-Zentralasien fortgeschafft hatte. Dies lag zum Teil daran, daß der Krieg jede neue ausländische Expedition verhinderte (Stein war bei Kriegsausbruch bereits dort), zum Teil aber auch an der in China heraufziehenden politischen Krise. Hier gab es nicht nur eine ständig wachsende generelle Fremdenfeindlichkeit, die um 1925 ihren Siedepunkt erreichen sollte, sondern damit einher ging der nahezu vollständige Zusammenbruch von Recht und Ordnung, als örtliche »Warlords« die Macht ergriffen und sich gegenseitig bekämpften. Dennoch waren die Amerikaner entschlossen, ihr Glück zu versuchen. Das Ziel dieser – wie sie hofften ersten – Expedition war es allerdings nicht, große Mengen von Kunstwerken außer Landes zu bringen, wenngleich Warner und Jayne gewiß nicht die Absicht hatten, mit leeren Händen nach Hause zurückzukehren. Es war, um Warner zu zitieren, eine »Erkundungsreise« – mit anderen Worten: sie wollten feststellen, was die Ausgräber von sechs Nationen, nachdem sie die erste Wahl gehabt hatten, von den historischen Stätten und deren Inhalt übriggelassen hatten. Außerdem hofften sie, eine Reihe kunsthistorischer Rätsel zu lösen. So wollten sie unter anderem in den Laboratorien von Harvard untersuchen lassen, welche Pigmente die großen Freskenmaler der Tang-Dynastie verwendet hatten und woher diese kamen.

Bis unmittelbar vor ihrer Abreise aus Peking hatten ernste Zweifel daran bestanden, ob es klug sei, ein so riskantes Unternehmen überhaupt zu beginnen. In seinem Reisebericht *The Long Old Road in China* schrieb Warner später: »Aber die Phantasie spricht jeder vernünftigen Überlegung hohn ... Fromme Pilger aus Indien, die das Dach der Welt überquerten ... Mongolenhorden, kaiserliche Abgesandte, indische Smaragde und Waren aus Cathay, Pferdehändler und Bettler – Glanz und Elend, Leid und Leistung der Reisenden, die seit Menschengedenken hier des Weges gezogen waren – standen uns immer vor Augen und ließen sich nicht verdrängen.« Den Schmutz, vor allem in den ekelerregenden Rasthäusern am Wege mit ihren »hüpfenden und kriechenden Legionen«, hätten die beiden Männer kaum mehr ertragen können. Zudem sollte Jaynes Tapferkeit schon bald durch fast unerträgliche Schmerzen auf eine harte Probe gestellt werden.

Die eigentliche Expedition hatte am 4. September 1923 in Xi'an begonnen, nachdem sie sich von ihrer zehn Mann starken, bewaffneten Militäreskorte verabschiedet hatten. Kurz zuvor, gerade als sollte ihnen noch einmal in Erinnerung gerufen werden, wie wenig ein Menschenleben in diesen Gegenden galt, waren kaum hundert Meter von ihnen entfernt von chinesischen Soldaten drei gefesselte Gefangene hingerichtet worden. Angeekelt berichtet Warner: »... drei Köpfe fielen von drei unglücklichen Leibern und die Soldaten schlurften davon und überließen es anderen, das Aas zu beseitigen.« Doch Xi'an – das alte Chang'an – war schon lange eine Stadt, die man mit dem Tod in Verbindung brachte. Steins »Schutzheiliger« Xuanzang sowie einige der größten chinesischen Kaiser und Staatsmänner liegen hier begraben. Als Warner und Jayne die ummauerte Stadt in Richtung Westen verließen, bemerkten sie zu beiden Seiten des Weges eine Reihe alter Tumuli. »Sie gelten als so geheiligt«, schreibt Warner, »daß in ihrer Nähe niemand graben darf, und kein Mensch ahnt, welche Schätze sie enthalten.« Ein wenig traurig fügt er hinzu: »Die Selbstbeherrschung des Ausgräbers wurde auf eine harte Probe gestellt, als wir an diesen kleinen und großen Hügeln vorüberzogen, die sich nah und fern von uns erhoben, so weit das Auge reichte.«

Langdon Warner, der Leiter der Zwei-Mann-Expedition, war, anders als Pelliot seinerzeit, kein unerfahrener junger Mann, der auszog, um sich einen Namen zu machen. Hochgewachsen und rothaarig war er mit seinen 42 Jahren ein Kunsthistoriker und Archäologe, der sich auf dem Gebiet der frühbuddhistischen Kunst Japans einen Namen gemacht hatte. Nach bestandenem Abschlußexamen an der Universität Harvard im Jahre 1903 war er als Mitglied der geologischen und archäologischen Expedition von Raphael Pumpelly nach Russisch-Zentralasien gereist. Dort hatte er die alten, an der Seidenstraße gelegenen Städte Samarkand und Buchara und – als erster Amerikaner – das damals noch unabhängige Khanat Khiva besucht. Nach Neuengland zurückgekehrt, hatte er im Alter von 24 Jahren seinen Mut und seine Geistesgegenwart bewiesen, als er einem jungen Soldaten, der vor einen fahrenden Zug gestürzt war, das Leben rettete, indem er auf die Schienen sprang, den Gestürzten in die Arme nahm und in Sicherheit brachte. Dann tauchte er in der Menge unter. Seine mutige Tat wäre nie bekanntgeworden, hätte sie nicht zufällig ein Harvard-Professor beobachtet. Der Professor schrieb an Warners Vater und schilderte, was er gesehen hatte, ohne jedoch den Namen des Helden zu nennen. Der Brief schloß mit den Worten: »Vielleicht kann Langdon Warner Ihnen Näheres darüber berichten.«

Um die gleiche Zeit trat Warner die erste einer Reihe von Stellen an Museen und Universitäten an, in deren Rahmen er regelmäßig an Forschungsreisen und Expeditionen nach Asien teilnehmen sollte. In Harvard begann er mit einem Seminar über orientalische Kunst, dem einzigen, der im Verlauf vieler Jahre an einer amerikanischen Universität angeboten wurde. Damit war Warner der Initiator der Laufbahn eines Großteils der heutigen Generation amerikanischer Orientalisten. Obwohl er selbst erst 1924 dorthin reiste, hatte er schon lange sein Augenmerk auf Chinesisch-Turkestan gerichtet. Im Jahre 1908, als er mit einem Stipendium des Boston Museum of Fine Arts in Nara die buddhistische Kunst Japans studierte, wurde er zur Teilnahme an einer Expedition dorthin eingeladen, doch obwohl 10 000 Dollar dafür bereitgestellt worden waren, kam sie aus irgendwelchen Gründen nicht zustande. Im Sommer 1913 erhielt er dann das Angebot, in Peking eine amerikanische Schule zum Studium der Archäologie zu gründen, die nach ähnlichen Prinzipien wie die Ecole in Hanoi arbeiten sollte und wo sowohl chinesische als auch amerikanische Archäologen ausgebildet werden könnten. Die Idee stammte von dem Millionär und Sammler orientalischer Kunst, Charles L. Freer in Detroit, der sich mit der bedeutenden Galerie in Washington, die seinen Namen trägt, ein Denkmal gesetzt hat.

Warner reiste über Europa nach Peking, wobei er in London, Paris, Berlin und St. Petersburg Station machte. Er lernte Pelliot, Chavannes und andere prominente Orientalisten kennen und besuchte die Sammlungen zentralasiatischer und anderer orientalischer Kunst. Nachdem er die Schätze Le Coqs im Berliner Völkerkundemuseum gesehen hatte (Le Coq selbst befand sich damals gerade auf einer Expedition in Chinesisch-Turkestan), stellte er fest: »Ohne die Bedeutung der Sammlung herabsetzen zu wollen, muß ich doch sagen, daß die Dinge, die Stein für das BM erworben hat, sie im großen und ganzen an Schönheit übertreffen.« Dies ist, soweit ich feststellen konnte, der einzige von einem der Beteiligten an dem Wettbewerb angestellte Vergleich zwischen den verschiedenen Sammlungen – abgesehen von Le Coqs eigener patriotischer Behauptung, die deutsche Sammlung sei bei weitem die beste. Freers Traum von einer amerikanischen archäologischen Schule in Peking wurde infolge des Kriegsausbruchs nie verwirklicht. Doch der Plan verschaffte Warner die Gelegenheit zu einer Reise durch China und die Mongolei. Allerdings scheiterten seine Bemühungen, Xi'an zu besuchen, an der Schreckensherrschaft, die dort ein unter dem Namen »Weißer Wolf« bekannter blutrünstiger Bandit errichtet hatte. In Peking traf er erneut mit Pelliot zusammen. Der französische Gelehrte, der hier zeitweilig den Posten des Militärattachés innehatte, schlug ihm vor, nach dem Kriege gemeinsam in Zentralasien Ausgrabungen vorzunehmen. Begeistert schrieb Warner nach Hause: »Wenn er an unserer Expedition teilnehmen würde, hätten wir den bekanntesten Gelehrten der Welt gewonnen.« Aber auch daraus wurde nichts. Nun war Warner endlich in Xi'an, um die erste – vom Fogg Art Museum in Harvard finanzierte – amerikanische Expedition nach Chinesisch-Zentralasien zu leiten. Wie sich herausstellen sollte, waren er und Jayne gerade noch rechtzeitig gekommen, denn die Tür begann sich bereits zu schließen.

Das erste Ziel der Amerikaner war Karakhoto, die große ummauerte »schwarze Stadt« nahe der chinesisch-mongolischen Grenze, wo Kozlov und Stein bereits gegraben hatten. Dazu mußten sie entlang der alten Seidenstraße über Lanzhou bis Suzhou reisen, um dort die große Karawanenstraße zu verlassen und dem einsamen Pfad durch die Gobi bis Karakhoto zu folgen. Sehr bald nachdem sie Xi'an verlassen hatten, kamen sie in einen Dauerregen, der die Straße manchmal unpassierbar machte. Zwei ganze Tage saßen sie kurz vor Lanzhou in einem naßkalten

Rasthaus fest, wobei sie sich die Zeit mit der Lektüre von Steins *Ruins of Desert Cathay* vertrieben – »bis wir aus purem Neid nicht mehr weiterlesen konnten«, wie Warner schrieb. Nachdem sie schließlich nach 14 Stunden durchnäßt und erschöpft in Lanzhou eintrafen, tauchten aus dem Dunkel plötzlich chinesische Soldaten auf, ergriffen die Köpfe ihrer Maultiere und erklärten, diese seien »für militärische Zwecke« beschlagnahmt. Warner bekam einen Wutanfall, packte den ihm am nächsten stehenden Korporal beim Genick und verlangte, zu ihrem *amban* geführt zu werden. Im Yamen teilte man ihm mit, der *amban* sei schon zu Bett gegangen und werde sie am Morgen empfangen. Dann sei es eben Zeit, daß der *amban* sich erhebe, verkündete Warner, da die fremden Teufel sonst gezwungen wären, ihm beim Anziehen zu helfen. Mit dieser noch nie dagewesenen Drohung erreichte Warner, was er erhofft hatte. Eine Viertelstunde später erschien der verdutzt dreinblickende Beamte und sah sich zwei wütenden Ausländern gegenüber, von denen der Schlamm auf seine Möbel und Teppiche tropfte, und die verlangten, daß seine räuberischen Soldaten ihnen ihr Eigentum wieder zurückgeben. Nach langem Hin und Her erklärte er sich schließlich bereit, den Soldaten einen schriftlichen Befehl zur Herausgabe der Karren zu erteilen. Warners Verhalten mag zwar ein wenig waghalsig erscheinen, aber er wußte, daß die ganze Expedition auf dem Spiel stand – sowie die Mittel, die das Fogg Museum in das Unternehmen gesteckt hatte –, wenn es ihm nicht gelingen sollte, die Karren und Maultiere zurückzubekommen.

Auf ihrer Reise trafen die beiden Amerikaner gelegentlich Europäer, die in diesem abgelegenen und gefährlichen Teil Chinas arbeiteten. Einer der bemerkenswertesten von ihnen war George Hunter, der legendäre Missionar und Erforscher Zentralasiens, der 57 Jahre lang (mit Ausnahme von 13 Monaten, die er in einer sowjetischen Gefängniszelle verbracht hatte) den Chinesen und den von ihnen beherrschten Völkern das Evangelium gepredigt hat. Hunter, der das Neue Testament in drei zentralasiatische Sprachen übersetzt hatte und dieses Gebiet besser kannte als irgend jemand sonst, starb erst 1946. Er ist in Urumqi begraben. Warner und Jayne, die ihn bei ihrer Durchreise in Liangzhou kennenlernten, erzählte er, daß auch er kürzlich einen Zusammenstoß mit chinesischen Soldaten gehabt habe. Aber alles, was sie aus dem gebürtigen Schotten über diesen Vorfall herausbringen konnten, war: »Die armen Kerle sind recht grob, und es kommt leicht zu Handgreiflichkeiten. Sie haben mich zwei oder drei Mal ergriffen und es kostete mich einige Mühe, sie davon zu überzeugen, mich wieder freizulassen.« Viel mehr interessierte es ihn, zu erfahren, was sie selbst vorhatten, denn er hatte Stein, Le Coq und Pelliot in Urumqi kennengelernt, wo er seit 1906 lebte. Auf einer etwas niedrigeren sozialen Stufe stand der bärtige Franzose aus Lyon, ein ehemaliger Eisenbahner, der an der tibetischen Grenze Uhren verkaufte. Er bestand darauf, sie mit seiner wilden Lebensgeschichte zu ergötzen. »Er hatte zahlreiche Liebesabenteuer mit Frauen der verschiedensten Rassen gehabt«, schreibt Warner. »Zu den rassigsten gehörten offenbar die nach ranziger Butter duftenden Tibeterinnen.«

Als sie weiter nach Westen kamen, wurden die beiden Männer ganz anderer Dinge gewahr. »Seit Tagen verfolgte uns auf der großen Nordwest-Straße«, berichtet Warner, »das seltsame, undeutliche Gefühl, als ob es da außer uns noch andere Ausländer gebe … Die Wände aller Zimmer in sämtlichen Rasthäusern und viele Mauern in den verlassenen Städten waren mit russischen Namen, Regimentsnummern und nur wenige Monate zurückliegenden Daten vollgekritzelt.« Während der vergangenen drei Jahre, fügt er hinzu, sind mehr Ausländer die Seidenstraße entlanggezogen als in den vorhergehenden 2000 Jahren. Es waren dies die vor dem bolschewistischen Terror nach Osten fliehenden weißrussischen Zivilisten und Soldaten. Viele von ihnen lebten bereits in Peking und Schanghai, während andere sich noch weiter nach Osten abgesetzt hatten. Warner schreibt: »… japanische Städte sahen zum ersten Mal in der Geschichte weiße Männer und barfüßige weiße Frauen am Straßenrand Asiaten anbetteln.« Bis auf vereinzelte Nachzügler hatten inzwischen fast alle Flüchtlinge die Seidenstraße verlassen. Sie selbst trafen jedoch noch einen zerlumpten sechzehnjährigen russischen Jungen, dem sie alles Geld gaben, das sie erübrigen konnten. Seine »leuchtendblauen Augen« sollten Warner den Rest seines Lebens verfolgen. Oft hat er daran gedacht, was aus diesem Jungen wohl geworden sein mag »in jener menschenverachtenden Schule, der ich ihn überlassen habe – dem nordchinesischen Winter und der Mitleidlosigkeit des gelben Mannes«.

Schließlich erreichten Warner und Jayne die kleine Stadt Suzhou am äußersten Ende der Großen Mauer. Dort tauschten sie ihre Maultiere gegen Kamele ein, bevor sie sich in nordöstlicher Richtung durch die Gobi nach Karakhoto (das Eçina Marco Polos) auf den Weg machten. Als sie am 13. November, vier Monate nach ihrer Abreise aus Peking, ihr Ziel erreichten, begann bereits der Winter hereinzubrechen. Doch trotz des rauhen Wetters und des nächtlichen Geheuls der Wölfe konnte Warner nach Hause schreiben: »Der Ort selbst ist um vieles schöner, als ich ihn mir vorgestellt habe . . .« In seinem Buch schildert er seine Ankunft an dem großen Osttor, durch das Marco Polo vor 600 Jahren die damals blühende Stadt betreten hat: »Keine Torwache kam nun heraus, um meine Papiere zu prüfen, kein Bogenschütze beugte sich neugierig über die Brüstung der Galerie über dem großen Tor, und kein Gasthaus hieß mich mit einer Schale Tee willkommen . . . Es war später Nachmittag, eine Zeit, da keine Gespenster umgehen.« Dennoch hat Warner während ihres zehntägigen Aufenthalts zwischen den stummen, verlassenen Ruinen das unheimliche Gefühl, nicht ganz allein zu sein, niemals vollständig verlassen.

Schon unmittelbar nach ihrer Ankunft stießen die beiden Amerikaner in Karakhoto auf die traurigen Spuren ihrer beiden Vorgänger Kozlov und Stein. Enttäuscht mußten sie feststellen, daß die Russen und Briten in allen erfolgversprechenden Ruinen gegraben (Warner schreibt »drauflosgehackt«) und alles, was nur irgend von Wert oder Interesse war, fortgeschafft hatten, darunter sämtliche Fresken. Warner hatte die aus Karakhoto stammenden prachtvollen Funde Kozlovs gesehen und bewundert, als er 1913 in St. Petersburg gewesen war. Wenn wir bedenken, daß er wußte, daß hier schon zwei Expeditionen gegraben und jedesmal große Mengen von Altertümern abtransportiert hatten, mag es vielleicht überraschen, daß er diese Stadt als erstes Ziel seines Unternehmens gewählt hatte. Vielleicht war er sich nicht völlig im klaren darüber gewesen, welch großer Teil der Stadt unter dem

Sand der Jahrhunderte lag, den er mit seiner kleinen Gruppe von Leuten nicht einmal anfangen konnte fortzuräumen. Obwohl die Amerikaner einige kleinere Gegenstände fanden, darunter einige Fragmente von Wandgemälden, war das Ergebnis ihrer Arbeit eine große Enttäuschung. Warner selbst mußte zugeben: »Die Eçina-Expedition hatte bewiesen, daß wir an dieser Stelle nichts mehr hätten erwarten dürfen, es sei denn, wir wären mit einem großen Aufgebot von Ausgräbern gekommen und hätten uns auf einen längeren Aufenthalt eingerichtet. Kozlov und Stein hatten eine zu reiche Ernte eingebracht, als daß sich eine Nachlese noch gelohnt hätte.« Aber wenn Karakhoto für Warner eine Enttäuschung war, dann wurde es für Jayne fast zum Verhängnis.

Das nächste Ziel der Amerikaner war Dunhuang, mit dessen künstlerischer Pracht sie so vertraut waren durch die Fotos, die Pelliots Begleiter Nouette aufgenommen hatte. Angesichts der Enttäuschung, die sie gerade in Karakhoto erlebt hatten, mag auch diese Wahl seltsam erscheinen, denn sie wußten nur zu gut, daß Stein, Pelliot, Oldenburg und Tachibana schon dort gewesen waren und alles mitgenommen hatten, was sie hatten bekommen können. Andererseits war Warner eher Kunsthistoriker als Philologe und interessierte sich daher nicht besonders für Handschriften. Seit der großen Entdeckung von Stein waren ohnehin sechzehn Jahre vergangen, und wer konnte sagen, welche Schätze in Dunhuang womöglich noch auf den Archäologen warteten? Es gab aber auch noch andere Gründe, die Warner veranlaßten, diese abgelegene historische Stätte zu besuchen. Als Kunsthistoriker wollte er die großartige Kunstgalerie in der Wüste sehen, die erst so wenige Orientalisten zu Gesicht bekommen hatten. Zudem hofften die Laboratorien in Harvard, daß er, wenn schon keine vollständigen Fresken, so doch wenigstens einige Fragmente würde mitbringen können, an denen sie ihre Materialuntersuchungen vornehmen könnten. Der Zweck dieser Expedition war es, den Weg für spätere, ehrgeizigere Unternehmen zu ebnen. Und damit, so schien es damals, hatte es keine Eile.

Um von Karakhoto aus Dunhuang zu erreichen, mußte man zunächst durch die nun gefrorene Gobi zurück nach Suzhou, um von dort in westliche Richtung zur großen Klosteranlage weiterzureisen. Als die Amerikaner ihre Zelte abbrachen, lag die »schwarze Stadt« bereits unter einer Schneedecke, ein zauberhafter Anblick, aber das Ende jeder weiteren Grabungsarbeiten. Die Rückreise durch die Wüste erwies sich als unendlich qualvoller als die Hinreise es gewesen war. Der Boden war schneebedeckt und ein eisiger, schneidender Wind ließ sie entlang dem eisbedeckten Fluß Edsin-gol nur mühsam vorwärtskommen. Bald waren die Männer völlig erschöpft, und Jayne beschloß, eines der Kamele zu besteigen. Das war ein Fehler, der ihm fast das Leben kosten sollte, denn als er bei der nächsten Rast von seinem knienden Reittier absteigen wollte, stürzte er, unfähig auf den Beinen zu stehen, vornüber zu Boden. Warner schreibt: »Ich legte ihn mit dem Rücken zum Lagerfeuer in den Schnee, zog ihm die Pelzstiefel aus und stellte fest, daß seine beiden Füße steifgefroren waren.« Drei Stunden lang rieben er und der Dolmetscher Wang Jaynes Füße mit Schnee (die klassische erste Hilfe bei Erfrierungen, die dennoch Steins Zehen nicht hatte retten können). Als das Gefühl schließlich zurückkehrte, waren die Schmerzen so furchtbar, daß Jayne das Bewußtsein verlor. »Unser Mitgefühl niederkämpfend rieben wir fieberhaft weiter«, berichtet Warner. Zwischendurch gaben sie dem Patienten einen Schluck unverdünnten chinesischen Schnaps, den sie als Brennstoff für den kleinen Notkocher mitgenommen hatten. Zum Schluß rieben sie die erfrorenen Stellen mit Fett ein in der Hoffnung, damit wenigstens einen Teil der mit Blasen bedeckten Haut zu retten. »Wir legten seine Fußsohlen unter unseren Hemden auf die nackte Haut, um ihnen natürliche Wärme zu geben«, schreibt Warner. »Er hatte sich die ganze Zeit mit keinem Wort beklagt und reagierte auf die banale Frage, wie er sich fühle, mit einem schwachen Lächeln.«

Den Rest der Nacht lag Warner wach und überlegte, wie er Jayne aus dieser von Schneestürmen heimgesuchten, gottverlassenen Gegend in Sicherheit bringen könnte. Da das Brennmaterial fast aufgebraucht war, konnte man nicht daran denken, an Ort und Stelle zu bleiben und zu versuchen, Jayne selbst gesundzupflegen. In seinem Zustand konnte er auch nicht das Schwanken eines Kamels ertragen. Sie mußten also irgendwo einen Karren auftreiben. So wurde Wang zur nächsten, etwa zwei Tagereisen entfernten Oase geschickt, um dort ein solches Gefährt zu beschaffen, koste es was es wolle. Jayne hatte mittlerweile hohes Fieber, und Warner fürchtete, seine Füße könnten brandig werden. Nach drei Tagen kam Wang mitten in der Nacht mit einem klapprigen Karren und dessen widerstrebendem Besitzer zurück. Am folgenden Tag zogen sie los, Jayne im Karren liegend und hinter ihm der besorgte, mühsam sich dahinschleppende Warner, der sich Vorwürfe machte, daß er dieses Unglück hatte geschehen lassen, und überlegte, wie man einen menschlichen Fuß »mit einem Jagdmesser und ohne Betäubungsmittel« amputiert. Ihr nächstes Reiseziel war das zehn Tagereisen durch die Wüste entfernt gelegene Ganzhou, wo es, wie sie wußten, einen chinesischen Missionsarzt gab.

Es war eine schreckliche Reise, verschlimmert durch die unerwartet feindselige Haltung der einheimischen Bevölkerung. In einem Dorf wurden sie mit Hohngelächter und schrillen Pfiffen empfangen, und in anderen versuchte man, ihnen Geld abzupressen oder gar sie zu berauben. Es war ihre erste Begegnung mit einem solchen Verhalten, doch es sollte nicht die letzte bleiben. Am 18. Tag erreichten sie schließlich die ummauerte Stadt Ganzhou. Zu ihrer großen Erleichterung war der chinesische Arzt auch da – »reichlich versehen mit christlicher Nächstenliebe und antiseptischen Mitteln«, wie der dankbare Warner schreibt. Nachdem er die mit Blasen bedeckten, geschwollenen Glieder gereinigt hatte, erklärte er, der Heilungsprozeß habe bereits begonnen, und es bestünde kaum noch ernsthaft Gefahr, daß die Wunden brandig werden könnten. Nach weiteren 16 Tagen der Genesung fühlte sich Jayne so weit wieder hergestellt, daß er glaubte, nach Dunhuang aufbrechen zu können. Doch als sie in Suzhou eintrafen, war es klar, daß er nicht die Kraft hatte, den Weg fortzusetzen. Warner schreibt: »Trotz aller Entschlossenheit war Jayne nicht mehr in der Lage, weiter als hundert Meter zu gehen.« Er litt bereits an einer starken Erkältung, und in seinem geschwächten Zustand konnte er sich allzu leicht in den schmutzigen Rasthäusern am Wege eine Infektion holen. Überdies stand der schlimmste Teil des Winters in Chinesisch-Zentralasien noch bevor. Tief enttäuscht erklärte sich Jayne schließlich einverstanden, mit der mageren Ausbeute ihrer Ausgrabungen in Karakhoto langsam nach Peking zurückzukehren. Nach einem wehmütigen Abschied von Jayne zogen Warner und der geduldige Wang mit vier turkestanischen Ponys und einem großen Karren auf verschneiten Wegen weiter nach Westen in Richtung Dunhuang. In der kleinen Oasenstadt Anxi verließen sie die neuzeitliche Karawanenroute und bogen auf den einst belebten, nun aber kaum mehr benutzten Kamelpfad ein, dorthin, wo nach einem etwa 110 Kilometer langen Marsch durch die Wüste Dunhuang und die »Höhlen der Tausend Buddhas« lagen.

Der kleine Mönch Wang war (wie meist) nicht da, doch Warner ließ sich dadurch nicht entmutigen. Er begab sich sofort zu den Höhlen mit den Malereien und verließ sie während der folgenden zehn Tage nur noch zum Essen oder zum Schlafen. In seinem Buch *The Long Old Road in China* berichtet er: »… es nahm einem den Atem … zum ersten Mal begriff ich, warum ich einen Ozean und zwei Kontinente überquert und mich diese zwei Monate neben meinem Karren dahingeschleppt hatte.« Warner, der visuell gebildetste unter den Archäologen, die Dunhuang besucht haben, war überwältigt von den Zehntausenden von Figuren auf den Wandmalereien. Er gestand: »Ich, der ich hierher gekommen war, um diese Dinge zu datieren, die Behauptungen der Professoren mit geschickten Argumenten zu widerlegen und künstlerische Einflüsse festzustellen, stand nun im Mittelpunkt eines Kultraums, die Hände tief in den Taschen vergraben, und versuchte zu denken.«

Doch während er eine Höhle nach der anderen besichtigte, ergriff ihn ein ganz anderes Gefühl – blinde Wut. Zwei Jahre zuvor waren 400 weißrussische Soldaten, die über die Grenze nach China entkommen waren, von den Behörden sechs Monate in Dunhuang interniert worden. Die Spuren ihrer Frustration und ihres Gelangweiltseins waren überall zu sehen. Empört schrieb Warner an seine Frau: »… auf einige dieser lieblichen Gesichter sind die Nummern eines russischen Regiments gekritzelt, und aus dem Mund eines Buddha, der dasitzt, um das Gesetz des Lotos zu verkünden, strömt irgendeine slawische Zote.« Die Russen hatten die Wandgemälde so stark beschädigt, daß die von Stein und

Nouette aufgenommenen Fotos nun die einzigen Zeugnisse vieler dieser Fresken waren. In dem Brief an seine Frau heißt es weiter: »Meine Aufgabe ist es, alles in meinen Kräften stehende zu tun, um möglichst viele dieser Schätze vor dem raschen Verfall zu bewahren und zu retten. Jahrhunderte haben sie weitgehend unversehrt überdauert, aber jetzt ist das Ende in Sicht.«

Zum Glück hatte er eine in Italien erfolgreich erprobte chemische Speziallösung zur Abnahme von Wandgemälden mitgebracht. Ursprünglich hatte er dieses Mittel nur testen und zugleich einige kleine Fragmente für Laboranalysen ablösen wollen. Einen solchen Versuch hatte nicht einmal einer seiner Vorgänger gewagt – woran sie, wenn es schon nicht moralische Gründe waren, die Wachsamkeit des Tempelhüters Wang gehindert hatte. Doch nachdem Warner den von den Kosaken angerichteten Schaden gesehen hatte, verflüchtigten sich seine Skrupel. Er schreibt: »Was die Moral eines solchen Vandalismus betrifft, so würde ich ohne mit der Wimper zu zucken die ganze Anlage leerräumen. Wer weiß, wann hier chinesische Truppen einquartiert werden wie die Russen? Oder, was noch schlimmer wäre, wie lange wird es noch dauern, bis die mohammedanische Rebellion ausbricht, mit der jeder rechnet? In 20 Jahren wird dieser Ort keinen Besuch mehr wert sein …« Er hob hervor, daß jeder neue Pilger seinen Namen in die Fresken kratzte oder ein Stückchen »morschen Gips« mitnahm.

Doch obwohl Warner seine eigenen Bedenken über Bord geworfen hatte, mußte er immer noch mit dem Widerstand des Abtes Wang rechnen. Schließlich zeigte sich der Priester jedoch überraschend gelassen angesichts der Vorstellung, Warner einige seiner Fresken zu überlassen – nachdem erst einmal ein »stattliches Geschenk« den Weg geebnet hatte. Halsstarriger zeigte er sich allerdings, als Warner die Rede auf die Skulpturen brachte. Als ihm jedoch dämmerte, daß der »verrückte Fremde« es nicht auf seine eigenen neuen, grell bemalten Statuen abgesehen hatte, willigte er ein, sich von einer alten zu trennen – die 90 Zentimeter hohe Tang-Figur eines knienden Heiligen, heute eines der wertvollsten Stücke in der Sammlung des Fogg Museum.

Nun schickte sich Warner an, etwas zu wagen, was er zuvor für undenkbar gehalten – die Ablösung einiger der unschätzbaren Fresken Dunhuangs. Wenn auch der Mönch keine Einwände dagegen erhoben hatte (vielleicht weil er ihren Wert nicht erkannte, da bisher nie jemand Interesse gezeigt hatte, sie mitzunehmen), so ergaben sich nun Widerstände aus einer ganz unerwarteten Richtung – die Elemente hatten sich gegen Warner verschworen. In Dunhuang war es jetzt tiefer Winter, und die Temperaturen lagen weit unter Null. Sobald Warner mit dem Pinsel in der Hand die Leiter bestieg, um sein Fixativ auf ein Gemälde aufzutragen, stellte er zu seinem Entsetzen fest, daß die Flüssigkeit gefror, bevor sie in den brüchigen Gips eindringen und ihn festigen konnte. Auch die leimgetränkten Gazestreifen (mit denen Warner die Fresken wie Abziehbilder »abschälen« wollte) wurden hart, bevor sie richtig an der Oberfläche der Gemälde hafteten. Trotzdem gelang es Warner nach fünf Tagen, zwölf kleinere Malereien abzulösen. Dabei achtete er darauf, die frühesten und schönsten Fresken an Ort und Stelle zu belassen und nur Teile jener Meisterwerke mitzunehmen, die bereits beschädigt waren. Selbst diese, erklärte er, »... würden sich als Kostbarkeiten erweisen, wie man sie in Amerika noch nie gesehen hatte und um die uns Berlin mit all seinem Reichtum an in quadratischen Einheiten von den Stuckwänden Turkestans gesägten Fresken beneiden dürfte«. Dennoch hatte Warner während dieser fünf Tage ein ungutes Gefühl, denn er war sich über die Ungeheuerlichkeit dessen, was er tat, völlig im klaren und lebte ständig in der Furcht, weitere Zerstörungen anzurichten, wenn seine Methoden versagten.

Endlich war die Arbeit beendet. Noch immer auf seinem leimgetränkten Tuch klebend wurde jedes einzelne der aus dem 8. Jahrhundert stammenden kostbaren Fresken liebevoll in Filz eingeschlagen und zwischen zwei Bretter gelegt, um es gegen die Stöße während seiner zweimonatigen Reise nach Peking auf der ungefederten *mappa* zu schützen. In seinen Briefen nach Hause bat Warner, seinen Geldgebern gegenüber nichts von den Gemälden zu erwähnen, denn er war sich durchaus nicht sicher, daß es dem Labor gelingen werde, die leimgetränkten Stoffstreifen von der empfindlichen Farboberfläche zu lösen. (Schließlich sollten elf der zwölf Bilder gerettet werden.) Nun mußte auch die nicht weniger zerbrechliche Lehmskulptur aus der Tangzeit für ihren langen, langsamen und holperigen Transport durch die Wüstengebiete Nordwest-Chinas geschützt werden. Dafür gab es nur eine Lösung: »Der kleine Heilige selbst wurde in die seltsamsten Gewänder gehüllt, die eine buddhistische Figur je getragen hat«, schreibt Warner. Sie wurde zunächst in Warners Unterwäsche und Socken gewickelt und zuletzt in seine Schaffellhosen und in Decken. Und Warner fügt hinzu: »Wenn es mir auf der Rückreise an Unterwäsche und Socken fehlte, erwärmte sich mein Herz bei dem Gedanken an den Dienst, den diese Dinge leisteten, indem sie jene so gut erhaltene zarte Haut und bröckeligen Farben vor Schaden bewahrten.«

Etwa neun Monate nachdem er im Herbst des Vorjahres mit Jayne losgezogen war, erreichte er sicher Peking. Trotz der Schwierigkeiten und Enttäuschungen von Karakhoto war die Expedition am Ende ein Erfolg geworden. Er hatte Kunstwerke mitgebracht, wie sie kein anderes Museum besaß und welche der kleinen Fogg-Sammlung in Harvard für alle Zukunft einen Platz auf der Landkarte der Orientalisten sichern sollten. Er war entschlossen, sobald wie möglich mit einem größeren Team und für einen längeren Aufenthalt nach Dunhuang zurückzukehren. »An jenen Wänden«, erklärte er, »sollten wir die Ursprünge der chinesischen Malweise finden können, die Anfänge der Schule einer Landschaftsmalerei, in der China vielleicht uns alle übertroffen hat ...« Eine sechsmonatige, eingehende Untersuchung der Originale würde viele der Fragen klären, die uns die Meister von Dunhuang stellen. Mit ein wenig Glück könnte die Expedition zudem die kleine, aber erlesene Sammlung zentralasiatischer Kunstschätze des Fogg-Museums bereichern. Die zweite Fogg-Expedition sollte jedoch zu einem Fiasko werden.

16. Kapitel

DIE CHINESEN SCHLAGEN DIE TÜR ZU

Es dauerte zwar einige Zeit, bis die Amerikaner es merkten, aber die allen offenstehende Jagd nach archäologischen Schätzen in Zentralasien näherte sich ihrem Ende. In den 30 Jahren, die seit der ersten waghalsigen Reise Sven Hedins in die Taklamakan vergangen waren, hatte praktisch jedermann freien Zugang zu den Stätten entlang der Seidenstraße gehabt. Meisterwerke buddhistischer Kunst waren spottbillig erworben worden. Männer wie Stein und Le Coq hatten ihre großen Erfolge gefeiert. Doch nun lief die Zeit für die ausländischen Archäologen ab. Die deutlich spürbare Fremdenfeindlichkeit, der er im Winter 1924 begegnet war, als er versuchte, seinen kranken Kollegen in Sicherheit zu bringen, hätte Langdon Warner sagen müssen, daß sich die Tür zu schließen begann, und er hätte es sich gründlich überlegen sollen, bevor er sich zur Rückkehr entschloß.

Doch am 30. Mai 1925 geschah etwas, das niemand hatte voraussehen können. Ein britischer Polizeioffizier im Vertragshafen Schanghai, der sich aufrührerischen Studenten gegenübersah, die sich weigerten auseinanderzugehen, befahl seinen Leuten, das Feuer zu eröffnen. Elf Studenten starben – die meisten von ihnen, wie es hieß, mit einer Kugel im Rücken. Ganz China wurde von einer Welle des Fremdenhasses ergriffen. Warner, der kurz zuvor an der Spitze einer größeren Expedition in Peking angekommen war, berichtet: »Die Nachricht von der Schießerei an jenem Tag in Schanghai lief wie ein Buschfeuer über das ganze Land.« Missionare und andere Ausländer an abgelegenen Orten mußten in die Küstenstädte evakuiert werden. Als Warner mit seinen Leuten in Dunhuang eintraf, wo sie acht Monate arbeiten wollten, wurden sie von einer aufgebrachten Menge einheimischer Bauern bedroht – von denselben Leuten, die Warner im Jahr zuvor willkommen geheißen hatten.

Warner hatte zweifellos gehofft, diesmal sowohl weitere Fresken aus Dunhuang mitnehmen als auch kunstgeschichtliche Studien in den ausgemalten Höhlen treiben zu können. Er hatte nicht nur, wie Jeannette Mirsky es etwas böse ausdrückt, »faßweise Leim« mitgebracht, sondern in seine siebenköpfige Expedition auch den jungen Freskenexperten Daniel Thompson aufgenommen, der ihm im Vorjahr das Rezept für sein Fixativ gegeben hatte. Um der Gefahr vorzubeugen, daß Thompsons Mischung wieder einfror, hatte Warner für seinen Besuch diesmal das Frühjahr gewählt.

Obwohl in Peking keine Einwände gegen die Expedition erhoben worden waren, sahen sich die Amerikaner nun plötzlich von den örtlichen Behörden und einer feindseligen Bevölkerung auf Schritt und Tritt behindert und gestört. Sie waren schließlich gezwungen, jede Hoffnung fahren zu lassen, in den »Höhlen der Tausend Buddhas« zu arbeiten, geschweige denn irgendetwas daraus mitzunehmen, und hatten keine andere Wahl, als sich an eine andere, weit weniger bedeutende historische Stätte zurückzuziehen. Aber selbst hier wurden sie feindselig empfangen. Warner schreibt: »Wir befanden uns in einer äußerst heiklen Situation, denn ein Dutzend Dörfler hatten ihre übliche, etwa 25 Kilometer entfernte Arbeitsstelle verlassen, um uns zu beobachten und auf tausenderlei Art zu versuchen, uns zu Handlungen zu provozieren, die es rechtfertigen würden, uns anzugreifen oder aus diesem Gebiet auszuweisen.« Es bedurfte größter Selbstbeherrschung seitens der Amerikaner, angesichts des Hasses, der ihnen entgegenschlug, nicht gewalttätig zu werden. Warner berichtet weiter: »Ein einziger Ausrutscher, ja womöglich nur ein verärgerter Blick, und der ganze Haufe hätte sich wohl auf uns gestürzt, was leicht das Leben hätte kosten können.« Freunde in Peking hatten mittlerweile begonnen, Warner Telegramme zu schicken, in denen sie dringend rieten, die Expedition abzubrechen. Zudem wurden feindselige und hetzerische Gerüchte über seine Absichten in Umlauf gesetzt. Ein ganzes Jahr später schrieb der Künstler Nicholas Roerich, ein gebürtiger Russe, auf der Durchreise in Urumqi in sein Tagebuch: »Wir hörten seltsame Geschichten über die Plünderung der Fresken von Dunhuang.« Diesen Gerüchten zufolge hatten amerikanische Kunsthändler die Höhlen besucht und »viele Kisten« mit Fresken abtransportiert.

Doch schon lange bevor diese unsinnige Darstellung der Ereignisse Roerich in Urumqi zu Ohren kam, war Warner gezwungen gewesen, die zweite Expedition des Fogg Museums abzublasen und ihr Scheitern einzugestehen. Als einzige Ausbeute brachte er Fotos anderer, weniger bedeutender Höhlentempel als jener bei Dunhuang mit. Warners Zorn richtete sich jedoch weniger gegen die feindseligen einheimischen Bauern als gegen Dr. Chen, einen Arzt und Gelehrten, der sich in Peking der Expedition angeschlossen hatte, angeblich um ihnen bei der Entzifferung von Inschriften in Dunhuang sowie bei der Lösung anderer Probleme zu helfen, die im Verlauf der Reise auftauchen könnten. Zwei Tage nach ihrer Ankunft hatte er plötzlich darauf bestanden, eilends nach Peking zurückzukehren, weil seine Mutter erkrankt sei. Später veröffentlichte Chen ein verleumderisches Buch über die Expedition, in dem er behauptete, er habe die Amerikaner nur begleitet, um sie zu überwachen und am Plündern zu hindern. Warner hatte gute Gründe für den Verdacht, daß Chen es gewesen war, der die einheimischen Dörfler gegen sie aufgehetzt hatte und dann nach Hause zurückgekehrt war, nachdem er sah, daß er sein Ziel erreicht hatte.

Trotz dieses schweren Rückschlags hatte das Fogg Museum die Hoffnung noch nicht aufgegeben, seine Sammlung mit Kunstschätzen aus Chinesisch-Zentralasien zu ergänzen. Die Treuhänder des Museums wurden vielleicht durch den unerwarteten Erfolg ermutigt, den eine deutsche geologische Expedition etwa zwei Jahre nach der Rückkehr Langdon Warners zu verzeichnen hatte, als sie einige heute im Überseemuseum Bremen befindliche Kunstgegenstände von den abgelegenen und unbewachten historischen Stätten Rawak und Dandan-uilik mitbrachte. Den Deutschen war dies nur gelungen, weil die Fremdenfeindlichkeit scheinbar noch nicht diesen im äußersten Westen der chinesischen Republik gelegenen Winkel erfaßt hatte. Dazu kam es jedoch noch während die Deutschen dort waren, und sie mußten deshalb in aller Eile abreisen. Den Treuhändern des Fogg Museums mag dies entgangen sein.

Jedenfalls hatte es wenig Sinn, Warner noch einmal nach China zu schicken, denn er war, das stand fest, dort inzwischen in jeder Hinsicht *persona non grata*. Aber dann hatte irgend jemand eine glänzende Idee. Warum sollte man sich nicht an Sir Aurel Stein wenden, den großen alten Mann der Archäologie in Zentralasien, der nun 67 Jahre alt und im Ruhestand war, und herausfinden, ob er nicht zu überreden wäre, für das Fogg Museum auf die Reise zu gehen? Wenn *er* mit all seinen Freunden und Beziehungen in Chinesisch-Turkestan nichts erreichte, dann würde es auch kein anderer können. Stein erklärte sich bereit, es zu versuchen. Etwa 20 000 englische Pfund brachte man zusammen (trotz des Börsenkrachs an der Wall Street), und im April 1930 traf der Engländer in Nanjing ein, der Hauptstadt der Republik, um zu versuchen, die Behörden zu überreden, ihm eine letzte Expedition nach Chinesisch-Zentralasien zu gestatten. Trotz heftigen Widerstands von Seiten des selbsternannten »Nationalen Rats für die Erhaltung chinesischer Altertümer« in Peking – einem Interessenverband, der entschlossen war, sämtliche archäologischen Forschungen der Kontrolle durch Ausländer zu entziehen – gelang es Stein, den Behörden in Nanjing die Erlaubnis abzuringen, Turkestan zu besuchen und dort Ausgrabungen vorzunehmen. Bedenkt man, welche Empörung sein und Pelliots Abtransport der Dunhuang-Handschriften unter chinesischen Gelehrten hervorgerufen hatte, war das allerdings überraschend. Ermutigt durch seinen offenbar leichten Sieg begab sich Stein jedoch sofort nach Indien, von wo er noch im Sommer 1930 nach Kaschgar aufbrach.

Inzwischen aber war, ohne daß Stein davon wußte, unter den chinesischen Intellektuellen eine Kampagne gestartet worden, mit dem Ziel, seine Expedition dadurch zu verhindern, daß man sein Visum für ungültig erklärte. Auch die chinesische Presse verlangte seine Ausweisung, und üble Geschichten über ihn wurden in Umlauf gebracht. Obwohl Stein, der in den örtlichen chinesischen Verwaltungen über alte und einflußreiche Freunde verfügte, nicht so leicht auszuschalten war wie Warner, sollten seine Gegner schließlich doch die Oberhand gewinnen – aber erst, nachdem er über 3000 Kilometer zwischen den Oasen an der Taklamakan herumgereist war, wobei er trotz aller Behinderungen kartographische Vermessungen vorgenommen und für seine Auftraggeber gesammelt hatte, was immer er an archäologischem Material finden konnte, und mochte es noch so dürftig sein. Doch der Preis für die Einreiseerlaubnis nach Turkestan war die in letzter Minute gestellte Bedingung gewesen, daß alles, was er fand, den Behörden zur Prüfung vorgelegt werden müsse, bevor er die Erlaubnis erhielt, es außer Landes zu bringen. So mußte er seine geringe Ausbeute, zu der auch Handschriften aus dem 3. Jahrhundert gehörten, die er an seiner Lieblingsstätte Niya gefunden hatte, in Kaschgar zurücklassen, als er sich nach sieben Monaten schließlich gezwungen sah, die Expedition abzubrechen und nach Indien zurückzukehren. Stein hat diese Dinge – und übrigens auch Chinesisch-Zentralasien – nie wiedergesehen. Die Chinesen hatten endgültig die Tür hinter ihm zugeschlagen. Sein Schwanengesang war ein Mißerfolg gewesen. Dennoch durfte er sich kaum beklagen, wenn er auf die Jahre ununterbrochener Erfolge zurückblickte, in deren Verlauf er sich seinen Ruhm erworben und alle seine Auftraggeber – mit Ausnahme des Fogg Museums – mehr als zufriedengestellt hatte.

Rückblickend darf man sagen, das Kuratorium des Fogg Museums hätte, bevor es Stein beauftragte, nicht nur an die Erfahrungen Warners, sondern auch an die eines anderen bedeutenden Forschers denken sollen. Im Winter 1926 nämlich war Sven Hedin auf Einladung der chinesischen Regierung und auf Kosten der Lufthansa nach China zurückgekehrt. Seine Hauptaufgabe war es zwar, eine Route für eine neue Flugverbindung Berlin-Urumqi-Peking zu erkunden, doch nahm er außer Luftverkehrsexperten auch eine kleine Gruppe von Wissenschaftlern mit, die unter anderem für meteorologische und geologische sowie für archäologische und paläontologische Forschungen ausgerüstet waren. In Peking angekommen waren Hedin und seine Leute überrascht, das Ziel äußerst feindseliger Angriffe durch chinesische Wissenschaftler und die chinesische Presse zu sein. Die Chinesen, ließ man sie wissen, brauchten zur Erforschung ihres eigenen Landes keinerlei Hilfe von Ausländern. Hedin mußte seine Absicht, Flugzeuge einzusetzen, aufgeben, als in der einheimischen Presse Berichte erschienen, in denen behauptet wurde, sie sollten dazu benutzt werden, heimlich große Mengen von Kunstschätzen aus Chinaauszufliegen. Hedin brauchte fast sechs Monate, um die Bedingungen neu auszuhandeln, bevor die Expedition ihre Arbeit aufnehmen konnte. Ein weniger entschlossener Mann hätte unter solchen Umständen seine Sachen gepackt und wäre nach Hause gefahren. Am Ende hatten die Chinesen darauf bestanden, daß er zusätzlich zu seinen eigenen noch zehn chinesische Wissenschaftler mitnahm, daß das Unternehmen in »Chinesisch-schwedische Expedition« umbenannt wurde, und schließlich, daß alle eventuellen archäologischen Funde Eigentum der chinesischen Regierung bleiben würden. Die politischen Wirren in China waren inzwischen so gefährlich geworden, daß jedes Expeditionsmitglied ein Gewehr, einen Revolver und 800 Schuß Munition mitnehmen mußte (sie sollten diese Waffen dann auch wirklich brauchen). Dennoch sollten auf dieser so lange verzögerten Expedition Hedins aus verschiedenen Gründen insgesamt acht Leute umkommen. Trotz aller Schwierigkeiten, mit denen sie zu kämpfen hatten, machten seine Archäologen eine Reihe interessanter Funde – hauptsächlich Handschriften und Textilien. Natürlich wurde ihnen nicht gestattet, sie zu behalten. Die Zeit der Freibeuterei war vorüber. Wer jetzt noch graben durfte, tat es für China. Dafür aber gab es, wenn überhaupt, nur noch wenige Interessenten.

*

Eine der merkwürdigsten Episoden in der Geschichte Zentralasiens war nun abgeschlossen, aber unsere Geschichte ist damit noch nicht ganz zu Ende. Zwei Fragen sind noch zu beantworten: Wo befinden sich heute die zahlreichen Wandgemälde, Skulpturen, Handschriften und anderen Altertümer, die Stein, Pelliot, Le Coq, Tachibana, Warner und andere vor so vielen Jahren *en masse* aus den alten Städten an der Seidenstraße abtransportiert haben? Und was ist aus jener Handvoll archäologischer Helden (oder, wenn man so will, Schurken) geworden, die so viel Unternehmungsgeist, und nicht selten auch ganz einfach Mut aufgebracht haben, das alles fortzuschaffen?

Die Kunstschätze und Handschriften aus »Serindia« – um uns

des von Stein geprägten Begriffs zu bedienen – sind heute auf Museen und andere Institutionen von einem Dutzend Ländern verteilt. Innerhalb dieser Länder ist dieses Material weiter über insgesamt mehr als 30 Institutionen verstreut. Deren Bestände reichen von sehr umfangreichen Sammlungen wie jenen in London, Berlin und Delhi bis zu solchen wie denen des Cernuschi-Museums in Paris und der Nelson Gallery in Kansas, die nur einzelne Malereien oder Skulpturen vorzuweisen haben. Und doch, wie viele Menschen haben trotz dieser unglaublichen Fülle des von der Seidenstraße in den Westen und in andere Teile der Welt verbrachten Materials je etwas von serindischer Kunst, von Dunhuang oder gar von Sir Aurel Stein gehört? Wie viele von uns haben je die großartigen buddhistischen Fresken aus Miran oder Kyzil, die zarten, buntfarbigen Seidenstoffe, nach denen die älteste Handelsroute benannt ist, oder die herrlichen Tang-Skulpturen, Banner und Schriftrollen aus den Tempeln, Klöstern und Heiligtümern gesehen?

Die Antwort lautet: leider nur außerordentlich wenige. Das liegt vor allem daran, daß – mit einer bemerkenswerten Ausnahme – die wenigen Museen, die bedeutende Seidenstraßen-Sammlungen besitzen, für die meisten Menschen unerreichbar sind, denn zu ihnen zählen das Nationalmuseum in Delhi, das Museum für Indische Kunst in West-Berlin, das Nationalmuseum in Tokyo und die Eremitage in Leningrad. Und doch hat die einzige Institution, die fast jeder irgendwann einmal aufsuchen könnte – das Britische Museum – mit ihrer riesigen serindischen Sammlung das dürftigste Display von allen. Die große Masse des britischen Anteils an den Funden Steins liegt, den Blicken der Öffentlichkeit entzogen, in Kisten verpackt in Lagerräumen – und in der kleinen zentralasiatischen Abteilung ist kein einziges Fragment bemalter Seide von der Seidenstraße zu sehen.

Das ist weniger ein Skandal als eine traurige Tatsache, auf die wir in der Welt der Museen immer wieder stoßen. Je größer nämlich ein Museum ist und je umfassender seine Sammlungen sind, desto weniger Platz kann es irgendeiner speziellen Sammlung oder Kultur widmen. Man kann sich vorstellen, in welch großartigem Rahmen seine Funde heute gezeigt würden, hätte

Stein für das kleine, aber ehrgeizige junge Fogg Museum gearbeitet. So aber kann man sich des Eindrucks nicht erwehren, daß er sie in China nur ausgegraben hat, um sie in Bloomsbury wieder begraben zu sehen. Es ließen sich daher wohl gute Gründe dafür anführen, daß ein Museum alle Altertümer, die es – wie diese – aller Voraussicht nach nicht wird ausstellen können, wieder an deren Ursprungsland zurückgibt, denn ein nationales Museum kann – im Gegensatz zu einem internationalen – den Sammlungen der eigenen Kultur stets mehr Raum zur Verfügung stellen und oft auch mehr Mittel für deren Erhaltung.

Andererseits kann man den Deutschen kaum vorwerfen, sie hätten die Schätze Le Coqs versteckt. Tatsächlich konnte er selbst die Aufstellung und Anordnung seiner Funde im alten Völkerkundemuseum bestimmen, als er dessen Direktor wurde. Schließlich stellte er dem, was als Turfan-Sammlung bekannt geworden war, insgesamt 13 zusätzliche Räume zur Verfügung. Die größten, zum Teil mehr als drei Meter hohen Wandgemälde wurden sogar in eisernen Rahmen in die Wände einzementiert. Damals hatte niemand voraussehen können, daß eben dies 15 Jahre später während des Zweiten Weltkriegs der unmittelbare Grund für ihre Vernichtung sein sollte. Nach Ausbruch der Feindseligkeiten wurden alle beweglichen Objekte – einschließlich der kleineren Fresken und Skulpturen – in Kisten verpackt. Einige dieser Kisten wurden in dem riesigen Bunker am Berliner Zoo in Sicherheit gebracht, andere in Kohlebergwerken im Westen Deutschlands, während wieder andere im Keller des Museums gelagert wurden, der zu diesem Zweck besonders verstärkt worden war.

Die größten Wandgemälde jedoch konnten nicht an einen sicheren Ort gebracht werden, denn sie waren nicht nur fest einzementiert, sondern man hätte sie, wenn man sie hätte fortschaffen wollen, erneut in Stücke schneiden müssen. Die Museumsleitung ließ sie daher stattdessen mit Eisenblech und Sandsäcken abdecken, um sie vor Sprengbomben zu schützen. Ein alter Westberliner Museumsbeamter sagte mir: »Darüberhinaus konnte man nur beten, daß sie keinen Schaden leiden würden.« Doch die Gebete wurden nicht erhört. Das Museum, das in der Nähe der heutigen Berliner Mauer lag, wurde zwischen dem

23. November 1943 und dem 15. Januar 1945 nicht weniger als siebenmal von alliierten Bomben getroffen. 28 der größten Wandgemälde – fast alle aus Bezeklik – wurden, nachdem sie über tausend Jahre Kriege, Erdbeben und Bilderstürmerei überlebt hatten, völlig vernichtet. Alles, was von ihnen übrig ist, sind die fotografischen Platten in Le Coqs umfangreicher Dokumentation über die Malereien, die er auf seiner ersten Expedition belichtet hatte – und die klaffenden Löcher in den Wänden des in den Fels gehauenen Klosters oberhalb der Sangim-Schlucht.

Der entsetzliche Verlust dieser gewaltigen buddhistischen Meisterwerke aus Bezeklik hat zu der verbreiteten Annahme geführt, daß *alle* Schätze Le Coqs während der Bombenangriffe der Alliierten auf Berlin vernichtet worden seien. Die Chinesen selbst scheinen das zu glauben und führen diesen Verlust voll Bitterkeit an, um die These zu widerlegen, Männer wie Le Coq und Stein hätten die Altertümer, die sie von der Seidenstraße fortgeschafft hatten, tatsächlich *gerettet*. Wieviel von der Berliner Sammlung ist nun wirklich verloren? Der deutsche Kunsthistoriker Dr. Herbert Härtel, der heutige Direktor des großartigen neuen Museums für Indische Kunst in West-Berlin, wo der erhaltene Teil der Sammlung untergebracht ist, schätzt, daß etwa 60 Prozent der Vernichtung entgangen sind. Wer dies bezweifelt, sollte West-Berlin besuchen, in den grünen Vorort Dahlem hinausfahren, wo Härtels Museum steht, und sich selbst einen Eindruck davon verschaffen, wieviel überlebt hat. Von allen Sammlungen chinesisch-zentralasiatischer Kunst, die ich gesehen habe – und das sind fast alle – ist die in West-Berlin die bei weitem umfangreichste und am phantasievollsten ausgestellte. Selbst die zweitrangigen Stücke sind auf ansprechende Weise im Keller ausgestellt, wo man sie nach vorheriger Vereinbarung besichtigen kann.

Dr. Härtel, ein hervorragender Indologe und ehemaliger Luftwaffenpilot, schätzt die Kriegsverluste wie folgt: Von den 620 vollständigen Fresken oder Fragmenten, die Le Coq und Grünwedel mitgebracht haben, haben etwa 300 in unterschiedlichem Zustand überlebt (viele beschädigte Stücke sind inzwischen sachgemäß restauriert worden). Von den 290 Lehmskulpturen der Vorkriegssammlung sind rund 175 erhalten. Von den übrigen

Objekten wie Terrakottafiguren, Bronzen, Holzskulpturen und Münzen sowie Malereien auf Seide, Papier und Holz sind nach der Schätzung von Härtel noch etwa 80 Prozent vorhanden. Von den Handschriften, die Le Coq und Grünwedel mitgebracht hatten, waren nur einige wenige im ehemaligen Völkerkundemuseum aufbewahrt worden. Der größte Teil befand sich zur wissenschaftlichen Untersuchung in der Preußischen Akademie der Wissenschaften. Sie wurden während des Krieges in Sicherheit gebracht und sind heute zum Teil in Ost- und zum Teil in West-Berlin.

Doch nicht alle Verluste, welche die Sammlung während des Zweiten Weltkriegs erlitten hat, sind amerikanischen Bombenangriffen zuzuschreiben (Dr. Härtel gibt der Royal Air Force im übrigen keine Schuld). Als der Bunker am Berliner Zoo, wo ein Teil der Funde von der Seidenstraße gelagert war, 1945 den Russen in die Hände fiel, entdeckten diese rasch, welche Schätze er barg. Heute weiß man, daß mindestens acht oder neun Kisten mit Lehmskulpturen — nur die Russen kennen die genaue Zahl — herausgeholt und auf Lastwagen abtransportiert wurden. Sie nahmen auch zahlreiche bedeutende indische Skulpturen aus dem Besitz des Völkerkundemuseums als Beute mit, die aus Sicherheitsgründen in den Bunker ausgelagert worden waren. Von den Skulpturen aus Turkestan und Indien hat man seither ebensowenig gehört wie von dem Gold aus Troja, obwohl die Bundesrepublik Deutschland die Rückgabe verlangt hat. Im Gegensatz dazu ist die Masse der anderen von den Russen erbeuteten Kunstschätze — vor allem die europäischen Gemälde — schon lange zurückgegeben worden. Wer weiß, vielleicht halten die Russen sie für ein künftiges Tauschgeschäft mit Deutschland oder — was wohl passender wäre — mit China zurück.

Die drittgrößte Sammlung von Altertümern aus Chinesisch-Zentralasien war von den drei Otani-Expeditionen zusammengetragen worden. Welche Absichten die Japaner auch sonst noch verfolgt haben mochten, sie haben jedenfalls fieberhaft gegraben, wenn auch gewöhnlich mit mehr Kraftaufwand als Kenntnissen. Selbst japanischen Wissenschaftlern fiel es schwer festzustellen, was mit der Sammlung geschehen ist, nachdem sie in der Villa des

Grafen Otani in Kyoto eingetroffen war. Tatsächlich ist der Verbleib eines Teiles dieser Sammlung noch heute eine Art Geheimnis (wenngleich sich einige Objekte, wie wir noch sehen werden, in sowjetischer Hand befinden könnten). Der Mann, der mehr als irgendjemand sonst über das Schicksal des Otani-Schatzes weiß, ist Dr. Jiro Sugiyama, der Kurator für orientalische Kunst am Nationalmuseum in Tokyo. Er war der erste, der mir gegenüber angedeutet hat, daß Otanis Leute außer archäologischen auch noch andere Aufgaben gehabt haben mochten – ein Hinweis, der mich veranlaßte, die politischen und geheimen Akten der India Office Library durchzusehen, wodurch ich auf die seltsamen Berichte des Hauptmann Shuttleworth stieß.

Niemand weiß genau, betont Dr. Sugiyama, wie groß die Sammlung ursprünglich war. Otanis Leute – keiner von ihnen war gelernter Archäologe – haben keine genauen Verzeichnisse ihrer Funde angefertigt, und die Sammlung wurde nie vollständig katalogisiert. Graf Otani hat zwar selbst zwei Bände darüber veröffentlicht (ein repräsentatives Werk mit zahlreichen Bildern) – aber ohne Begleittext, so daß es für die heutige Wissenschaft nur von geringem Wert ist. Möglicherweise als Folge der Aufregung, die Steins Funde von Dunhuang in Japan verursachte, wurde ein Teil der Otani-Sammlung – meist Fresken und Skulpturen – bereits im Jahr 1910 im Museum von Kyoto ausgestellt, obgleich von den drei Expeditionen des Grafen bis dahin erst zwei in Zentralasien gewesen waren. Da kein einziges Exemplar des Katalogs der Ausstellung erhalten ist, mußten sich die Gelehrten auf das Gedächtnis derer verlassen, die sie gesehen oder von ihr gehört hatten, um herauszufinden, was damals gezeigt worden war.

Aber schon bald wurde die Sammlung aufgelöst (bereits Tachibana hatte einige Funde für sich behalten). Der Hauptgrund war der Verkauf der Villa des Grafen Otani, wo die Masse der Schätze gelagert war, wegen plötzlicher finanzieller Schwierigkeiten. Obwohl der Graf einige hundert Stücke für sich behielt und weitere 249 dem Museum von Kyoto schenkte, ging der größere Teil der Sammlung in den Besitz des neuen Eigentümers der Villa, eines ehemaligen japanischen Finanzministers und wohlhabenden Mannes, über. Wie es heißt, soll dieser sie wiederum im Tausch gegen dortige Schürfrechte dem damaligen japanischen Generalgouverneur in Korea für das neue Museum in Seoul überlassen haben. Wohl weil er selbst keine Möglichkeit mehr hatte, diese Dinge zu lagern oder auszustellen, bot Graf Otani einen großen Teil dessen, was sich noch in seinem Besitz befand – wenn auch nicht alles – dem Generalgouverneur von Lüshun (Port Arthur) in der Mandschurei für eine Ausstellung in dem dortigen Museum an. Infolge dieser beiden Transaktionen befand sich nun ein größerer Teil der ursprünglichen Sammlung außerhalb des Landes als in Japan. Dr. Sugiyama schätzt, daß ungefähr ein Drittel nach Korea und ein weiteres Drittel in die Mandschurei ging, während der Rest in Japan blieb, wenngleich auch dieser letztere Teil allmählich zerstreut wurde, wobei einige Stücke den Weg in Privatsammlungen fanden.

Was wissen wir nun über den weiteren Verbleib all dieser Dinge? Die Schätze von Seoul befinden sich heute in Kisten verpackt im Lager des Nationalmuseums, nachdem sie den Koreakrieg überlebt haben, in dessen Verlauf das Museum zweimal den Besitzer gewechselt hat. Es handelt sich um etwa 400 bis 500 Objekte, von denen die bedeutendsten rund 60 Fresken oder Fragmente von Fresken sind. Dr. Kim Che-won, der von 1945 bis 1970 Direktor dieses Museums war, glaubt, daß die Sammlung von Wandgemälden in Seoul nach den Sammlungen in Berlin und Delhi (Stein) ihrer Bedeutung nach die drittwichtigste in der Welt sind. Es gibt langfristige Pläne für den Bau neuer Ausstellungsräume, und man hofft, die Otani-Funde eines Tages dort zeigen zu können. Doch die Koreaner, die weniger Vertrauen in die Friedfertigkeit des Menschen besitzen, als seinerzeit Le Coq, haben beschlossen, daß die Wandgemälde transportabel bleiben müssen und nicht wie im ehemaligen Berliner Museum, unwiderruflich in die Wände eingelassen werden dürfen.

Vom Schicksal der Schätze von Port Arthur weiß man (zumindest im Westen) nicht einmal, worum es sich im einzelnen handelte. Dr. Sugiyama hat mir gesagt, er glaube, daß die Russen sie im Mai 1955 abtransportiert haben könnten, als sie die Mandschurei endgültig an China zurückgaben. Seine Anfragen in Moskau und Leningrad seien jedoch unbeantwortet geblieben. Doch die mühseligen Grabungsarbeiten der geheimnisvollen jungen Mönche Otanis sind doch nicht völlig umsonst gewesen. Wenn man das Nationalmuseum in Tokyo besucht und das Tōyōkan, die schönen, neuen vollklimatisierten Räume für Altertümer des Ostens besichtigt, kann man – wundervoll ausgestellt – das verbleibende letzte Drittel der Otani-Sammlung bewundern. Es umfaßt sowohl die Objekte, die im Privatbesitz des Grafen verblieben waren, als auch jene, die er dem alten Museum von Kyoto übergeben hatte. Im Lauf mehrerer Jahre hat die japanische Regierung sie für das Nationalmuseum in Tokyo erworben, nachdem man ausfindig gemacht hatte, welche Privatsammlungen und Institutionen sie in der Zwischenzeit erworben hatten. Im Jahre 1968 wurden sie schließlich alle in einer Sonderausstellung zur Feier der Eröffnung der neuen orientalischen Abteilung des Museums wieder vereint. Seither wurde der dortige Bestand durch eine Anzahl von Seidenbannern und Lehmfiguren erweitert, die Pelliot aus Dunhuang nach Paris gebracht hatte und im Austausch vom Musée Guimet erworben worden waren. Damit wurde dem Graf Otani und dessen tatkräftigen jungen Gehilfen 20 Jahre nach dem Tode des Grafen (angesichts ihres Mangels an Fachkenntnissen eigentlich unverdientermaßen) ein schönes Denkmal für ihren archäologischen Eifer gesetzt.

In der Eremitage, wo die Russen ihre Schätze von der Seidenstraße in acht Räumen ausgestellt haben, wird der Arbeit von Kozlov, Oldenburg und den beiden Brüdern Beresowski in ähnlicher Weise gedacht. Im Musée Guimet, wo eine Dauerausstellung seinen Namen trägt, hat auch Paul Pelliot sein Denkmal. An der Fogg Art Gallery in Cambridge, Massachusetts, wird Langdon Warners Unternehmen gebührend gewürdigt und werden seine Fresken aus Dunhuang voller Stolz gezeigt. In Stockholm sollen die Schätze Sven Hedins in dem dortigen schönen neuen Völkerkundemuseum eine dauernde Heimstätte finden. Nur in Großbritannien wurde vollständig versäumt, die außerordentlichen Leistungen des eigenen Mannes Sir Marc Aurel Stein anzuerkennen. Sogar die Inder haben sich die Mühe gemacht, ein Porträt von ihm in den schäbigen Ausstellungsräumen in Delhi aufzuhängen, wo seine großartigen zentralasiatischen Wandgemälde zu finden sind, während ihm in dem benachbarten indischen Nationalmuseum, wo seine kleineren Funde zu sehen sind, hohe Anerkennung zuteil wird. Vielleicht wird seine Wahlheimat Großbritannien eines Tages nicht nur ihm, sondern auch den vielen ungenannten buddhistischen Malern und Bildhauern, deren Werke er wiederentdeckt hat, Gerechtigkeit widerfahren lassen.

Aber es waren nicht nur Malereien, Skulpturen und andere Kunstwerke, die er und andere aus den Tempeln und Klöstern Turkestans und Gansus fortgeschafft haben. Was also ist aus dem riesigen Bestand zentralasiatischer Handschriften und alter Blockdrucke geworden, die ebenfalls nach Europa gebracht wurden, bevor die Chinesen diesem Tun endgültig ein Ende setzten? Für den Abtransport des größten Teils dieser schriftlichen Zeugnisse ist Stein verantwortlich. Die Handschriften und Bücher, die er von seinen drei Expeditionen mitgebracht hat, sind heute aufgeteilt zwischen der British Library und dem India Office in London. In der ersteren liegen die Texte in chinesischer, sogdischer, uighurischer und tangutischer Sprache, während sich jene in Tibetisch, Sanskrit und Khotanesisch – um nur einige zu nennen – im India Office befinden. Verständlicherweise werden sie – ausgenommen das berühmte Diamant-Sutra der British Library – nicht öffentlich ausgestellt, denn für den Laien sieht ein fernöstlicher Text wie der andere aus. Außerdem würden sie darunter leiden, wenn man sie ständig ultraviolettem Licht und der Luftverschmutzung Bloomsburys (oder Blackfriars') aussetzte.

Die kostbaren Handschriften und Bücher in chinesischer Sprache aus Dunhuang (deren Eigentumsrecht bis heute umstritten ist) sind jetzt, nachdem sie jahrelang im Britischen Museum in Pappschachteln gelegen hatten, in die British Library überführt worden. Dort befinden sich jetzt etwa 13 000 dieser Texte in einer Reihe speziell für diesen Zweck angefertigter Schränke in gefilterter Luft bei sorgfältig regulierter Temperatur. Etwa 7000 von ihnen – und das sind alle vollständigen Werke – sind katalogisiert. Der Rest – meist kaum mehr als kleine Fragmente – müssen großenteils noch identifiziert werden. Wenngleich die British

Library gegenwärtig die weitere Arbeit an diesen Handschriften und Büchern eingestellt hat, kommen doch zahlreiche japanische Gelehrte nach London, um diese alten Texte zu studieren, darunter ein Mann, der sein ganzes Leben allein dem Studium des Lotos-Sutra geweiht hat. Um die Handschriften vor weiterem Verfall zu schützen, hat die British Library ein Konservierungsprogramm eingeleitet. In der Vergangenheit ist der Zustand vieler dieser Dokumente für die Chinesen ein wunder Punkt gewesen, denn sie betrachten die Handschriften aus Dunhuang – vor allem die in chinesischer Sprache – zweifellos als ihr rechtmäßiges Eigentum. Die Beziehungen zu den Chinesen haben sich inzwischen jedoch so weit gebessert, daß man in Peking um Rat gefragt hat, mit welchen Methoden und mit welchem Material man die chinesischen Handschriften am besten konservieren und restaurieren könne, und die Chinesen haben diese Ratschläge auch erteilt. Versuche mit speziell konstruierten Öfen, die den Alterungsprozeß von hundert Jahren auf 24 Stunden beschleunigen, haben gezeigt, daß künstlich hergestellte Fasern kurzlebig und im allgemeinen von geringerer Qualität sind als die natürlichen Materialien, welche die alten Chinesen verwendeten.

So viel zu der Frage, was eine bedeutende Institution mit ihrer Sammlung – oder vielmehr mit einem Teil davon – tut. Heute sind die Tausende aus Chinesisch-Zentralasien fortgeschafften und in einer Vielzahl von Sprachen und Schriften geschriebenen Bücher und Handschriften über Institutionen von wenigstens acht Ländern verteilt. Sehr viele von ihnen müssen noch übersetzt werden. Die Entzifferung einer einzigen Schriftart oder die Übersetzung einer einzigen Textsammlung kann die Arbeit eines ganzen Menschenlebens in Anspruch nehmen. Ein Indologe hat mir gesagt: »Vielleicht bringt ein Jahrhundert nur zwei Männer hervor, die einer solchen Aufgabe gewachsen sind. Bis dahin müssen die Handschriften warten.« Ein solcher Mann ist der britische Gelehrte Sir Harold Bailey, der sein ganzes Leben damit verbracht hat, die Geheimnisse des alten Khotanesisch zu enträtseln. Wer verstehen will, was diese Texte zur Erforschung der zentralasiatischen und der buddhistischen Geschichte beigetragen haben, mag sich mit den vielen Übersetzungen, Katalogen, Monographien und anderen Spezialstudien beschäftigen, die Gelehrte wie Bailey, Giles, Waley, Maspero, Lévi, Konow, Müller, Henning, Hoernle, Pelliot und Chavannes verfaßt haben, um nur einige zu nennen.

Bevor wir das Thema Handschriften verlassen, müssen wir uns noch einer Sammlung zuwenden, welche die Gelehrten (allen voran Hoernle) nur allzu gern in Vergessenheit geraten lassen wollten. Diese »alten Bücher« mußten seinerzeit eilends aus dem Britischen Museum entfernt werden, nachdem Islam Akhun, der kaum des Lesens und Schreibens kundige Schatzsucher aus Khotan, gestanden hatte, sie gefälscht zu haben. Nachdem sie 1979 im Keller des Britischen Museums in zwei Holzkisten wieder aufgefunden worden waren, die das Etikett »zentralasiatische Fälschungen« trugen, wurden nun alle 90 katalogisiert und der British Library übergeben. Betrachtet man diese lange vergessenen Erinnerungsstücke heute, ist man überrascht von ihrem raffinierten Erscheinungsbild und der Ordentlichkeit und Überzeugungskraft ihrer »unbekannten Schriftzeichen«. Auf den Laien – und wohl auch auf die meisten Gelehrten – machen sie mit ihrem abgegriffenen Aussehen, ihrem alt erscheinenden Papier und ihren verblichenen aber scheinbar gelehrten Texten einen nur allzu überzeugenden Eindruck. Es ist sicher keine Übertreibung, wenn man diesen gerissenen Fälscher, der die Größen des Faches, das er sich als Tätigkeitsbereich gewählt hatte, so meisterhaft zum Narren gehalten hat, ein Genie nennt. Auch er hat sein bescheidenes Denkmal – jenen Winkel in der Orient-Abteilung der British Library in unmittelbarer Nachbarschaft der Dunhuang-Handschriften, wo seine einst hochgeachteten »alten Bücher« für die Nachwelt aufbewahrt werden.

*

Wir haben nun das Schicksal der wichtigsten aus Chinesisch-Zentralasien abtransportierten Sammlungen erzählt – jener »Karawanenladungen unbezahlbarer Schätze… die für China ewig verloren sind«, um Sir Eric Teichman zu zitieren. Doch was ist aus den Hauptdarstellern unserer Geschichte geworden? Sir Aurel Stein, die vielleicht beherrschende Gestalt, liegt heute auf dem von Lehmmauern umgebenen christlichen Friedhof von Kabul im Schatten des Hindukusch, umgeben von den Gräbern von Hippies, für die Afghanistan ebenfalls zur Endstation geworden ist. Dieser Doyen unter den auf Zentralasien spezialisierten Archäologen starb 1943 im Alter von 82 Jahren in Kabul. Es ist eine ihm angemessene letzte Ruhestätte. 40 Jahre lang hatte er immer wieder versucht, von den Afghanen die Erlaubnis für die Erforschung ihres Landes zu bekommen – das fehlende Glied in der Kette seiner Forschungsreisen entlang der Seidenstraße. Endlich – er saß gerade auf seinem geliebten Kaschmir-»marg« in seinem Zelt bei der Arbeit – war die Erlaubnis eingetroffen. Doch eine Woche nach seiner Ankunft in Kabul war er tot – niedergestreckt von einer Erkältung, die plötzlich zur Lungenentzündung geworden war. »Selten«, schrieb der Orientalist Sir Denison Ross, »waren in einem einzigen Menschen solche Forschertalente vereint. Dieser große Ungar ist der Stolz von zwei Nationen und Gegenstand der Bewunderung für alle.« Obwohl er britischer Bürger war, hat Stein das Land seiner Geburt nie gänzlich vergessen. Seine bescheidene Lebensweise hatte es ihm ermöglicht, etwa 57 000 Englische Pfund zu sparen, und das meiste davon hinterließ er zur Gründung eines Fonds für künftige zentralasiatische Forschungen. Seine einzige Bedingung war, daß die Arbeit nach Möglichkeit von britischen oder ungarischen Gelehrten geleistet werden sollte.

Steins größter Rivale (zumindest unter quantitativen Aspekten) war Le Coq, der 13 Jahre vor Stein, im April 1930, starb, als dieser gerade in Nanjing eintraf, um seine unselige vierte – und letzte – Expedition zustande zu bringen. Während des Ersten Weltkriegs war Le Coq schwer getroffen worden vom Tod seines einzigen Sohnes, der in Frankreich gefallen war. Zudem bekümmerte es ihn, der sein ganzes Leben ein Freund der Engländer gewesen war, sich plötzlich »auf der anderen Seite« zu finden als die Freunde aus der Zeit vor dem Kriege wie Macartney und Stein. Darüberhinaus hatte der wirtschaftliche Zusammenbruch Deutschlands auch ihn finanziell ruiniert. Zum einzigen Trost sollte ihm die Aufstellung seiner geliebten Schätze im Völkerkundemuseum werden, und selbst nachdem ihn eine schmerzhafte und unheilbare Krankheit niedergestreckt hatte, sollte er sich immer wieder dazu zwingen, das Krankenbett zu verlassen, um einem besonderen Besucher oder Freund begeistert seine Sammlung zu zeigen. Als er spürte, daß der Tod nahe war, gelang es ihm, sich ohne Wissen seiner Frau schwarzumrandetes Briefpapier zu besorgen und die Umschläge an seine Freunde zu adressieren. In seinem Nachruf für seinen deutschen Kollegen berichtet Pelliot über den Augenblick, in dem er einen davon öffnete und ihm die Nachricht Le Coqs über dessen eigenen Tod entnahm.

Grünwedel starb ungefähr fünf Jahre später als ein schwermütiger und gebrochener Mann. Sein wissenschaftlicher Ruhm hatte zu bröckeln begonnen, als er sich mit seinen Kollegen in Streitereien verwickelte. Eine dieser Auseinandersetzungen führte er mit dem ihm untergeordneten Müller über die Frage, wer von ihnen beiden als erster einige Turfan-Handschriften als manichäisch erkannt hatte. Andere deutsche Gelehrte stellten sich auf Müllers Seite, was zur Folge hatte, daß Grünwedel an wissenschaftlichem Ansehen verlor. Zunehmend von seinen Kollegen isoliert, wurden auch seine fachlichen Urteile mehr und mehr angezweifelt. Wie es in einem Nachruf für ihn heißt, flüchtete er sich in obskure Theorien, »welche die Experten nicht mehr nachzuvollziehen vermochten«. Das war eine schonende Art zu sagen, er nähere sich dem Stadium der Geisteskrankheit. Ein weniger rücksichtsvoller Rezensent nannte eines seiner späten Werke über die buddhistische Ikonographie Zentralasiens, einen »ungezügelter Phantasie entsprungenen religionsgeschichtlichen Roman«. Grünwedel verbrachte seine letzten Tage als zutiefst verbitterter, einsamer und enttäuschter Mann in einer Nervenklinik. Dennoch heißt es in seinem Nachruf: »die Verworrenheit seiner letzten Arbeiten darf seinen brillanten und wissenschaftlich zuverlässigen früheren Werken keinen Abbruch tun …« Aber wenigstens blieben ihm und Le Coq – und sogar dem Pionier Bartus, der bis 1941 lebte – der Kummer erspart, die Zerstörung ihres Museums mitansehen zu müssen.

Paul Pelliot starb 1945 an Krebs, nur zwei Jahre nach Stein. Er galt nicht nur als der bedeutendste französische Sinologe, sondern wurde von allen westlichen Sinologen als ihr Lehrmeister anerkannt. Ein französischer Kollege schrieb: »Ohne ihn gleicht die Sinologie einem Waisenkind.« Und noch jemand sollte im selben Jahr die Augen schließen. Sir George Macartney, der auf seinem Ruhesitz auf der Insel Jersey vom Krieg überrascht worden war. Er starb, 87 Jahre alt, im Mai 1945, wenige Tage nach der deutschen Kapitulation.

Wang, der schlaue alte Abt von Dunhuang, weilte schon längst nicht mehr unter den Lebenden. Er war 1931 gestorben, und sein Grab liegt ganz in der Nähe seiner geliebten Höhlen. Er beschloß sein Leben verbittert und gekränkt, weil man ihn um das Geld gebracht hatte, das ihm die Regierung als Entschädigung für die übriggebliebenen Dunhuang-Handschriften, die sie verspätet hatte nach Peking bringen lassen, versprochen (und tatsächlich auch abgeschickt) hatte. Wie so viele Handschriften auf ihrem langen Weg nach Osten war auch dieses Geld unterwegs in die falschen Hände geraten, so daß für Restaurierungsarbeiten nichts mehr übrig war. Einen letzten, postumen Triumph hat ihm das Schicksal aber vielleicht doch noch gegönnt. In den vierziger Jahren sollten chinesische Archäologen nämlich in den Höhlen ein weiteres Versteck mit Handschriften entdecken, das er den Behörden (zweifellos als Notgroschen für schlechte Zeiten) schlauerweise verheimlicht hatte. Und als die amerikanische Kunsthistorikerin Irene Vincent 1948 Dunhuang besuchte, hörte sie Gerüchte über Handschriften und Malereien, die noch immer in irgendwelchen Häusern in der Umgebung versteckt seien, und selbst 1977 konnte eine orientalistische Buchhandlung in Schweden in ihrem Katalog noch mehrere Dunhuang-Handschriften anbieten.

Heute haben die chinesischen Behörden den selbsternannten Hüter der »Höhlen der Tausend Buddhas« abgelöst, die bröckelnde Felswand befestigt, die abblätternden Fresken konserviert und unter vielen von ihnen sogar noch ältere Malereien entdeckt. Könnte man dies nicht am Ende eine Ehrenrettung Wangs nennen? Denn die Mittel, welche die Behörden dem alten Abt für die Restaurierung seiner Heiligtümer versprochen hatten, sind schließlich doch noch eingetroffen. Dunhuang ist gerettet.

Damit sind wir fast am Ende unseres Berichts. Sven Hedin, mit dem alles begann, hat, mit Ausnahme des 16 Jahre jüngeren Langdon Warner, alle seine Nachfolger überlebt. Der große schwedische Forscher starb 1952 einsam und vergessen im Alter von 87 Jahren in Stockholm, umgeben von den Erinnerungsstücken eines langen und ereignisreichen Lebens. Drei Jahre später war auch Warner tot, der sich als letzter an dem Wettrennen um die Altertümer Chinesisch-Zentralasiens beteiligt hat und der einzige war, der es wirklich verloren hat.

Heute würde der Amerikaner seine »lange alte Straße« kaum wiedererkennen. Klöster und Karawansereien haben Kommunen und Traktorenfabriken Platz gemacht. Moderne Fernstraßen verbinden die Oasenstädte. Auf einer neuen Straße fahren Kraftfahrzeuge über den Karakorum. Aus dem Inneren der von Dämonen heimgesuchten Wüste Lop Marco Polos ist gelegentlich der ferne Donner eines Kernwaffenversuchs zu hören. Sogar die Taklamakan, die einst ganze Karawanen verschlungen hat, die gefährlichste aller Wüsten, hat ihre Schrecken verloren. Flugzeuge und Satelliten berauben sie ihrer letzten Geheimnisse. Projekte zur Landgewinnung knabbern an ihren Rändern. Chini-Bagh, das so viele Jahre die Residenz der Macartneys war, ist heute ein Rasthaus für Fernfahrer, auch wenn das Bad noch britische Wasserhähne hat – und eine Klosettschüssel Marke »Victory«. Doch das Ende jener an Erinnerungen so reichen Ära kam im Sommer 1979. Damals nämlich stieg die erste britische Reisegesellschaft bei den »Höhlen der Tausend Buddhas« aus ihrem Bus und blinzelte in das grelle Sonnenlicht. Der Schleier des Geheimnisses und der Romantik, der über der Seidenstraße gelegen hatte, war endgültig zerrissen.

LITERATURVERZEICHNIS

Zahlreiche Bücher und Aufsätze wurden über Chinesisch-Zentralasien geschrieben. Neben Reisebeschreibungen gibt es Werke zur Archäologie, Kunst, Linguistik, Politik und Geschichte. Die folgende Liste ist zwar bei weitem nicht erschöpfend, enthält jedoch die Werke, die mir bei meinen Recherchen und beim Schreiben dieses Buches besonders wertvolle Dienste geleistet haben. Nachrufe sowie in zeitgenössischen Zeitschriften erschienene Aufsätze blieben weitgehend ausgeklammert.

SVEN HEDIN

–, *Through Asia,* 2 Bde., London: Methuen 1898
(Dt. Ausgabe: *Durch Asiens Wüsten. Drei Jahre auf neuen Wegen in Pamir, Lop-nor, Tibet und China,* 2 Bde., Leipzig: Brockhaus 1923).

–, *Central Asia and Tibet,* 2 Bde., London: Hurst and Blackett 1903
(Dt. Ausgabe: *Transhimalaja. Entdeckungen und Abenteuer in Tibet,* 3 Bde., Leipzig: Brockhaus 1909).

–, *My Life as an Explorer,* London: Cassell 1926
(Dt. Ausgabe: *Mein Leben als Entdecker,* Leipzig: Brockhaus 1928).

–, *History of the Expedition in Asia 1927–35,* Teile 1–4, Stockholm: Eleander 1943–45.

SIR AUREL STEIN

–, *Sand-Buried Ruins of Khotan,* London: Fisher Unwin 1903.

–, *Ruins of Desert Cathay,* 2 Bde., London: Macmillan 1912.

–, *On Ancient Central Asian Tracks,* London: Macmillan 1933.
(Neuausgabe: The University of Chicago Press: Chicago 1964, mit einer Einführung von J. Mirsky).

Mirsky, Jeannette, *Sir Aurel Stein. Archaeological Explorer,* Chicago, London: University of Chicago Press 1977.

ALBERT VON LE COQ

–, *Auf Hellas Spuren in Ostturkistan,* Leipzig: J. C. Hinrichs 1926.

–, *Von Land und Leuten in Ostturkistan,* Leipzig: J. C. Hinrichs 1928.

Le Coq (Hg.), *Ergebnisse der kgl. preußischen Turfan-Expedition. Chotscho. Faksimile-Wiedergaben der wichtigeren Funde der ersten königlich preußischen Expedition nach Turfan in Ost-Turkistan,* Berlin: Dietrich Reimer (Ernst Vohsen) 1913.

PAUL PELLIOT

Paul Pelliot [Nachrufe und Memoiren von Kollegen], Paris: Société Asiatique 1946.

–, *Une Bibliothèque médiévale retrouvée au Kan-sou* [Brief aus Dunhuang], Hanoi 1908.

–, *Carnets de Pékin, 1899–1901,* Hanoi 1904 (Neudruck: Paris 1976).

–, *Les Grottes de Touen-Houang. Peintures et sculptures bouddhiques des époques des Wei, des T'ang et des Song,* 6 Bde., Paris 1914–24.

Farjenal, Fernand, »Les manuscrits de la mission Pelliot«, in: *La Revue Indigène,* Paris, Dezember 1910.

OTANI-EXPEDITIONEN

Sugiyama, Jiro, *Central Asian Objects Brought Back by the Otani Mission,* Nationalmuseum Tokyo 1971.

Politische und geheime Akten aus jener Zeit, India Office Library and Records, London.

DIE RUSSEN

Kozlov, Piotr Kusmič, *Mongolija i Amdo i mertvyi gorod Chara-choto,* Moskau, Petrograd 1923
(Gekürzte dt. Ausgabe: *Mongolei, Amdo und die tote Stadt Chara-choto,* Berlin 1923; ferner Übers. von H. Sträubig, Leipzig 1955).

Przewalsky, Nikolai M., *Mongolia,* 2 Bde., 1876 (Engl. Übers. a. d. Russ.)

– ders. – Prževal'skij, Nikolaj Michajlovič, *Mongolia, The Tangut Country and the Solitudes of Northern Tibet. Being a Narrative of 3 Years' Travels in Eastern High Asia* (Engl. Übers. a. d. Russ. v. E. D. Morgan, Einführung und Anmerkungen von Sir Henry Yule), Farnborough/Hants.: Gregg 1968, 2 Bde. [Neudruck].

– ders. – *From Kulja, Across the Tian Shan to Lob-nor,* 1879 (Engl. Übers. a. d. Russ.)
(Dt. Ausgabe: *Von Kuldscha über den Tianschan zum Lob-nor,* Übers. von A. Böltz, Leipzig: Bibliogr. Institut 1952).

Rayfield, Donald, *The Dream of Lhasa, Life of Przewalsky,* 1976
(Dt. Ausgabe: *Lhasa war sein Traum. Die Entdeckungsreisen von Niko-*

laij Prschewalskij in Zentralasien, Übers. von G. Raabe, Wiesbaden: Brockhaus 1977).

Morgan, Edward Delmar, »Dr. Regel's Expedition from Kuldja to Turfan in 1879–80«, in: *Proceedings of the Royal Geographical Society*, Juni 1881.

Klementz, Dimitri, »Turfan und seine Altertümer«, in: *Nachrichten über die von der Kaiserlichen Akademie der Wissenschaften zu St. Petersburg im Jahre 1898 ausgerüstete Expedition nach Turfan*, St. Petersburg 1899.

LANGDON WARNER

–, *The Long Road in China*, New York 1926.

–, *Buddhist Wall-Paintings: A Study of a Ninth-Century Grotto at Wan-fo-hsia near Tun-huang*, Cambridge, Mass.: Harvard University Press 1938.

Bowie, Theodore (Hg.), *Langdon Warner Through his Letters*, Bloomington: Indiana University Press 1966.

GESCHICHTE, REISEBESCHREIBUNGEN U. DERGL.

Bell, Mark, V. C. »The Great Central Asian Trade Route from Peking to Kashgaria«, in: *Proceedings of the Royal Geographical Society*, 12, 1890.

Boulnois, Luce, *Die Straßen der Seide*, Übers. a. d. Franz. von J. A. Frank, Wien, Berlin: Neff 1964.

Bower, Hamilton, »A Trip to Turkestan«, in: *Geographical Journal*, 5, 1895.

Cable, Mildred und French, Francesca, *The Gobi Dessert*, Neudruck: London: Hodder and Staughton 1947.

Cobbold, Ralph P., *Innermost Asia*, London: Heinemann 1900.

Dabbs, Jack A., *History of the Discovery and Exploration of Chinese Turkestan*, Den Haag: Mouton 1963.

Davidson, Basil, *Turkestan Alive. New Travels in Chinese Central Asia*, London: Cape 1957.

Dubs, Homer H., *A Roman City in Ancient China*, London: China Society 1957.

Elias, Ney und Ross, E. Denison, *The Tarikh-i-Rashidi. A History of the Moghuls of Central Asia*, London 1898.

Fairley, Jean, *The Lion River. The Indus,* London: Lane 1975.

Forsyth, Douglas, »On the Buried Cities in the Shifting Sands of the Great Desert of Gobi«, in: *Journal of the Royal Geographical Society*, 47, 1878.

Giles, Herbert A., *The Travels of Fa-hsien (399—414 A. D.) or Record of the Buddhistic Kingdoms,* Cambridge, Mass., Harvard University Press 1923.

Giles, Lionel, *Six Centuries at Tunhuang. A Short Account of the Stein Collection of Chinese Mss. in the British Museum,* London: China Society 1944.

Hoernle, August R., »A Collection of Antiquities from Central Asia«, in: *Journal of the Asiatic Society of Bengal,* Teil 1, 1899; Teil 2, 1901.

Johnson, William H., »Report on his Journey to Ilchi, the Capital of Khotan, in Chinese Tartary«, in: *Journal of the Royal Geographical Society,* 37, 1868.

Keay, John, *When Men and Mountains Meet. The Explorers of the Western Himalayas, 1820—75,* London: Murray 1977.

Mannerheim, Carl Gustav Emil Frh. von, *Across Asia from West to East 1906—1908,* Engl. Übers. a. d. Finn. von E. Bise, Helsinki 1940; Neudruck: Oosterhout 1969.

Montgomerie, T. G., »On the Geographical Position of Yarkund, and Some Other Places in Central Asia«, in: *Journal of the Royal Geographical Society,* 36, 1867.

Morgan, Gerald, *Ney Elias. Explorer and Envoy extraordinary in High Asia,* London: Allen & Unwin 1971.

Nyman, Lars-Erik, *Great Britain and Chinese, Russian and Japanese Interests in Sinkiang, 1918—1934,* Stockholm: Esselte Studium 1977.

Polo, Marco, *The Book of the Ser Marco Polo,* ins Engl. übertr., hg. und mit Anmerkungen versehen von Sir H. Yule, 2 Bde., 3. Aufl., London 1903 (Dt. Übers. von Elise Guignard: *Il Milione, Die Wunder der Welt,* Zürich: Manesse 1983).

Saha, Kshanika, *Buddhism and Buddhist Literature in Central Asia,* Kalkutta: Mukhopadhyay 1970.

Schafer, Edward H., *The Golden Peaches of Samarkand. A Study of T'ang Exotics,* Berkeley, Los Angeles: University of California Press 1963.

Schomberg, Reginald Charles Francis, *Peaks and Plains of Central Asia,* London: M. Hopkinson 1933.

Skrine, Clarmont Percival, *Chinese Central Asia,* London: Methuen 1926.

Skrine, Clarmont Percival und Nightingale, Pamela, *Macartney at Kashgar. New light on British, Chinese and Russian activities in Sinkiang, 1890—1918.* London: Methuen 1973.

Sykes, Ella und Percy, *Through Deserts and Oases of Central Asia*, London 1920.

Teichmann, Sir Eric, *Journey to Turkestan*, London: Hodder and Stoughton 1937.

Vincent, Irene V., *The Sacred Oasis. Caves of the Thousand Buddhas, Tun Huang*, London: Faber and Faber 1953.

Waley, Arthur, *Ballads and Stories from Tunhuang. An Anthology*, London: Allen & Unwin 1960.

Wu, Aitchen K., *Turkistan Tumult*, London: Methuen 1940.

Younghusband, Sir Francis, *The Heart of a Continent*, 1896; Neuauflage: London: J. Murray 1937, mit neuem Vor- und Nachwort.

Yü, Ying-shih, *Trade and Expansion in Han China. A study in the structure of Sino-barbarian economic relations*, Berkeley, Los Angeles: University of California Press 1967.

KUNSTGESCHICHTE UND IKONOGRAPHIE

Bhattacharya, Chhaya, *Art of Central Asia* [Unter besonderer Berücksichtigung hölzerner Gegenstände vom nördlichen Zweig der Seidenstraße], Delhi: Agam Prakashan 1977.

Bussagli, Mario, *Central Asian Paintings*, 1978
(Dt. Ausgabe: *Die Malerei in Zentralasien*, Übers. a. d. Ital. von T. Reinhard, Genf: Skira 1963).

Gray, Basil, *Buddhist Cave Paintings at Tun-huang*, London: Faber and Faber 1959.

Silva, Anil de, *Chinese Landscape Painting in the Caves of Tun-huang*, 1967
(Dt. Ausgabe: *Chinesische Landschaftsmalerei. Am Beispiel der Höhlen von Tun-Huang*, Übers. a. d. Engl. von L. Voelker, Baden-Baden: Holle 1965).

Talbot, Rice, Tamara, *Ancient Arts of Central Asia*, 1963.

Waley, Arthur, *A Catalogue of Paintings recovered from Tun-huang by Sir Aurel Stein*, London 1931.

VERZEICHNIS DER ABBILDUNGEN

Abb. 1   Aus: E. Wennerholm, *Sven Hedin,* Stockholm 1978

Abb. 2   Abdruck mit freundlicher Genehmigung des Direktors der India Office Library and Records, London

Abb. 3   Abdruck mit freundlicher Genehmigung des Museums für Indische Kunst, Berlin

Abb. 4   Aus: *Paul Pelliot,* Paris 1946

Abb. 5, 8, 9   Abdruck mit freundlicher Genehmigung der Royal Geographical Society, London

Abb. 6   Aus: T. Bowie (Hg.), *Langdon Warner Through his Letters,* Bloomington 1966

Abb. 7   aus: A. Stein, *Sand-Buried Ruins of Khotan,* London 1903

Abb. 10, 11, 12, 17, 18, 21   Aus: A. Stein, *Ruins of Desert Cathay,* London 1912

Abb. 13, 14, 15, 16   Aus: A. von Le Coq (Hg.), *Ergebnisse der kgl. preußischen Turfan-Expedition,* Berlin 1913

Abb. 19   Abdruck mit freundlicher Genehmigung des Britischen Museums, London

Abb. 20   Aus: A. Stein, *On Ancient Central Asian Tracks,* London 1933

Abb. 22   Abdruck mit freundlicher Genehmigung des Fogg Art Museum, Harvard Universität, Cambridge, Mass.

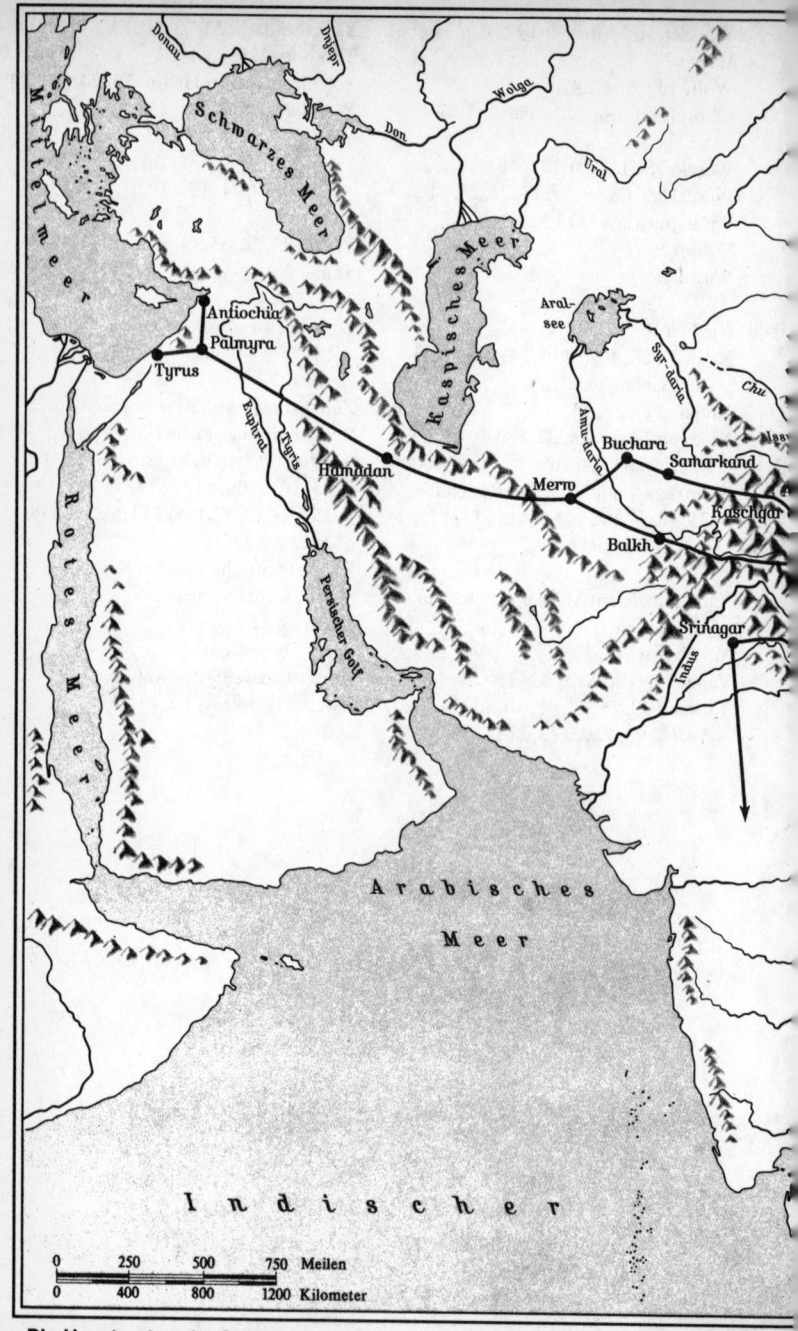

Die Hauptrouten der Seidenstraße.

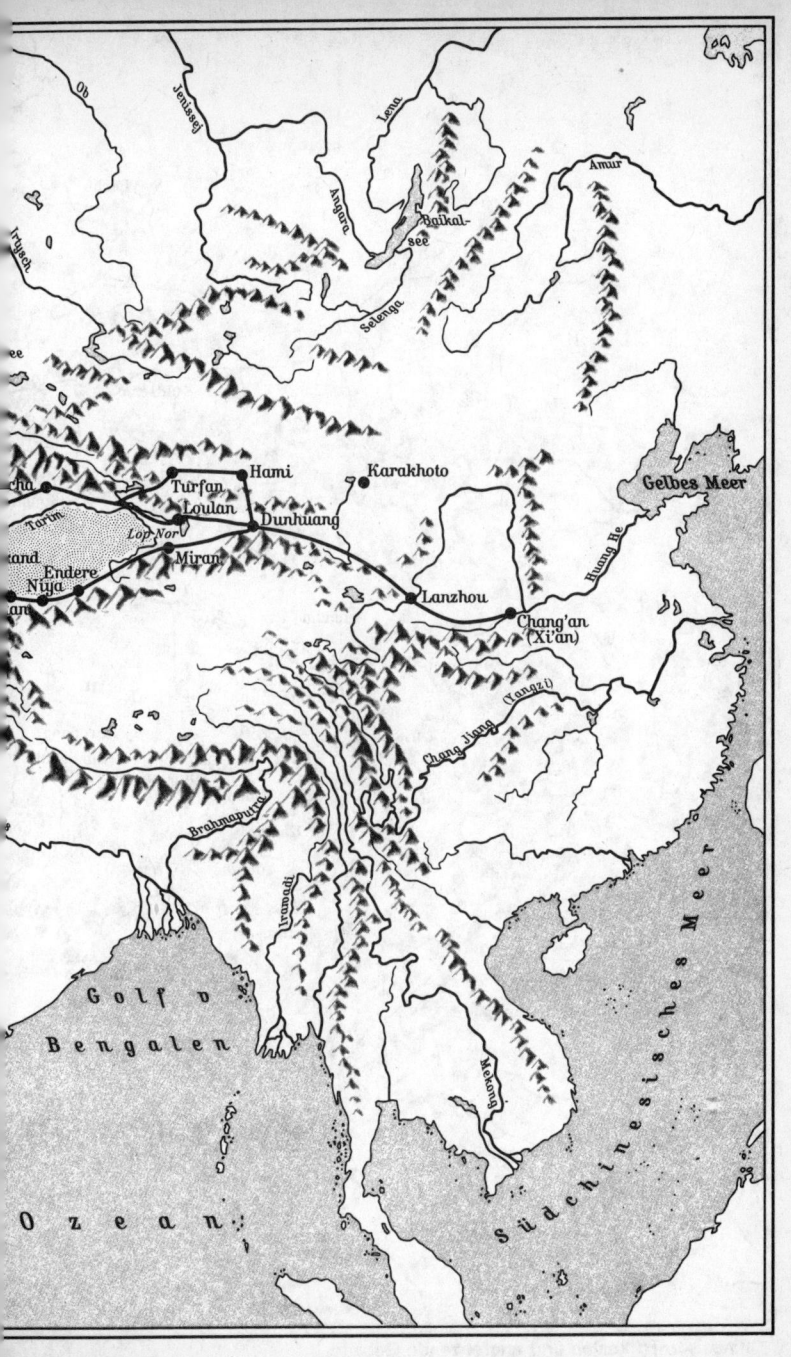

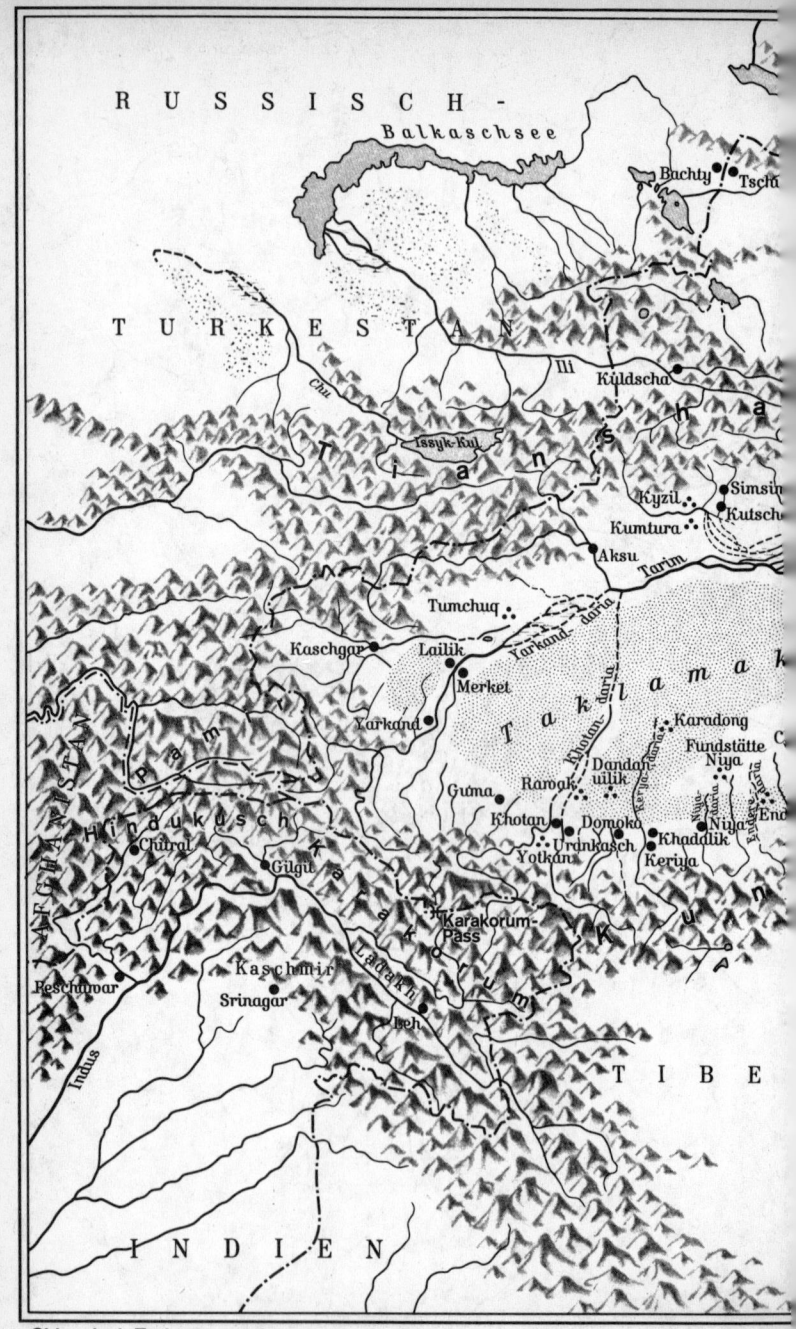

Chinesisch-Turkestan und angrenzende Gebiete.

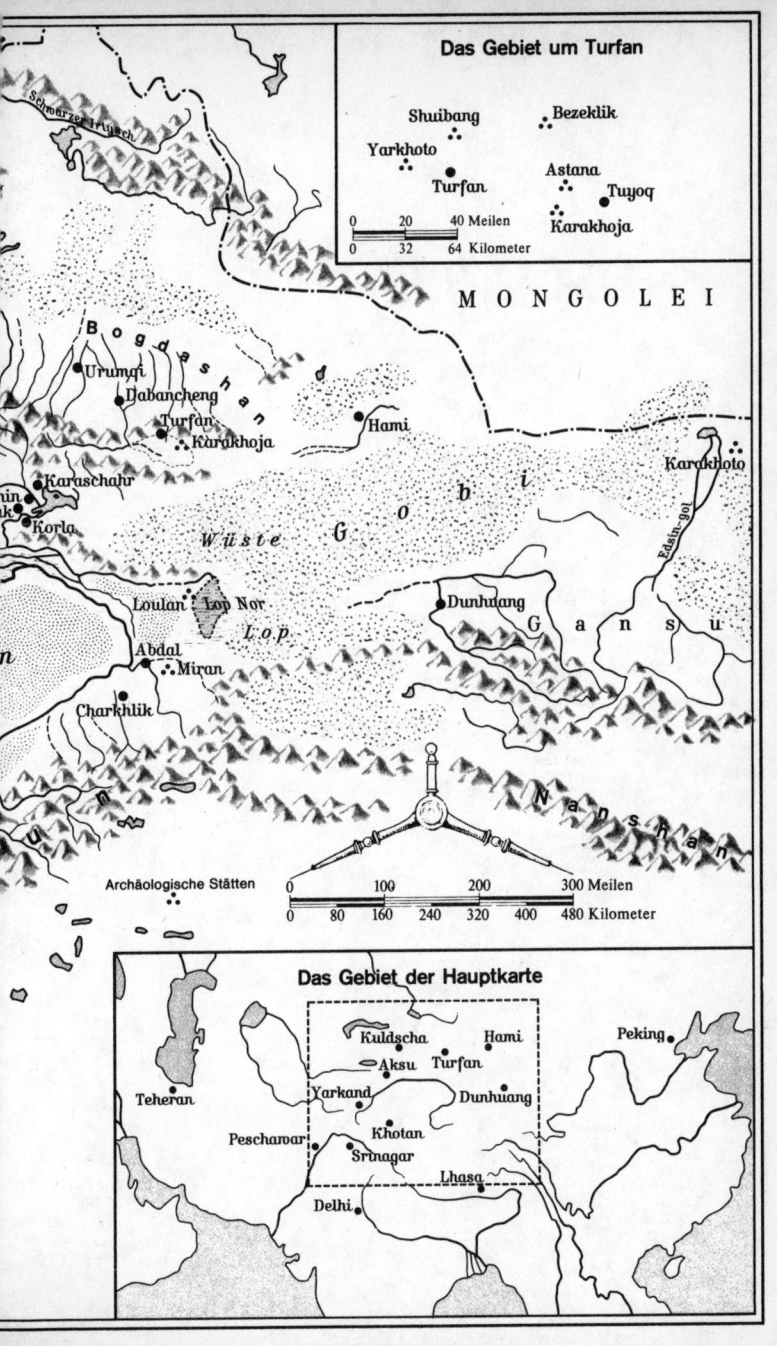

Das Gebiet um Turfan

Shuibang
Bezeklik
Yarkhoto
Turfan
Astana
Tuyoq
Karakhoja

0   20   40 Meilen
0   32   64 Kilometer

MONGOLEI

Schwarzer Irtysch

Bogdashan
Urumqi
Dabancheng
Turfan
Karakhoja
Hami
Karakhoto

Karaschahr
Korla

Wüste   Gobi

Edsin gol

Loulan   Lop Nor
Abdal   Miran
Charkhlik
Lop
Dunhuang
Gansu

Nanshan

Archäologische Stätten

0   100   200   300 Meilen
0   80   160   240   320   400   480 Kilometer

Das Gebiet der Hauptkarte

Kuldscha
Hami
Peking
Aksu
Turfan
Teheran
Yarkand
Dunhuang
Peschawar
Khotan
Srinagar
Lhasa
Delhi

Der Griff nach Lhasa
Die Erschließung Tibets im 19. und 20. Jahrhundert
316 Seiten, gebunden.

Der erfahrene Auslandskorrespondent und
Asien-Spezialist Peter Hopkirk, schildert in diesem
Buch die wagemutigen und bisweilen
heldenhaften Vorstöße jener abenteuerlustigen
Männer und Frauen, die ihren Ehrgeiz
daransetzten, als erste das sagenhafte Reich des
»Gottkönigs« und seine heilige Hauptstadt Lhasa,
die »verbotene Stadt« zu betreten, aber auch
den todesmutigen Widerstand der Tibeter gegen
die Eindringlinge aus dem Westen.

»Peter Hopkirk leistet eine fesselnde Darstellung des
letztlich hoffnungslosen Versuchs dieses
fremden und geheimnisvollen Königreichs, sich
gegen das Eindringen der Außenwelt
zur Wehr zu setzen.«

The Times

Lesefutter

John Barth
Der Tabakhändler (5621)

Barbara von Bellingen
Die Tochter des Feuers (5478)

Eberhard Cyran
Der König (5638)

Fanny Deschamps
Deutsch von Uli Aumüller und
Grete Osterwald.
Jeanne in den Gärten
528 Seiten. Gebunden und als
rororo 5700
Jeanne über den Meeren
560 Seiten. Gebunden und als
rororo 5876

Robert S. Elegant
Deutsch von Margaret Carroux.
Die Dynastie
790 Seiten. Gebunden und als
rororo 5000
Mandschu
607 Seiten. Gebunden und als
rororo 5484
Mandarin
720 Seiten. Gebunden und als
rororo 5760

Pauline Gedge
Die Herrin vom Nil
rororo 5360
Pharao
Deutsch von Margaret Carroux und
Ulla H. de Herrera.
576 Seiten. Gebunden (Wunderlich Verlag)
und als rororo 12335

C 2271/3

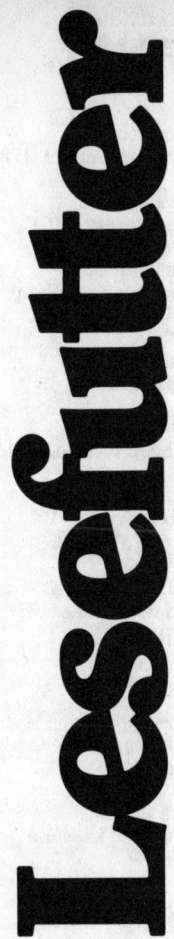

Lesefutter

Charlotte Link
Die schöne Helena (5490)
Wenn die Liebe nicht endet
512 Seiten. Gebunden
(Wunderlich Verlag)

Graham Masterton
Jungfernfahrt
Deutsch von Mechthild Sandberg.
576 Seiten. Gebunden
(Wunderlich Verlag)

Margaret Mitchell
Vom Winde verweht (1027)

Josef Nyáry
Ich, Aras habe erlebt . . . (5420)

Diane Pearson
Deutsch von Margaret Carroux.
Csárdás
rororo 5601
Der Sommer der Barschinskys
512 Seiten. Gebunden
(Wunderlich Verlag)

Mario Puzo
Der Pate (1442)
Mamma Lucia (1528)

Irving Stone
Vincent van Gogh (1099)

Nancy Zaroulis
Und sie nannten das Dunkel licht
rororo 5467

C 2271/3 a

rowohlts bildmonographien

**Thema
Geschichte**

bildmono
ro
ro
ro
graphien

C 2053/9